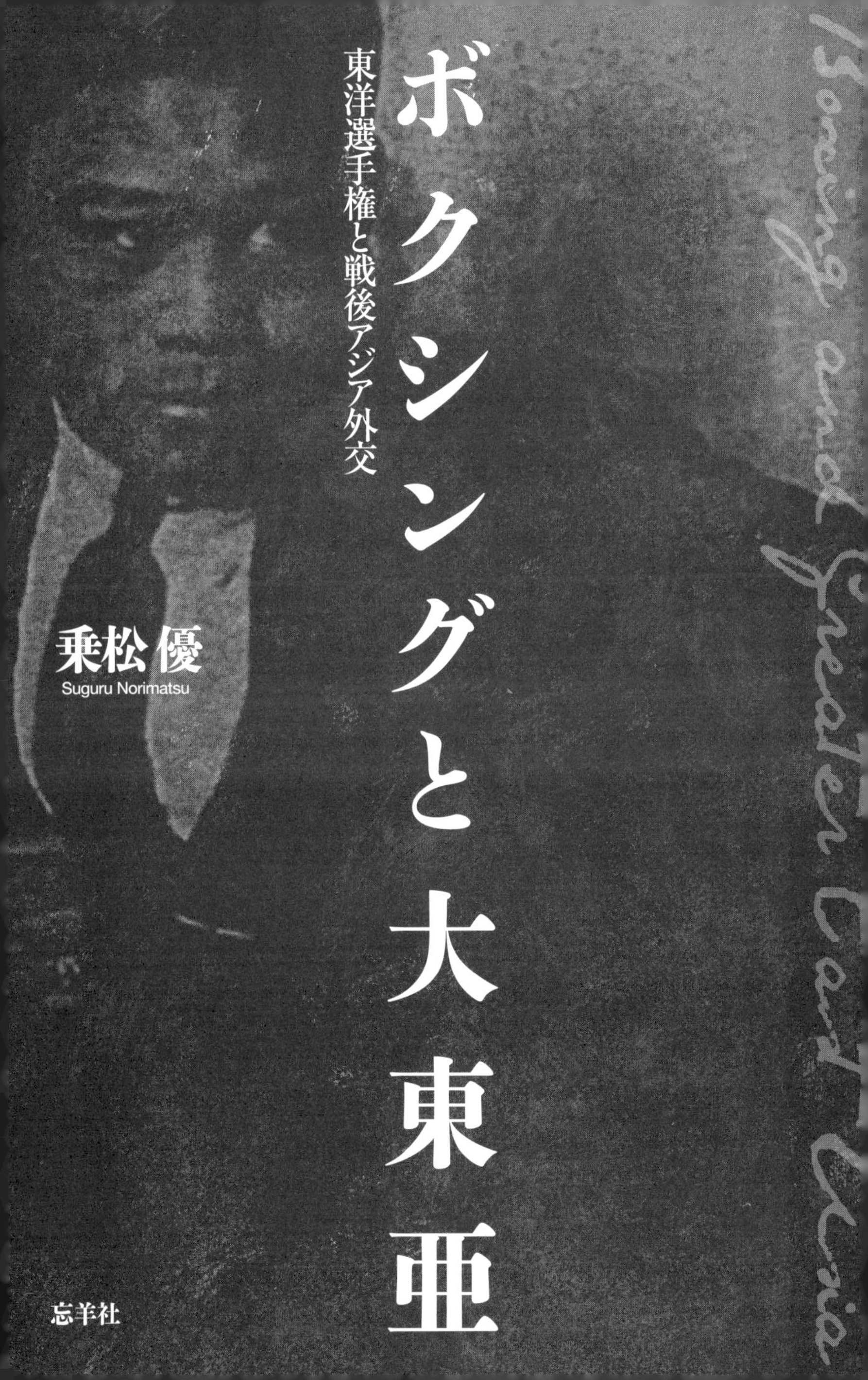

ボクシングと大東亜

東洋選手権と戦後アジア外交

乗松 優
Suguru Norimatsu

忘羊社

ボクシングと大東亜　東洋選手権と戦後アジア外交◎目次

序　章　忘れられた栄光

二〇〇三（平成一五）年三月二五日、古希を過ぎたばかりの一人の元ボクサーが、フィリピンのウォール街、マカティで行われた記念式典に招かれた。寒の厳しさが残る東京からじっとりと汗ばむ陽気のマニラまで、直行便でわずか四時間ほどの距離だ。スペイン植民地時代のコロニアル様式を模したペニンシュラ・ホテルには国内外から数百人もの招待客やマスコミが駆け付け、会場は開幕前から異様な熱気で包まれている。来賓席には、後に世界ボクシング協会＝ＷＢＡ(1)（World Boxing Association）、世界ボクシング評議会＝ＷＢＣ（World Boxing Council）、国際ボクシング連盟＝ＩＢＦ（International Boxing Federation）、世界ボクシング機構＝ＷＢＯ（World Boxing Organization）で世界タイトルを六階級も制覇するマニー・パッキャオ（Manny Pacquiao　一九七八〜）が、フィリピンの伝統衣裳である純白のバロン・タガログに身を包み、にこやかな笑みをたたえている。

日本からやって来た老ボクサーの名は、金子《かねこ》繁治《しげじ》（一九三一〜二〇一六）。半世紀以上も前に、豪腕で鳴らした元東洋フェザー級王者だ。この時、金子は七一歳。物静かで紳士然とした風貌からはその面影をうかがい知ることはできないが、金子はかつてフィリピンのベビー・ゴステロ(Baby Gustillo 一九二〇〜二〇〇〇)やラリー・バターン(Larry Bataan 一九二八〜)、アメリカのサンディ・サドラー(Sandy Saddler 一九二六〜二〇〇一)といった世界屈指の強豪と死闘を演じ、国際舞台に復帰したばかりの日本を沸かせた。なかでも、フィリピンの英雄と呼ばれる元世界ジュニア・ライト級王者、フラッシュ・エロルデ(Flash Elorde 一九三五〜八五)が一度として勝てなかったボクサーがこの金子であったことを知る者は、ボクシングのオールド・ファンを除き、いまや殆どいないであろう。

金子が受賞したのは、この名選手に因むもので、「ガブリエル・〝フラッシュ〟・エロルデ記念賞(the Gabriel "Flash" Elorde Memorial Awards)」という。フィリピン・ボクシング界に功績のあった選手やマネージャーらを讃える式典で、日本人ボクサーとして受賞の栄誉に浴したのは、金子が初めてであった。(2) 不条理な格差が人の一生を決定する現地社会において、大衆は拳一つで巨万の富を稼ぐ選手に最大級の敬意を払い、ボクシングは国技に等しい扱いを受ける。授賞式の模様は国内全土に生中継されるほど人々の関心を集め、時の大統領グロリア・マカパガル・アロヨ(Gloria Macapagal Arroyo)からも祝辞が寄せられた。往年の名ボクサーである金子の顕彰は、フィリピンのボクシング界がいかなる歴史の上に成り立っているのかをあらためて国民に示唆した。

金子の東洋王座獲得から今年(二〇一六年)ではや六三年。今でこそ、世界の檜《ひのき》舞台で日本人選手の活躍を見ない日はない。しかし、歴史を紐《ひも》解けば、ついこの間まで世界における中軽量級のトップ・ランナーはフィリピン人選手によって半ば独占されていたことがわかる。

　流れるようなフットワークに、柔軟な身体性と矢のように繰り出されるパンチは長らく、彼らを形容する代名詞であった。一九二三（大正一二）年にはフィリピン中部に位置するイロイロ島出身のパンチョ・ビラ（Pancho Villa　一九〇一～二五）が、イギリスのジミー・ワイルド（Jimmy Wilde　一八九二～一九六九）を倒して東洋初の世界王者に輝いている（写真2）。かの白井義男（一九二三～二〇〇三）がアルビン・R・カーン博士（Alvin R. Cahn　一八九二～一九七一）の力を借りて日本人として初の世界王座（フライ級）を奪取するのが一九五二（昭和二七）年であったことを考えると、日本のボクシング界は実に三〇年ほど、フィリピンの後塵《こうじん》を拝していたことになる。

写真1　豪腕で鳴らした元東洋フェザー級王者、金子繁治氏。彼の手にあるのは、犬養健法務大臣（当時）から贈られたチャンピオンベルトだ。1953（昭和28）年12月に、フィリピンのラリー・バターンを倒して摑んだ東洋の王座だった＝2010年、東京にて筆者撮影

　黎明を告げる鐘の音が鳴り始めたばかりの日本のボクシング界にとって、名声、実力ともに備わったフィリピン人ボクサーは憧れと畏怖の対象であった。一九三〇（昭和五）年に大日拳（大日本拳闘会）の招きで上海から来日したボ

写真2　S. S. エンプレス・オブ・ロシア号で来日した世界フライ級チャンピオン、パンチョ・ビラ。1925（大正14）年6月6日横浜にて＝秩父宮記念スポーツ博物館・図書館所蔵

ビー・ウィルス（Bobby Wills　生没年不詳）は、第五回明治神宮体育大会と第三回全日本選手権大会の王者であるライト級の小林信夫（一九一〇～三〇）を九回TKOであっけなく打ち負かした。試合中、何度もダウンを奪われた小林は昏倒したまま意識が戻らず、三日後に病院で死去。日本で最初のリング禍の犠牲となった。それ以降ウィルスは〝殺人ボビー〟と呼ばれ日本人選手の仇《かたき》となる。

また、一九三二（昭和七）年に東洋拳（東洋拳闘会）が招請したファイティング・ヤバ（Fighting Yaba　生没年不詳）は、サウスポーの強打者、中村金雄（一九〇九～九三）と植村竜郎（一九〇九～？）を二度もTKOとKOで退けた実力者であった。野田徹（一九一二～？）がヤバと対戦した際、ファンがかけた声援は「逃げろ、逃げろ！」であった。最終回までノックアウトされなかった野田に、彼らが「万歳」を連呼したことはボクシング界の逸話としてあまりに有名だ〔郡司 一九七六：一〇六―七、一二七―九、一六二〕。

そのフィリピン人に栄光と活躍の場をもたらしたボクシングが奇《く》しくも、アメリカ植民地支配の落とし子であったことは歴史の皮肉である。

多大な犠牲を伴う独立革命（一八九六～）によって、三〇〇年以上のスペイン支配に終止符を打ったはずのフィリピンが、しかし独立を達成できなかったのは、新たなフロンティアを目指して一九世紀の国是であるモンロー主義を破棄したアメリカの介入とそれに続く米比戦争（一八九九～一九〇二）に敗れたからであった。

一九〇一（明治三四）年の暮れに行われたアメリカ独立戦争一二五周年の記念会合で、ウッドロウ・ウィルソン教授（Woodrow Wilson）は、建国されたばかりのフィリピン共和国が経済的、社会的、政治的に「不統合」であると力説した。ウィルソンは「アメリカの理想（The Ideals of America）」と題する講演の中で、「彼ら（フィリピン人）は、我々が得たよりもずっと高価な自由を手にすることができる。彼らはまず、法の訓練を行い、秩序を愛し、本能的にそれに身を委ねるようにならなければならない」と述べ、自由と自治の伝道者たるアメリカの「使命」を訴えた〔Wilson 一九七二：二二二〕。後に第二八代アメリカ合衆国大統領となる政治学者の発言は、他国への内治干渉を〝よき統治の指導〟として正当化し、対外孤立主義から帝国主義へと舵《かじ》を切ろうとしていた国民を大いに鼓舞したのである〔古矢 二〇〇二〕。

一八九八（明治三一）年の米西戦争に破れたスペインがわずか二千万ドルでフィリピンの領有権を譲渡すると、アメリカは翌年建国されたフィリピン第一共和国に干渉して戦端を開いた。フィリピン全土で独立革命として展開された対米闘争を、アメリカがほぼ制圧するまでに要した月日はわずか三年余であった。そして、新たな支配者は一九〇二（明治三五）年以降およそ一世紀にわたって、ルソン島を中心に陸軍や海軍などの基地を建設・維持し、フィリピンを実質的に統治した。その当時、既にアメリカ国内で娯楽として定着していたボクシングは、フラストレーションに満ちた駐留基地に勤務する兵士の自制心を育み、屈強な身体を作る目的で軍隊教育に取り入れられるようになった。フィリピン最初のアメリカ軍基地であるコレヒドールやスービック周辺には、賭けを目的にした地下興行が流行し、周辺の村々にはボクシングを学ぶフィリピン人の姿が目立ち始めた。

　第一次世界大戦が勃発する頃になると、出兵したアメリカ兵ボクサーの代わりに地元出身の選手がリングに上り、懸賞試合で頭角を現すようになる。基地文化として産声を上げたフィリピンのボクシング界は、海外の米軍施設やアメリカ本土で武者修行を重ねる選手の活躍も相まって、いち早く国際レベルの技術と経験を蓄積していったのであった。

　一方、黎明期にあった戦前日本のボクサーは、フィリピン人ボクサーが見せた非凡な才能の向こう側に世界の頂きが高くそびえていることを知った。そして、戦後の一九五二（昭和二七）年に始まった東洋選手権は、彼らが切磋琢磨して技術を学び、目標とする檜舞台となった。あまりの技の切れ味に〝閃光《フラッシュ》〟と呼ばれたエロルデや、柔らかい身のこなしで不敵な笑みを

写真3　1961（昭和36）年、勝又行雄は東洋フェザー級王者、アーミー・ワンダーボーイと闘った。ノンタイトル戦ながら、日本人選手が地元フィリピンのホープを相手にどこまで善戦するか、話題となった＝勝又行雄氏提供

投げるレオ・エスピノサ（Leo Espinosa　一九三〇〜）など、一癖も二癖もあるフィリピン出身の東洋王者は日本のファンや選手、指導者を魅了し続けた。一九五四（昭和二九）年、早成の世界王者、白井義男がアルゼンチンのパスカル・ペレス（Pascual Perez　一九二六〜七七）に敗れてから、一九六二（昭和三七）年にファイティング原田（一九四三〜）によって世界のベルトが日本へ還ってくるまで実に八年の歳月を要したこともあって、一九五〇年代に日比（日本―フィリピン）選手間で争われた東洋選手権のうち、半数以上の試合が五千人を超える観客動員数を記録している。一九五五（昭和三〇）年、日本テレビの中継による白井対ペレスの世界フライ級リターンマッチが、テレビ史上の最高視聴率九六・一％を記録したように、ボ

クシングは文字通り、日本国民挙げての一大関心事だったのである［日本放送協会編 一九七七b：五九〇―一］。

一九五二（昭和二七）年の開催以降、東洋選手権は、フィリピンのみならず、タイや韓国、インドネシアなど他の周辺国を巻き込みながら、アジアに強固なスポーツのネットワークを築き上げていった。一九五二年と言えば、日比賠償協定と対日平和条約が批准発効される四年も前のことである。その後、一九五四（昭和二九）年の東洋ボクシング連盟＝ＯＢＦ（Oriental Boxing Federation）の成立を経て、「東洋一」をかけた王座決定戦は一九五〇年代に八九回、一九六〇年代に一六二回開催された。[3]なかでもボクシング先進国フィリピンと日本の対戦は、一九五〇年代に四五回と過半数を占めた。また、一九六〇年代においては全試合のほぼ四割にあたる六一試合が行われ、日本のボクシングを世界に通用するレベルにまで押し上げた。

しかし、フィリピンとの国交が断絶していた一九五〇年代において、ボクシングによる交流は極めて異例と言えた。

第二次世界大戦末期、マニラに籠城した日本軍と首都奪還を図るアメリカ軍との熾《し》烈な市街戦で、一〇万人もの市民が巻き添えで死亡するなど、一連の戦争で犠牲となったフィリピン人は、民間人を含めて一一一万人を数えた。一方、日本側の被害も甚大で、フィリピンに送り込まれた将兵六〇万人のうち、八割を超える五〇万人が戦没した［中野 一九九七：三五四］。

敗戦後、命からがら日本へ戻ってきた引き揚げ者の体験や、戦争犯罪人に対する軍事裁判の厳しさもあって、後ろめたさに駆られた日本社会はアジアに対する関心を急速に失っていく。[4]

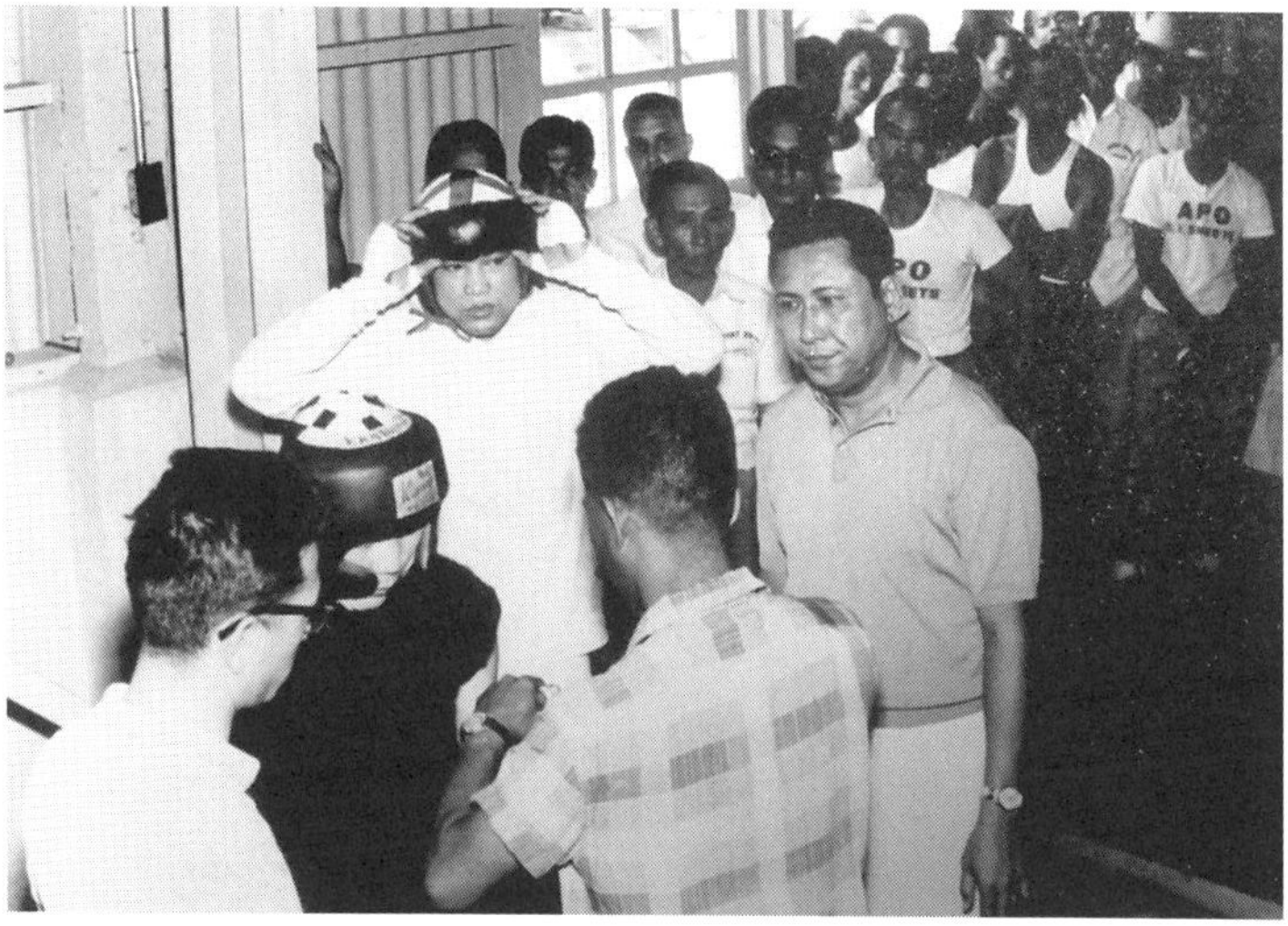

写真4　公開練習に集まるフィリピン人ファンと勝又行雄(左から２人目)ら日本人選手。1961(昭和36)年、マニラのジムで＝勝又行雄氏提供

そして、もう一方の当事国であるフィリピンも、戦争の痛手からなかなか立ち直れず、強い対日不信感を募らせていた［大野・寺田編二〇〇一：二六九―七一］。

　戦争犯罪が裁かれ、賠償交渉が難航している最中に全盛期を迎えた東洋選手権は、時代の端境《はざかい》期に咲いた徒花《あだばな》のようであった。ただし、季節はずれの花が実を結ばないのとは違って、東洋選手権は日本政府ですら手が着けられないほど傷ついた信頼回復に、民間レベルで寄与した。後に詳しく述べるように、一部のアジア諸国との関係改善が、政府による戦後処理に先駆け、ボクシングという大衆文化において実現されていたのである[3]。

　ここでは、そんな時代に存在したこと自体ある種の違和感すら覚える、東洋選手権という名の国際スポーツ交流の歴史的意義を、日本とフィリピンの関係から掘り起こす。

復興期から高度経済成長期にかけて人気を博したこのスポーツ・イベントは、今となってはその存在すら人々の記憶から消え去ろうとしている。しかし、戦後のある一時期まで、プロボクシング東洋選手権は、敗戦によって打ちひしがれた日本人のアイデンティティを救済したと言っても過言ではない役割を担っていた。では一体、いかなる社会条件が重なって、アジアを舞台にしたこの国際スポーツ興行は成立していたのだろうか。本書では、戦前の国粋主義者やいわゆるアウトローたちがこのボクシング興行に関与していた事実や、テレビ放送の開始、国交正常化への取り組みの裏側で暗躍した興行師や政治家、そしてこの時期選手として実際にリングに上がった人物たちにスポットを当てながら、日本のアジア回帰の知られざる、しかし見逃してはならない一面を探っていきたい。

(1) ボクシング団体の中で最も歴史の古い世界ボクシング協会＝ＷＢＡは、一九二一（大正一〇）年に全米ボクシング協会＝ＮＢＡ（National Boxing Association）として始まった。ＮＢＡはもともと、アメリカ国内において階級の新設やルールの制定、王者の認定などを担ってきたが、ボクシングの世界的拡がりと共に世界選手権として機能するようになった。

一九六二（昭和三七）年にＮＢＡがＷＢＡと改組するにあたって、ＷＢＡのもとに「北アメリカ」、「南アメリカ」、「東洋」、「ヨーロッパ」の四地域を含めることが提案された。しかし、アメリカ主導のあり方に反対する各地域の代表者は、それぞれの地域が対等な立場で議論に参加できるよう、新たにＷＢＡ内に世界ボクシング評議会＝WBCを設立して、その傘下に「WBA（ニューヨーク州を除く）」、「ULA（ラテンアメリカ・プロボクサー連合）」、「OBF（東洋ボクシング連盟）」、「EBU（ヨーロッパ・ボクシング連合）」、「BBBC（イギリス・ボクシング協議会）」の五地域を設定した［郡司 一九七六：四〇六―七、五二七］。その後、メキシコやフィリピンのWBA脱退によって、WBCはWBAから独立した世界王者認定団体として運営されるようになった。

(2) 二〇一五（平成二七）年には、ボクシングを通して日本とフィリピンの関係改善に寄与した元東洋フライ級王者の三迫仁志が、日本人ボクサーとして二人目のガブリエル・〝フラッシュ〟・エロルデ賞を受賞した。

(3) 一九五〇年代及び、一九六〇年代における東洋選手権の試合総数は、平沢［一九七二a：一二―四、一九七二b：八、一九七二c：七―九、一九七二d：一四、一九七二e：一八―九、一九七二f：一〇―二］が残した記録とBoxRec Boxing Records（http://boxrec.com）のデータに基づいた。

(4) 栗原［一九八八：二一一―四六］は、一九五一（昭和二六）年に泉靖一が東京で行った人種距離調査や、一九六〇年代の我妻洋・米山俊直らの民族好嫌調査に言及しながら、日本において戦後の二〇年間、欧米への関心の高さとは裏腹に、（中国人や朝鮮人を例外として）アジアについて関心度や認知度が低かったことを指摘する。具体的には、日本人はアメリカ人・フランス人・イギリス人・ドイツ人に心理的な近さを感じている一方で、黒人・朝鮮人・ロシア人・フィリピン人に対しては心理的な距離感を最も感じている。また、好嫌回答の比較より、後者のグループのなかで、朝鮮人とロシア人に回答率が高く、黒人・豪州人・フィリピン人が低いことがわかった。栗原によれば、このアジアに対する低関心の根拠として、一九五〇～六〇年代を通して、日本がアジアに対して保存と対象化の態度を取っていたことを挙げている。ここで言う保存とは、自己の周囲に防壁を張りめぐらせて、流出する価値や資源を最小限にくいとめようとする保身の態度を示している。反対に対象化とは、安寧を破る潜在可能性がある他者に対して、関係を疎遠にし、非介入をとる態度を意味する。この栗原の分析によって、戦後日本にとってのアジアが、戦前・戦中期のように同一化の相

(5)手ではなく、利害が発生する限りで関係を取り結ぶ自己利益の対象であったということが示された。

ユー・ホセ［Yu-Jose 二〇〇二：四九―六七］によれば、一九四七（昭和二二）年から一九五九（昭和三四）年の間、フィリピン人の外国人登録数は他の東南アジア諸国と比較にならないほど多く、とりわけスポーツ界の復興に尽力したフィリピン人ボクサーが社会の中で特異な位置づけを帯びていたことを指摘している。その歴史は戦前にまでさかのぼり、一九二四（大正一三）年にはフィリピン人選手としてはじめて、ヤング・ゴンサロ（Young Gonzalo）やバトリング・キーコ（綴り不明）、ファイティング・チゴラ（綴り不明）、キット・マメルト（綴り不明）らが日本の地を踏んでいる。オールド・ファンになじみ深いところでは、国民的英雄だったピストン堀口の連勝記録をストップしたジョー・イーグルが、戦前から戦後にかけてはベビー・ゴステロらが来日、定住し、多くの日本人を魅了した。黎明期にあった日本のトップ・ボクサーたちは、フィリピン人ボクサーを通して本場のボクシングを知り、はるか彼方にあった「世界」をぼんやりと見つめていたと言われている［城島 二〇〇三：七七］。

第一章……「帝国」の危機とスポーツ

一　ボクシングを通じた「東洋」の再編

プロボクシング東洋選手権が、日本のスポーツ史に初めて登場したのは、一九三五（昭和一〇）年一月のことである。全日本拳闘連盟が東京・両国の旧国技館で行った第一回大会には、フィリピンからアール・カンテ（Al Alicante　生没年不詳）、ファイティング・アボルト（Fighting Abordo　生没年不詳）、ホセ・ビラネバ（Jose Villanueva　生没年不詳）の三王者が出場。彼らと対戦した佐藤利一（一九一六〜？）はライト級の、名取芳夫（一九一四〜一九七五）はウエルター級の新チャンピオンとなった。さらに翌年五月には、ハワイへ渡った〝ピストン堀口〟こと堀口恒男（一九一四〜五〇）が、フィリピン人のB・D・グスマン（Buenaventura De Guzman　生没年不詳）から東洋フェザー級王座を獲得した［郡司一九七六：一五〇―一］。

日本人選手が「東洋一」に挑戦する試みは、興行的には成功を収めたが、実際のところ、東洋選手権を統轄する認定団体も制度もまだ整備されておらず、東洋選手権は日本人選手がフィリピンの実力者を相手にどこまで善戦できるのか、という腕試しの機会に過ぎなかった。さらに、大会を主催した全日本拳闘連盟も、利害を異にするジム同士の寄り合い所帯で、絶えず離合集散を繰り返していた。

ただ、全日本拳闘連盟の中心メンバーに、帝拳（帝国拳闘協会拳道社）の田辺宗英《そうえい》[6]（一八八一〜一九五七）がいたことは注目に値する。後述するように、田辺は戦後、東洋選手権の開催に尽力し、加盟国の交流に寄与した立役者であった。ここでは、個人プロモーターでは到底実現できなかった国際大会を手がけ、日本から東洋王者を生み出した戦前の経験が、ひとつの成功例として田辺の脳裏に記憶されたことを指摘しておきたい。

やがて、戦後初めてとなる東洋選手権が一九五二（昭和二七）年に開催され、好評を博すると、アジアのボクシング界は新たな組織作りに着手する。真鍋八千代（一八九四〜一九七五）やアルフレド・キドウデ（Alfredo Guidote）、ポーン・ハニチハグテ（Phorn Panitchpakdi）といった、日本、フィリピン、タイのボクシング・コミッション三代表によって、東洋選手権が東洋ボクシング連盟へと国際的に組織化されたのは、第二次世界大戦の終結からわずか九年後の一九五四（昭和二九）年のことであった[7]。その後、一九五七（昭和三二）年一一月には、韓国が正式に仲間入りを果たすなど、一九五〇年代後半から六〇年代にかけて、多くの国々がこの連盟に加わった。現在、東洋ボクシング連盟は、東洋太平洋ボクシング連盟＝ＯＰＢＦ（Oriental and Pacific Boxing Federation）へと改称し、上述の四カ国のほか、オーストラリア、フィジー、グアム、ハワイ、香港、インド、インドネシア、モンゴル、ニュージーランド、旧ソビエト連邦におけるアジア系共和国の代表組織＝ＰＡＭＡ（Professional Association of Martial Arts）、中国、サモア、中華民国（台湾）、トンガが、新たな加盟国・地域として名を連ねている。

ところで、スポーツ以外の分野でなされていた日比間の交流を振り返ることは、戦後間もない時期に復活した東洋選手権の特殊性を理解する一助になるだろう。

まず、軽音楽の世界では、フィリピン人ミュージシャンが敗戦国日本の新たな文化創出に少なからず影響を与えた(8)。東谷［二〇〇五］は、占領期における進駐軍クラブを中心とした音楽活動が、後のポピュラー音楽の礎になったことを指摘する。

戦時中、敵性音楽として演奏を禁じられていたジャズなどの軽音楽は、日本人の立ち入りが禁止されていた進駐軍の関連施設、「オフリミット（off-limits）」で戦後、アメリカ軍兵士を慰問するために演奏された。進駐軍の基地、キャンプなどの接収地に作られたクラブは、全国に五〇〇以上を数え、軍楽隊出身者やアマチュアの参入が目立った。

それらの中でも、仲介業者大手「ＧＡＹカンパニー」の看板プレイヤー、レイモンド・コンデ（Raymond Conde　一九一六〜二〇〇三）は黎明期のジャズを語る上で忘れてはならない存在であった［斎藤 一九八三：一一六］。コンデは、同じフィリピン人であるピアニストのフランシスコ・キーコ（Francisco Kiko　一九〇七〜九三）らと共に「レイモンド・コンデとゲイ・セプテット（Raymond Conde & His Gay Septet）」を組織し、戦後第一期のジャズ・ブームを起こした。このバンドからは、ジョージ川口やナンシー梅木、小野満、平岡精二、ペギー葉山、マーサ三宅、松尾和子ら、次世代の歌手が輩出している。この他にも、レイモンドの兄弟であるヴィディ・コンデ（Vide Conde）やグレゴリオ・コンデ（Gregorio Conde）など、アメリカ文化の洗礼を受けた一流フィリピン人奏者が戦後早くから日本の音楽界で活躍した。さらに、フィリピン人歌手・俳優、ビンボー・ダナオ（Binbo Danao 一九一八ないしは一九一九〜六七）が日本のトップスターであった淡路恵子と浮き名を流した。

日本のジャズ・ポピュラー音楽シーンにおいて、フィリピン人ミュージシャンの卓越した技術が素直に高く評価された一方で、戦後のボクシング人気は、日本が「東洋」の覇者となることへの関心で支えられた一面があった。後述するように、日本軍のアジア進出は、日本が近代化に遅れたアジアの盟主であるという思想に裏付けられていた。しかし、敗戦やそれに続く占領は、日本が再び中国や他のアジア諸国の〝庇護者〟として振る舞うことを許さなかった。賠償交渉や戦犯裁判が進行していた時代に、いくらスポーツといえども「大東亜」や「東亜」といった過去の忌まわしいイデオロギーを言葉の上ですげ替えたに過ぎないような「東洋」の名が、なぜ冠されることになったのだろうか。

山室［二〇〇四：四］によれば、「ある空間範囲を設定するというその設定の仕方そのものが、すでに政治性を帯びており、なんらかの理念が仮託されている」という。いわば、ある地域に境界線を書き込むことは、その区分を設けた者の理想や欲望を反映した政治的な空間を作り出すことを企図した行為なのだ(9)。

東洋選手権とは何だったのか。その疑問を解くためには、ボクシングのイベントに冠された「東洋」という地理用語が大衆の意識に及ぼした影響を分析する必要がある。だが管見の限り、そうした視座に基づいてわが国のスポーツ、あるいは格闘史を分析した研究はそれほど多くはない。

二　大日本帝国体制下の東亜競技大会、極東選手権大会

小澤［二〇〇九：一六二―九七］は、一九四〇（昭和一五）年に行われた東亜競技大会をとおして、日本のスポーツ界がアジアにおける政治的な覇権の確立に積極的に協力していたことを指摘する。日本をはじめ、満洲国、中華民国（汪兆銘政権）、タイ、フィリピン、ハワイなどの国々を集めて行われたこの競技大会は、日中戦争の泥沼化という時代に逆行して華々しく開催された。小澤によれば、大会の背景には、世界的な選手の招請や関係するイベントの開催によって、戦争の遂行と国防に必要な体力向上を促す狙いがあったという。さらに、主催団体である大日本体育協会等には、日本をアジアのスポーツ界における「盟主」として位置付ける帝国主義的な意図もあった。小澤は、こうした国民意識の形成と〝東亜新秩序〟の実現をスポーツが担ったからこそ、一九三八（昭和一三）年のオリンピック開催権の返上以降も、大戦末期までアジアを舞台にした国際大会が可能になったと論じる。

その一方で高嶋［二〇一二］は、帝国日本を盟主とする大東亜共栄圏の青写真に当初、スポーツが含まれていなかったことを指摘する。高嶋は、極東選手権大会から明治神宮大会に至る戦前の総合競技大会の系譜を追うことで、帝国日本とスポーツの関係を論じた。

もともと、極東選手権大会は、アメリカからフィリピンに派遣されたＹＭＣＡ体育主事がスポーツを用いて「極東」の文化統合を果たそうとした試みであった。この大会は一九一三（大正二）

年から一九三四（昭和九）年まで続いたが、満洲国の参加表明が日本と中国（蒋介石と汪兆銘の南京国民政府）、フィリピンの間で政治問題化し、第一〇回大会で幕を閉じた。極東選手権大会の解消後、日本と満洲国、中華民国（汪兆銘政権）の間で東亜競技大会を開催することとなったが、アメリカからの完全独立を前に難しい政治判断を避けようとしたフィリピンにとって、汪が行政院長（首相）を務める中華民国の承認は、重慶の蒋介石政権と南京の汪兆銘政権との間で板挟みに遭うことを意味していた。当時のスポーツ先進国であったフィリピンなくして大会の権威は成り立たず、日本は趣旨として皇紀二千六百年の奉祝を掲げることで争点をずらし、フィリピンの参加を仰ぐほかなかった。

日本が東亜の盟主を目指して、イニシアティブを発揮しようとした東亜競技大会が一九四〇（昭和一五）年と一九四二（昭和一七）年のわずか二回しか開催されなかったのに対して、国内大会に過ぎない明治神宮大会は、内地、外地に留まらず、ブラジルの日系人選手までが加わった。学生の独占物であったスポーツを大衆化する目的で開かれた明治神宮大会は、あくまで「日本人」のための行事であったが、帝国日本の複雑な民族構成を反映して、当初から外地の人々が参加していた。

ただし、高嶋が指摘するように、初期の明治神宮大会は戦争への直接貢献を促す国民動員の手段ではなかった。たしかに、明治神宮大会は天皇の権威の下で、日本の体育界やスポーツ界、武道界を一つにまとめる場を提供したが、初期の大会運営は各競技団体の協力さえままならない状況であった。その明治神宮大会が国策に対して自発的に協力するようになるのは、日中戦争の勃発以降である。第二次近衛内閣が成立する一九四〇（昭和一五）年には既に、錬成の主たる手段である体操が主役の座に座るようになった。戦時下に存在意義を求めたスポーツ界は、自らが生み出した国防競技に飲み込まれる形で、「大東亜共栄圏」の理念を支えるに至ったのであった。

戦争が激化するにしたがい、銃後において、戦いに勝ち抜くための身体作りや規律訓育が重視されるようになった。小澤や高嶋にしたがえば、日本のスポーツ界は国家に恭順の姿勢を見せることで、戦時下においても場違いで華々しい大会の開催を行うことができたということになる。

では、敗戦を迎えた後、帝国の影響下にあった国々とのスポーツをめぐる関係はどのように変化したのだろうか。そして、プロボクシング東洋選手権が大日本帝国の植民地や占領地の一部を巻き込みながら、戦後再び、「東洋」という古色蒼然たる地域概念をまとって我々の前に立ち現われたのは、一体なぜだろうか。

三　大英帝国を「延命」したコモンウェルス・ゲームズ

スポーツによって帝国主義の命脈を保たんとした例として、自治領の名を戴く「コモンウェルス・ゲームズ（the Commonwealth Games）」は示唆に富む。「ブリティッシュ・エンパイヤ・ゲームズ（the British Empire Games）」という名称で始まった第一回大会には、大英帝国とその植民地などで構成される一一の国と地域が参加した。ニューファンドランドやバミューダ、イギリス領ギアナ、オーストラリア、ニュージーランド、南アフリカ、ウェールズ、アイルランド、スコットランド、イングランド、カナダから選手が集まり、帝国を「偉大なる家族の集まり」として演出した。競技会の旗には、王冠を中心に鎖で繋がれた衛星国（旧植民地）が描かれ、それ自体が古い秩序を思い起こさせるものであった。

東洋選手権が、日本の敗戦＝帝国への挫折後、本格的に開催されたのと同様、ブリティッシュ・エンパイヤ・ゲームズも、大英帝国が政治的に無力化する一九三〇（昭和五）年に初めて行われた。大会は旧植民地を含む大英帝国出身者に競技者の参加資格を限り、勝敗よりもフェアプレイやスポーツマンシップ、王室に対する忠誠を重視したという。選手宣誓においては、競技者が「イギリス国王陛下の忠君（Loyal subjects of His Majesty, the King Emperor）」であり、「帝国の名誉のために（For the honor of our Empire）」競い合うことが公式に誓われた。第一次世界大戦における植民地の活躍やウェストミンスター憲章によって脱植民地化が進むなかで、ヴィクトリアニズムの影響を強く受けた競技会は、大英帝国の政治的権威を補うことを目的としていた［Stoddart 一九八六：一二三―一三二; Moore 一九八九：二四二―五一］。

だが、一九五〇年代に入ると、この大会を支持する理由は多様化していった。例えば、バンクーバーのような開発が遅れた地方都市にとっては、国際大会の招致は経済効果や政治的な孤立の解消を意味するものだった。開催の目的がいかなる類のものであれ、近代スポーツの世界的な拡がりは、旧植民地や自治領の人々にもコモンウェルス・ゲームズを受け入れる土壌を用意した［Dawson 二〇〇六：三―二七］。

このように、コモンウェルス・ゲームズの変遷は、帝国の秩序が厳格な政治支配からソフトパワーによって調整される時代に変化していく歴史とパラレルだった。二〇世紀初頭までに世界中の人種や民族を包摂したイギリス連邦（the Commonwealth）の拡大は逆説的に、帝国が脆《もろ》くて問題をはらんだ利害の連合に過ぎないことを露呈した。言うなれば、上意下達による一枚岩の支配が終わりを迎えた後、イギリス本国との繋がりを保証するには、帝国をひとつの家族と見立て、スポーツを通して失われゆく調和を再強化しなければならなかったのである。

コモンウェルス・ゲームズや東洋選手権への注目は、帝国が終焉を迎えようとしていた時代に、汎地域主義的なスポーツの国際大会がいかなる役回りを演じたのかという新たな関心を呼び起こす。既に、世界に門戸を開いた近代オリンピックが存在しながら、参加国がある特定の国や地域に偏っていたのは、これらの大会がオリンピズムの掲げる「国際友好」や「世界平和」とは違う論理で企画されたことを物語る。スポーツに社会融和や統合の力があるかどうかはともかく、ある特定の人々がスポーツという文化領域でそれを組み立て直そうとした理由が問題なのである。

(6) 田辺宗英は、名を「むねひで」と発するが、ボクシング関係者の間では「そうえい」で通っていた。本書では、関係者に馴染み深い「そうえい」で表記する。

(7) 一九五二（昭和二七）年、白井義男の世界フライ級選手権の挑戦を機に「日本ボクシング・コミッション」が設立されるまでは、「全日本ボクシング協会（現日本プロボクシング協会）」が業界の統制や管理、選手の育成から興行までを幅広く取り扱っていた。

この協会の歴史は古く、その始まりは一九三一（昭和六）年の「全日本プロフェッショナル拳闘協会」まで溯る。第三者組織が近代ボクシングの幕開けとほぼ同時期に設立された理由は、渡辺勇次郎の日本拳闘倶楽部（日倶）開設以降、大日拳（大日本拳闘会）、帝拳（帝国拳闘協会拳道社）、東洋拳（東洋拳闘会）、東京ボクシング倶楽部、東亜拳闘倶楽部が相次いで誕生し、ランキングや選手権などを運営・管理する機関が必要とされたためである。その後、戦時下における時局の変化や加盟クラブの脱退によって、協会は分裂と解散、再組織化を繰り返した。日本プロボクシング協会の変遷については、日本プロボクシング協会編「ボクシングの伝来と協会の歴史」(http://jpba.gr.jp/history.html) が詳しい。

(8) 軽音楽という言葉は、戦時下の文化統制によって、洋楽が規制されたことによって生まれた言葉である。瀬川［一九八一：二〇六―七］によれば、アメリカのジャズを放送することが困難になった日本放送協会（ＪＯＡＫ）は、国策に沿った日本的軽音楽の創造という形で、日本曲のアレンジやオリジナル、海外放送の充実を図った。一九四一（昭和一六）年頃には、ジャズはもちろんのこと、ダンス・ミュージックという語法さえ使われなくなり、全てのポップスが軽音楽という称号で統一されるようになったという。また、ビクターやコロムビア、ポリドールなどのレコード会社は洋盤の発売に際して、ジャズという言葉を避けてスイングと呼んだりもした［瀬川一九八三：三一二］。

(9) ヴィガレロは、ツール・ド・フランスによって描かれる仮想のフランスが、「真実」のフランスとして人々の間に提示されていることを示した［Vigarello 一九九二＝二〇〇三：三四五―八七］。彼によれば、ツールは国土を囲む枠の同質性や国土を飾る華麗さを描き出している。そのため、レースを観戦する人々は否が応でも、フランスの固有性や美しさ、自然の地形を活かした防御性などをイメージすることになる。さらに、ツールは修行巡礼と教育巡礼という古い伝統を近代化している。この伝統の上に、科学技術やスピードの結晶である自転車がレースの中心的な役割を演じることで、フランスの過去は現代に連結するのである。このように、フランスを環のように一周するツールは、地理的空間や歴史的時間の記憶を呼び覚ますことで、国民国家の物語を創出している。

第二章　日比関係はいかにして悪化したか

一　反日感情の源泉

世界的なボクシング先進国であったフィリピンは、大戦中に甚大な被害を被った国のひとつであった。戦後、プロボクシング東洋選手権において数々の名勝負をくり広げたフィリピンと日本が正式に国交を回復したのは、平和条約及び賠償協定が発効した一九五六（昭和三一）年七月二三日のことである。本章では、両国間のボクシング交流の歴史的意義を語る際の前提として、対日悪感情の原因となった第二次大戦中の占領政策や戦争被害の実態を明らかにしていきたい。

アメリカの軍事拠点の制圧と南方資源ルートの確保を目指した日本は、真珠湾攻撃と同日の一九四一（昭和一六）年一二月八日に、フィリピンのクラークフィールド基地を空襲した。物量で劣る日本軍の奇襲に虚を突かれたアメリカ極東陸軍司令官ダグラス・マッカーサー（Douglas MacArthur）は、日本軍侵攻の翌日には全軍をバターン半島へ、司令部をコレヒドール島へ移すことを決定する。しかし、本間雅晴中将の指揮する第一四軍主力部隊の攻撃を受けたコレヒドールは一五〇日で陥落し、マッカーサーは激戦の最中、独立準備政府（コモンウェルス）のマニュエル・

ケソン大統領ら（Manuel L. Quezon）と共にフィリピン脱出を余儀なくされた。

一時は、フィリピンからアメリカの軍事力を排除した日本軍であったが、経済政策の失敗や食料・物資不足、治安の悪化によって、フィリピン社会に安定をもたらすことができなかった。そこで日本軍政は、一九四三（昭和一八）年に、ホセ・ラウレル（Jose P. Laurel）を大統領として「フィリピン第二共和国」を建国した。当然のことながらフィリピン国民は、この第二共和国とアメリカに渡ったケソンの亡命政府の間で苦しんだ。

やがて、反撃の機会をうかがっていたアメリカ軍が一九四四（昭和一九）年一〇月にレイテ島への反攻上陸を果たすと、日米比の戦闘は凄惨を極めた。「アイ・シャル・リターン」の約束通り、フィリピンへ帰還したマッカーサーが、レイテ島の日本軍を無力化すると、アメリカ軍から訓練を受けたゲリラは日本軍とその追従者に対して反攻を本格化させた。ゲリラと一般住民の区別がつかない日本軍は、ルソン島南部を中心に見境のない討伐を行う。その一方で、「解放者」たるアメリカ軍も、「オープン・シティ（非武装都市宣言）」を行わなかったマニラに無差別爆撃を加え、多くの一般市民を戦闘の巻き添えにしていった。

そのフィリピンを含むアジアの国々との間で、戦後いち早くスポーツの国際大会を実施することは、日本のアジア回帰を象徴する「事件」となった。朝刊スポーツ芸能専門誌として五〇万部以上の売り上げがあった『報知新聞』を例にあげれば、東洋選手権において日比選手が出場したタイトルマッチは一九五七（昭和三二）年初旬までほとんど一面記事として扱われている（写真5）。

写真5　1957（昭和32）年1月7日の『報知新聞』は、日本バンタム級王者大滝三郎の挑戦を下し、東洋バンタム級王座を防衛したレオ・エスピノサをトップで報じた＝報知新聞社提供

今日、歴史を振り返るとき、誰しもが一九五〇年代はまだ日比関係が閉ざされていたはずだと主張するだろう。しかし実際のところ、前述した芸能スポーツの分野、とりわけボクシングにおいて、すでに両国の交流は始まっていたのである。

二　占領政策の失敗

日本軍の軍事活動を告発する上で、戦後の国際社会に強い影響力を持ったのは、フィリピン駐米委員を務めていたカルロス・ロムロ（Carlos P. Romulo）である［永井 二〇一〇：三八―四四、二二四―五、二五八―六〇］。マニラに滞在中のロムロは、一〇万人もの市民が戦死した市街戦を直接経験し、祖国の惨状を目《ま》の当たりにした。中でも、戦闘に巻き込まれ命を落としたエルピディオ・キリノ（Elpidio Quirino）上院議員の妻子の亡骸を目撃したことは、アメリカ議会に日本軍の蛮行を告発する動機となった［Romulo 一九七五：二二三―八］。遅々として進まない日比賠償交渉の最中、一九五一（昭和二六）年九月七日に行われたサンフランシスコ講和会議（第六回総会）に出席したロムロは、鋭い口調で日本の戦争責任を各国の代表者に訴えた。

私は、ここで、日本の最も近い隣国の一であり、不釣合に重大な破壊を受け、日本のために損害を受けた国を代表して述べているのであります。千八百万の人口のうち、われわれは百万以上の生命を失いました。生命の損失の他にわが国民は未だに癒されない程深い精神的傷手を蒙《こうむ》りました。四年間に亘る野蛮な占領と侵略者に対する不断の抵抗の後、わが国民経済は完全に破滅し去ったのであります。フィリピンがその地域と人口に比して、アジアで最も大なる惨禍を受けた国であるということは意義を挟む余地のないところであります。［Romulo 一九五一：二二三六］

ロムロが強い態度で講和会議に臨んだのは、アメリカが求償国であるフィリピンに対して賠償請求権を放棄させようとしたためであった。サンフランシスコ平和条約（日本国との平和条約）に記された「請求権及び財産」第一四条には、戦争によって引き起こされた損害や苦痛に対する賠償責任が日本にあることを認めながらも、その一方で日本に完全な賠償を履行するための経済能力がないことが併記されていた〔外務省 一九五一：三五四―五〕。これに対してフィリピン政府は、日本による賠償の内容が、求償国であるフィリピンの供給する原材料の加工、沈船引き揚げ、その他の作業における日本人の役務に限定されることに強い懸念を表明した。この背景には、「反共の砦」としての日本に外国為替上での負担をかけさせないよう、賠償を役務による生産物賠償支払いに限定したいアメリカの思惑があった〔吉川 一九九一：六五〕。だが、アジア諸国の中でも未曾有の戦禍を被った国の代表としてロムロは、公の席上でフィリピン側の不快感を示し、アメリカの呼びかけにも屈しない厳しい対日観を示したのであった。

フィリピンが戦後、日本にこれほど強い態度を示した理由は、占領期間中の厳しい統治政策に由来する。南進政策によってフィリピンに軍政を敷いた日本は、社会制度に干渉することで、フィリピン人を英米の価値観から脱却させようとしていた。一九四二（昭和一七）年二月一七日に、「大日本軍司令官」[10]こと、南方軍総司令官寺内寿一元帥陸軍大将から比島政府行政長官、ホルヘ・バルガス（Jorge Vargas）に出された訓令では、「東亜共栄圏ノ一環トシテ新秩序建設ノ意義ヲ認識セシメ之ニ対スル比島ノ寄与スヘキ負担ヲ理解シ日比親善関係ヲ十分ニ強化スルコト」と「欧米特ニ英米依存ノ思想ヲ根絶シ東洋人タルノ自覚ニ基ク比島文化ヲ建設スルコト」が重視された[11]。フィリピン人によって構成された比島行政は、独立のための準備を任されていたが、実際には日本の軍司令官管轄下に置かれていた。ここに示された基本方針には、軍政が意識・社会改革を通して大東亜共栄圏の一役を担う国民形成に励んでいたことが明確に示されている。さらに、日本語の普及によって、欧米諸国との間に心理的な繋がりにくさびを打ち込み、「東洋人タル自覚」を涵養《かんよう》しようとしていた。

日本軍政下のフィリピン社会からアメリカ色を払拭《ふっしょく》し挙国一致体制を推進する上で中心的役割を担ったのが、新比島建設奉仕団カリバピ（KALIBAPI: Kapisanan sa Paglilingkod ng Bagong Pilipinas）であった。日米開戦から一周年にあたる一九四二（昭和一七）年一二月八日、国民組織として結成されたカリバピは、フィリピン民衆による民心刷新の覚醒運動を開始した。このフィリピン版大政翼賛会は、隣組制度に基づく相互監視と連帯責任を果たし、配給や勤労奉仕に携わった。建前上、カリバピには階級や宗教、官位、性別の如何を問わず入団が認められたが、地方自治体の長が分団長を兼ね、さらに行政の各部局や司法裁判所、地方庁舎、官営会社への就職には入団が義務付けられていた。事実、この翼賛政党の総裁はバルガス行政長官が兼任し、副総裁兼事務総長として各部局を直接、監督指導したのがベニグノ・S・アキノ[12]（Benigno S. Aquino 一八九四〜一九四七）であったことからもわかるとおり、カリバピは日本軍政の強い影響下にあった比島行政府と表裏一体の組織であった〔瀬戸 一九九九：六三—八二〕。

カリバピ結成からわずか一カ月後の一九四三（昭和一八）年一月二四日、東京日日新聞の取材を受けたバルガスは、フィリピンにおける新体制運動の成果を誇らしげに強調している[13]が、実は、「国民の側から片時も離れず、日本人の求めに応じよ」というケソン大統領とマッカーサーの指示を受け、日本軍から祖国を守る使命を密かに抱いていた。フィリピン国民の安全と、アメリカに逃れた亡命政府の名誉のために、甘んじて〝裏切り者〟の烙印まで押されたフィリピン指導者の苦悩は知る由もないが、彼は大規模な戦闘を避け一時の安定状態を少しでも延ばすため、いわば戦略として、積極的に対日協力の先頭に立ち続けた［Black 二〇一〇：一―五三］。

帝国日本はそうしたフィリピン行政トップの上辺だけの「自発的」な協力を担保に、軍政府主導による新国家の建設を進める。一九四三（昭和一八）年五月、事前公表なくマニラを訪れた東條英機首相は、ルネタ公園に動員された一〇万人もの群衆を前に「帝国は更に一歩を進めて本年中に比島に独立の栄挙を与へんとす」と、独立への檄を飛ばした。

この東條の訪比によって勢いを得た日本軍は直ちに、カリバピに対して独立準備委員会の編成と全島大会の開催を命令する。同年六月一八日に開かれた大会では、独立容認の声明に「比島人の一致団結を強固にし治安を確立し経済的自給自足の確立を期し且《かつ》新比島の新なる理想に拠る精神的甦生を促進し更に進んで大東亜及世界に於ける正義平和並ひ福祉を念願とする新秩序の建設の為全幅の協力を捧《ささ》げん」[14] との決議が採択され、政財界や学術界の権威者二〇名より構成される比島独立準備委員会が立ち上げられる。

軍政自らが音頭を取ってフィリピン人を全体主義に駆り立て、それをフィリピン行政のトップに「承認」させる手段によって、日本は大東亜共栄圏の一員となる新国家の建設を果たした。日本のお膳立ての下、ホセ・ラウレルを大統領とするフィリピン第二共和国が建国されたのは、一九四三（昭和一八）年一〇月一四日のことであった［Jose 二〇〇三＝二〇〇四：一九九―二四三］。

しかし、軍政が描いた理想に反して、現実の統治には常に矛盾がつきまとっていた。一九四三（昭和一八）年一月二四日には、比島軍政令第一号として、「人種ニヨツテ差別待遇スルコトナシ」という布告がなされた。この声明は、日本人とフィリピン人の関係を次のように規定している。

日本人ハ断ジテ征服者デナイト同時ニ比島民衆ハ決シテ被征服者デモナイ。コノ両民族コソハ心ノ友否兄弟タルベキモノデアリ今其ノ事カ実現シツツアルノデアル。コノ親密ナルベキ両者間ニ於テ差別待遇ノアルベキ筈ガナイ。……日本人ハ比島人ノ兄デアリ其ノ責務モ亦重大デアル。(15)

上述の引用を見ても分かるとおり、軍政府は人種間の平等を謳《うた》いながら、一方において日本人とフィリピン人の間に序列を設けている。日本は自らを「兄」と名乗り、西洋の自由主義におぼれた「弟」であるフィリピンを教え諭す役割を自負している。日本が重大な「責務」をもってフィリピンのために統治を肩代わりするという論理が、軍政府の権力を正当化する前提となっているのである。

その不均衡な関係が如実に表れているのが、刑罰に関する条項であった。日本軍は真珠湾攻撃と共にアメリカの植民地であったフィリピンを強襲し、アメリカ極東陸軍司令官ダグラス・マッカーサーを敗走させたが、占領後もフィリピン・ゲリラに悩まされ続けていた。度重なる攻撃を防ぐために、日本軍は一九四二（昭和一七）年一月三日に「治安維持ニ関スル件」を発表した。その警告において、「日本軍人若《も》クハ日本人ニ対シ危害ヲ加ヘ若クハ加ヘント企テタル者ハ射殺」(16)することを宣言した。そして、実際に事件が発生した場合には、その街道あるいは村、近郊に住む有力者一〇名を「人質」として身柄を確保すると通告した。いわば、日本人同胞の死には、何倍もの報復措置でその罪を償わせようとしたわけである。死を伴う厳しい罰則が、逆にフィリピン国民の反発を招いたことは想像に難くないが、ともかくこのような警告を発表した背景には、思うままに治安を回復できない日本軍の焦りが見え隠れしている。

そして、不幸にもその焦りは戦争末期に、行政の崩壊という形で現実のものとなる。一九四六（昭和二一）年に第一復員局によってまとめられたレポートには、「従来農産原料品以外の一切を挙けて海外に依存しありし南方地域の植民地的性格は時日の経過と共に遺憾なく其の欠点を露呈し軍政実施上一大障碍《しょうがい》形成せり」と、南方占領地の統治が破綻した様が報告されている。急激な戦況の悪化に伴って、「治安は逐次悪化する傾向を呈し物資の不足物価の昂騰等民政に対する苦痛と負担の増加と共に民心の不安動揺」(17)が看過できないほどに高まった。

これほどまで南方占領地の軍政が不安定化していた背景には、一九四三（昭和一八）年初頭から米英の反抗が活発となり、南方軍がいたるところで制海権と制空権を失っていたことが挙げられる。一九四四（昭和一九）年中期にはサイパンが陥落し、翌年には南方占領地と内地との連絡はほとんど寸断されていた。フィリピンへの米軍再上陸やビルマに対するイギリス軍の猛攻は、南方軍の孤立と持久戦を意味するものであった。第一四軍が第一四方面軍に改編昇格した後、フィリピン防衛の任に就いた司令官山下奉文《ともゆき》大将から「自活自戦永久抗戦」が打ち出されたのもこの時期である。武器や食料、医薬品の補給がないまま、死ぬまで戦い続けよという人命軽視の無計画な命令に、日本軍将兵のみならず逃げ場を失ったフィリピン人も否応なく巻き込まれていった。

三　悪化する対日感情

激戦地フィリピンに出征しながら、からくも生き残った日本人は確かに幸運であったが、場当たり的な占領政策の失敗と破滅的な被害をもたらした戦争に関して、直ちにフィリピン人の憎悪を味わうことになる。カミギン島へ進駐した経験を持つある兵士［津森一九八九：一九三―七］によれば、日に日に悪化していくフィリピンの対日感情は終戦後、頂点を迎えたという。

彼は、一九四四（昭和一九）年四月から七月までの三カ月間、ルソン島の北方離島、台湾との国境近くに位置するカミギン島において、バブヤン諸島地区隊長の任にあった。アメリカ軍によるルソン島北部海岸上陸を想定して、彼の所属する師団はバギオから転身し、玉砕覚悟で最前線に立った。結果的に、島内に戦火が及ぶことはなかったが、部隊は住民が保存していたなけなしの籾《もみ》を手に入れながら進軍した。木や竹、かずらなどしかないジャングル生活を生き残るためとはいえ、略奪行為は「民心の把握は軍紀の厳正にあり」を信条としていたこの兵士にジレンマを与えた。投降後の捕虜となって、アメリカ軍のトラックで収容所に入る道すがら、地元住民から投げかけられた「ばかやろう」や「どろぼう」の罵声に、彼は苦悩を深める。戦後、彼は「昭和三一年には賠償協定も成立し、フィリピン人の対日感情も漸次好転したかに見受けられる。しかし今次大戦で肉親を失った人の数もまた非常に多く、個々人について見るならば、なおきびしい警戒心と反感をもっている人たちがいないとは言えない」と書き記した［津

森 一九八九：一九七〕。

この経験は、元第一四方面軍軍政監部産業部の兵士〔渡辺正人 一九八九：一九八―二〇〇〕にも共有されていた。彼は戦時中、調査機関の職員としてフィリピンの資源調査を担当していた。職務柄、彼は糧道を断たれたマニラ市民がどのように飢え苦しんだか、直接目撃することになった。彼によれば、一九四二（昭和一七）年四月にマニラで六・五ペソであった米一袋（五六キロ）は、配給の乱れやヤミ米の横行によって、一九四四（昭和一九）年一〇月には約千倍の六千ペソまで暴騰していた。飢餓に迫られた市民は農村地帯へ疎開するため、家財道具一式を乗せた水牛と共にのろのろと国道を下っていったという。

そして、この飢餓地獄をいっそう深刻にしたのが、マニラでの防衛戦であった。当初、「オープン・シティ（非武装都市宣言）」によって速やかにマニラをアメリカ軍に明け渡すことが軍部内で検討されていたが、結果的には首都を枕に多くの日本兵やマニラ市民が戦死する結果となった。兵站の専門家であったこの兵士の目から見ても、食糧不足に苦しむ六〇万人の市民を抱えて首都を防衛するのは、余りにも困難を極める作戦であった。その後、彼自身も追い詰められたキアンガン奥地の棚田で、イゴロット族の生活の支えであった稲穂を奪って命をつなぐことになった。フィリピン人の窮状を知りながら、この兵士は彼らの食料に手を付けることで餓死から逃れることができた。しかし、加害者としての過去は、「彼らの胸中を考えると、どうしても私はまだフィリピン旅行の決断がつきません」という認識を彼に与え、贖罪の道を険しく困難なものにした〔渡辺正人 一九八九：二〇〇〕。

もちろん、日本人の間でこのフィリピン戦が悲惨な体験として語られてきた最大の要因は、激しい戦闘によって多くの日本兵や軍属が命を落としたためである。『援護五〇年史』によれば、一九四四（昭和一九）年にサイパン島やペリリュー島、モロタイ島が陥落したことで、フィリピン諸島はアメリカ軍の進攻から本土を防衛するための最前線となった。しかし、輸送の困難や資材、装備の不足は、レイテ島での作戦失敗やマニラ市における日本軍の全滅を招いた。また、レイテ島、セブ島、ネグロス島、パナイ島などのビサヤ地区各島においては、上陸したアメリカ軍の進撃を止められず、山中に逃げ延びた日本兵の多くが食糧の不足や疲労、悪疫によって命を落とすことになった〔厚生省援護局 一九九七：二三九―三三〇〕。

写真6　第二次世界大戦中、日米の戦闘で破壊されたサンチャゴ要塞。壁に残された無数の弾痕が戦闘の激しさを物語る＝2005年、マニラにて筆者撮影

厚生省援護局の調査〔一九九七：一二八〕によると、最終的にフィリピン方面で戦没した軍人軍属及び一般人は、五一万八千人にものぼった。この地域に投入された陸海軍部隊の総兵力が約六三万人であったことを考えれば、命あって日本の地を踏むことができた人間は、五人中一

人にも満たない計算になる。この地域での戦死者数は、硫黄島や沖縄を含む日本本土以外の各戦域で死亡した戦没者約二四〇万人（軍人軍属等約二一〇万人、一般邦人約三〇万人）の五分の一以上を占め、先の大戦中で最大の犠牲者を出した。日比の関係を語る上で、フィリピン戦がいかに戦後の日本人にとって振り返りたくない過去であったか、これほど如実に表した数字もないだろう。

その一方で、国中が戦場となったフィリピンも、ままならぬ戦後復興にあえいでいた。物的被害について挙げれば、フィリピン政府は一九五一（昭和二六）年二月一一日、同国外務省内に設けられた対日平和条約専門委員会（賠償経済問題小委員会）が出した調査報告に基づき、約八〇億ドルを公式求償額として発表した。また、一九五二（昭和二七）年一月フィリピン政府が日本政府に提示した戦争損害総額（Secret Physical War Damages in the Philippines）では、民間人死亡者数が一一万一九三八名と公表された［吉川 一九九一：三二、三八八］。

さらに、フィリピンの財政危機を救うためにアメリカから派遣されたベル使節団の報告によれば、戦前の水準にも満たない農工業の生産性は、フィリピン経済の長期低迷を招いた。例えば、米の生産高が戦前の水準にまで回復したのは一九四九（昭和二四）年のことであり、金や銅の生産高に至っては同年の段階で、戦前の二三〜四％に留まっていた。しかも、生産力が回復しないまま、非必需品の輸入が増加したため、財政と貿易の不均衡に陥った［谷川・木村 一九七七：六九、七四］。

事態を複雑にしたのは、日本による統治が、後のフィリピンの脱植民地化を却って困難にしたという事実である。中野は、第二次世界大戦を経て、米比間の植民地関係が戦後も温存された点を指摘する。彼によれば、戦後復興の名の下、一九四六（昭和二一）年に成立したベル通商法やフィリピン復興法は、独立後には全廃されるはずであった旧米比間の無関税・免税制度を延長させ、アメリカ市民や企業に対する内国民待遇を認めさせた[18]。また、クラーク空軍基地やスービック海軍基地の九九カ年無償提供を定めた軍事協定も結ばれ、日本軍政以前の植民地時代と変わらぬ特殊関係（special relationship）が復活する形で維持された［中野 二〇〇七：一四五—六〇］。

そして、この戦後のアメリカ依存は、歴史教科書の記述にも強い影響を与えた。アゴンシリョ［Agoncillo 一九七四：二一一—二二］が著した『フィリピン史概論（*Introduction to Filipino History*）』には、フィリピン国民の献身的行為によって、アメリカ軍に大きな勝利がもたらされたことが強調されている。フィリピン国民の多くはゲリラとして日本軍と対峙し、オーストラリアへ敗走したマッカーサーのフィリピン帰還を助けたとされている。また、撮影された日時、場所などは不明であるが、米比両軍の兵士とおぼしき人物が傷ついた体を支え合い、行軍する写真を掲載している教科書もある。その見出しには、「比米間の歴史的な友情が、第二次世界大戦の利他的な兵役経験者によって確認された」とあり、かつての宗主国との関係が感動的な言葉によって綴られている［Zaide, G. & Zaide, S. 二〇〇四：一五四—六〇］。

しかし、歴史を紐解けば、対米独立の闘士、エミリオ・アギナルド将軍（Emilio Aguinaldo 一八六九〜一九六四）に率いられたフィリピン軍がアメリカを相手に米比戦争を戦ったのは、この大戦のわずか五〇年ほど前のことであった。戦後、米比の間で継続されたパトロン—クライアント的関係は、多くの犠牲を伴いながらアメリカの植民地支配に抵抗した過去を「友情」という言葉によって覆い隠してしまったのである。フィリピンの独立記念日がアメリカのそれと同じ七月四日に選ばれたのは、戦後の二国間関係を象徴的に表している。日本の占領と戦禍は、国民国家として独立を果たし、自らの手で欧米との植民地関係を清算する機会をフィリピンから奪う結果となったのである。

四　「大東亜」の死と再生

戦後のフィリピンで反日感情が高まりを見せるなか、日本ではアジア支配を支えた大東亜共栄圏の構想が、新たな統治者によって息の根を止められようとしていた。

一九四五(昭和二〇)年一二月一五日、GHQは「国家神道、神社神道ニ対スル政府ノ保証、支援、保全、監督並ニ弘布ニ関スル件」、いわゆる「神道指令」によって、公文書で「大東亜戦争」という用語を使用することを禁止した。連合国軍最高司令官から発せられたこの覚書には、「公文書ニ於テ『大東亜戦争』、『八紘一宇《はっこういちう》』ナル用語乃至《ないし》ソノ他ノ用語ニシテ日本語トシテソノ意味ノ連想ガ国家神道、軍国主義、過激ナル国家主義ト切リ離シ得ザルモノハ之《これ》ヲ使用スルコトヲ禁止スル、而《しか》シテカカル用語ノ即刻停止ヲ命令スル」[19]と記されている。

言うまでもなく、「大東亜戦争」や「八紘一宇」は、極東・東南アジアで日本が関わった戦争の意義を内外に向けて正当化する美辞として用いられたものであった。この構想は元々、一九四〇（昭和一五）年六月二九日に有田八郎外務大臣のラジオ演説で初めて使用され、彼の後任である松岡洋右《ようすけ》によって正式な声明となった［Duus 一九九一＝一九九二：一一〇］。以下、ラジオで有田が述べた主張の一部である。

> 東亜ノ諸国ト南洋諸地方トハ地理的ニモ、歴史的ニモ、民族的ニモハタマタ経済的ニモ極メテ密接ナル関係ニアリマシテ互ニ相寄リ相扶《たす》ケ有無相通シテ共存共栄ノ実ヲ挙ケ、以テ平和ト繁栄トヲ増進スヘキ自然ノ運命ヲ有スルノテアリマス。故ニ之等《これら》ノ地域ヲ一括シテ共存ノ関係ニ立ツ一分野ト為シ、ソノ安定ヲ図ルコトカ当然ノ帰結ト思ハレルノテアリマス。[20]

そもそも、大東亜共栄圏を支える政治的スローガンとしてＧＨＱに禁止された「東亜」や「亜細亜」は、日本が欧米列強を追いかけることに腐心していた一九世紀後半、岡倉天心がアジアの文化観を評するために用いた用語であった［子安 二〇〇三］。その一方で、これらの言葉は、当時の政治力学において異なった文脈でも用いられるようになった。岡倉の関心があくまで、中国やインド、日本を含む広域アジアの文化と美術にあったのに対して、福澤諭吉にとっては、清国や朝鮮の近代化こそがアジアを語る意義であった。もともと、日本・清国・朝鮮の提携論を唱えた福澤は、東アジア諸国における親日政権の樹立が欧米の帝国主義に対抗しうる手段であると考えていた。

だが、そうした福澤らの目算をよそに、壬午《じんご》事変や甲申《こうしん》事変を経て朝鮮から親日派が一掃されると、「東亜」や「亜細亜」は近代的思考では理解不能な、文明の境外で停滞する国々を意味するようになった。脱亜論が影響力を持った時代、日本は長らく、文明国と非文明国という二分法的な世界認識の中で新興国としての自己を規定していく。とりわけ、帝国日本はアジアにおける唯一の文明国を謳《うた》うことで、自立を求める諸民族の代弁者を自称するようになる。

しかし、第一次世界大戦以降、占領した国や地域を公然と領土に組み入れる行為は、国際社会から大きな非難と反発を招くようになった。国際連盟の誕生によって、植民地の獲得競争に歯止めがかけられたからである。「周回遅れ」の帝国であった日本が海外進出を果たすためには、植民地や占領地の獲得を否定しつつも、領土の伸張を可能にする建て前が必要とされた。

最終的に日本を初めとした列強が目を付けたのは、国際連盟規約に基づく「委任統治」の論理であった。この制度は、植民地支配を受けた国々に対して民族自決権を認めながら、その一方で「近代世界ノ激甚ナル生存競争状態ノ下ニ未夕自立シ得ザル人民（第二二条）」のために、帝国が統治を肩代わりするというものであった。帝国日本は、このレトリックで「大東亜共栄圏」の理念を脚色することによって、極東・東南アジアへ進出するきっかけをつかむことができた。

ここで看過できないのは、大東亜共栄圏の思想が、アジア進出への野望のみならず、日本人の無自覚な善意によっても支えられていたという点である。ピーター・ドウス［Duus 一九九一＝一九九二：一〇五―一二一］は、大東亜共栄圏という言葉が、誕生以来あまり時を移さずに日本社会に受け入れられた背景に注目した。彼によれば、この構想は一九三〇年代以前からあった汎アジア主義思想の焼き直しであり、日本人の根源的な危機意識と繋がっていたという。帝国への階段を一気に駆け上がろうとしていた日本は、アジアの近代化のために水先案内人としての役割を果たし、西欧による収奪から周辺諸国を守る使命を自らに課した。ドウスは、そうした汎アジア的膨張思想の背後に「中国人、朝鮮人、そして東アジアの他の諸民族と日本は、同じ文化（同文）、同じ民族（同種）、あるいは利害を共有している」［Duus 一九九一＝一九九二：一一三］という考えがあったと指摘する。大東亜共栄圏とは、脱亜論と汎アジア的理想主義の絡み合いの中から生まれたのである。

周知の通り、日本に進駐してきたGHQの介入によって、「大東亜」や「東亜」などは特段の事情がない限り口にすることもはばかられる「汚れた言葉」となった。

しかし、プロボクシング東洋選手権においては、こうした「汚れた言葉」に代わって、「東洋」の語が極めて有効に機能した。戦後、日本のアジア諸国に対する再接近が「大東亜共栄圏」の再来と警戒されかねない時代に、ボクシング大会に冠された「東洋」はあくまで政治とは切り離されたスポーツ興行の枠組みに収められた。さらに、肉体をかけて殴り合うというプリミティブな競技性が、逆説的に政治性を脱色することに奏功したという一面もあっただろう。

つまるところ、ボクシングで「東洋一」を競うという構想が、正面切ってGHQに反論できない時代に、虚実の微妙な狭間で日本のアジア回帰を可能にする装置として機能したのである。

＊

これまで論じてきたとおり、フィリピン人の怒りの源泉は、占領期間中に実施された政策や戦闘によって引き起こされたと言える。アメリカに代わってフィリピンの新たな統治者になった日本は、マニラ入城に際してひとつの布告を行った。(21)それによれば、日本軍はフィリピン官憲と民衆の福祉、安全の保障を公約していた。しかし軍部は、「手段ノ如何《いかん》ヲ問ワス、日本軍ニ抵抗ヲ為シ若《も》シクハ敵対行動ヲ取ラハ全比島ヲ灰燼《かいじん》ニ帰スヘシ故ニ総《すべ》テノ者ハ一滴ノ血ヲモ見ス日本軍保護ノ下ニ来リ日常業務ヲ平常通リ続行スヘシ」と宣言せねばならぬほど、反日活動に神経を尖らせていた。そして、この声明が象徴するように、フィリピンの主要都市は文字通り、戦争の泥沼化によって焦土と化すのである。

日本がフィリピンを支配した期間は、一九四二（昭和一七）年一月三日から一九四五（昭和二〇）年七月五日までのわずか三年に過ぎなかったが、その間に多くの人命や都市のインフラストラクチャーが失われた。農業や工業の不振にあえぐフィリピンは、アメリカからの援助を頼みの綱としており、旧宗主国に対する依存状態は歴史教科書の記述にまで影響を及ぼした。

このように、戦後の日本人の立ち入りを拒む理由が、占領期間やそれに相前後する第二次世界大戦中に形成された。日本・フィリピン関係史の多くの研究者が論じているように、両国の間で本格的な交流が再開されるのは、早くても国交正常化を待たねばならなかった。(22)

その一方で、現実の日比関係に目をやれば、幾つかのスポーツ競技においては、戦後の比較的早い時期に、政府や興行師の招きによってフィリピンへ渡航する機会に恵まれた。一九五三（昭和二八）年五月には日本外務省の要請を受けて、高校野球連盟の会長を務めた牧野直隆が、当時アマチュア野球界で最強と謳われた全鐘紡《かねぼう》チームをフィリピンへ率いている。また、一九五四（昭和二九）年には、東京オリンピック誘致の立て役者となる日本水泳連盟の田畑政治が、マニラで開かれた第二回アジア競技大会に参加した。

なかでも、アメリカ植民地時代に持ち込まれたボクシングは、フィリピン国民の関心を集めるナショナル・スポーツの座にあった。マッチメーカーをしていた野口進（一九〇七〜六一）やジョー・イーグル（Joe Eagle　生没年不詳）が、当時の花形選手であった三迫仁志（一九三四〜）や赤沼明由《あきよし》（一九三〇〜?）、風間桂二郎（一九二六〜二〇〇九）を連れてフィリピン遠征を行った一九五四（昭和二九）年四月には、マグサイサイ大統領（Ramon Magsaysay）自らが日本からの一行を官邸に招き、直々に歓迎している。そこで、次章から三章にわたって、こうしたボクシングの交流を可能にした社会的要因を明らかにするため、興行の仕掛け人たちの狙いに注目して考察を進めてみたい。

(10)　「大日本軍司令官」こと寺内寿一元帥陸軍大将は、一九四一（昭和一六）年から一九四五（昭和二〇）年にかけて南方軍を指揮した。比島派遣軍である第一四軍（後に、第一四方面軍に改組）の上位にあたる南方軍は、大陸令第五五五号に基づいて一九四一（昭和一六年）年一一月に大本営直属の部隊として新しく編成された。東南アジア方面に展開する全陸軍を統括した南方軍は、フィリピンやインドネシアなどの国民に通牒する際、文書の中で「大日本軍司令官」という名称を頻繁に用いた。

(11)　比島軍政監部編、一九四二、「訓令　教育ノ根本方針ニ関スル件（第二号）昭和十七年二月十七日」『軍政公報』マニラ新聞社、一：一四—五。

(12) ベニグノ・S・アキノは、現フィリピン大統領ベニグノ・アキノ三世（Benigno Aquino III 一九六〇〜）の祖父であり、マニラ国際空港で暗殺された元上院議員ニノイ・アキノ（Ninoy Aquino 一九三二〜八三）の父である。またベニグノは、ニノイの配偶者であった第一一代大統領コラソン・アキノ（Corazón Aquino 一九三三〜二〇〇九）の義父にあたる。三世代に亘って政府の要職に就いた名門アキノ家において、ベニグノは今日、フィリピン国民から長老を意味する「シニア」と呼ばれている。

余談ながら、戦後に「対日協力者（Japanese collaborator）」の烙印を押されたベニグノは政界への返り咲きを願いながら、志半ばにしてこの世を去った。彼の最期は、リサール・メモリアル・スタジアムで行われたボクシングの観戦中であった。ベニグノと同郷であるタルラック州のボクサー、ティルソ・デル・ロサリオ（Tirso del Rosario 一九二〇〜?）が、メキシコ人ボクサーでカリフォルニア州バンタム級王者のマニュエル・オルティス（Manuel Ortiz 一九一六〜七〇）に敗れ去った際、突然の心臓発作に襲われたベニグノの波乱に満ちた生涯も終焉を迎えた。

(13) 「比島人の成長振りは甚だ満足的である、かつての不良分子も殆ど皆平和と秩序の傘下に入った、また比島人は新事態を認識し従来抱いていた輸入品に対する無差別的尊重の念を捨てて島産品を使い、それで総ての生活を営んでいる、カリバピ（新比島奉仕団）と教育厚生部とが協力して大衆の精神訓練に当っている、カリバピの総裁として余はその成長発展には絶大の関心を持ちどうしてもこれをもって行かねばならぬと思っているがカリバピ運動こそ全比島人の精神的覚醒の原動力たるべきで全比島人は欣然これに参加することによって比島建設に協力出来るのであることを銘記せねばならぬ」『東京日日新聞』一九四三年一月二四日記事より」

(14) 第一復員局、一九四六、「別冊其の一　比島軍政の概要　一、比島軍政経過の概要」『南方作戦に伴ふ占領地行政の概要』防衛研究所所蔵資料・南西軍政一〇〇、四。

(15) 比島軍政監部編、一九四三、「昭和一八年一月一一日 陸運管理局長　四、憲兵隊関係事項　治安警察方針に

関する憲兵隊長声明」『軍政公報』マニラ新聞社、九：一二―三。

(16) 比島軍政監部編、一九四二、「二、内務部関係事項　警告　治安維持に関する件」『軍政公報』マニラ新聞社、一：一三。

(17) 第一復員局、一九四六、「第一章　南方占領地行政の基本並びに概観　第四　終戦前に於ける南方占領地の状況」『南方作戦に伴ふ占領地行政の概要』防衛研究所所蔵資料・南西軍政一〇〇。

(18) もともと、米比間の無関税貿易は、一九三四（昭和九）年にアメリカ議会を通過しフィリピン議会が全会一致で受諾した独立法（タイディングス・マクダフィー法）によって、独立準備政府が発足した一〇年後の七月四日の共和国独立時に撤廃されることが決まっていた。

(19) 「国家神道、神社神道ニ対スル政府ノ保証、支援、保全、監督並ニ弘布ノ廃止ニ関スル件」（http://www.mext.go.jp/b_menu/hakusho/html/hpbz198102/hpbz198102_2_033.html、二〇一〇年八月一日）。

(20) 有田八郎、一九六五、「有田外相演説『国際情勢と帝國の立場』」外務省編『日本外交年表並主要文書　下巻』原書房、四三四。

(21) 比島軍政監部編、一九四二、「皇軍マニラ入城ニ際スル件」『軍政公報』マニラ新聞社、一：一。

(22) 中野［二〇〇四：三六七―四〇八］は、戦後の日比間の歩み寄りが、戦没者追悼における互恵関係によって「和解」と「忘却」を伴いながらも、徐々に進展していったことを指摘する。彼は、対日感情の好転が、マルコス大統領の戒厳令という政治史的な画期と連動した劇的な変化ではなく、慰霊を通して日比間の接触が増大した結果、日本側で生成されたイメージであると論じる。

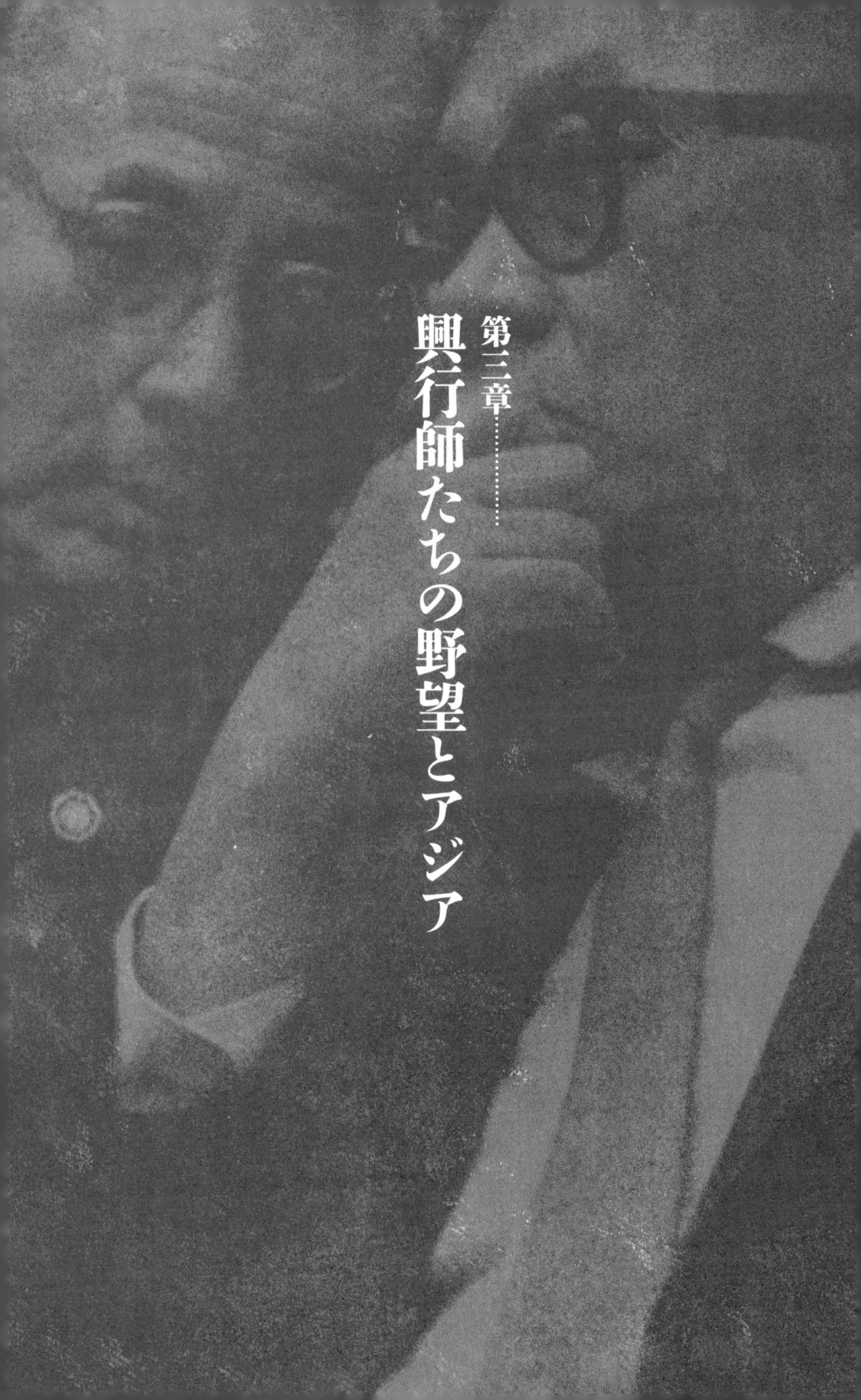

第三章……………興行師たちの野望とアジア

一　大東亜共栄圏なき時代の「東洋一」

第二次世界大戦末期、フィリピンにおける日米間の戦闘は全土を舞台にしたゲリラ戦にまで発展し、修羅場の様相を呈した。とりわけ、日本軍が徹底抗戦した一九四五（昭和二〇）年二月のマニラ戦では、大戦中の都市破壊の規模においてワルシャワに次ぐ被害を出しただけでなく、一〇万人以上の現地市民が戦闘の犠牲となった。それゆえ、マニラは戦争被害を記憶する都市として、長らく日本人の訪問を拒んだ。その一方で、投降後の処置や戦争裁判の推移から、当時の日本社会にもフィリピンの戦争被害の甚大さと対日悪感情が広く知れ渡っていた［中野 一九九七：三四三―七三］。

当然、この戦禍は、後の日比関係にも多大な影響を及ぼすこととなった。一九五一（昭和二六）年九月八日、対日平和条約（サンフランシスコ平和条約）の調印式に出席したフィリピンは、アメリカの説得もあって署名調印したものの、同時に戦争賠償条項（第一四条）に強い不満と留保を表明した。そして、フィリピン議会も「賠償なければ批准なし」の方針を固め、条約の批准を長らく棚上げした。

この問題には、一九四九（昭和二四）年から五〇年前半にかけてアジア地域で冷戦が熱戦化した背景がある。共産主義の封じ込めを図りたいアメリカは、日本を経済的に自立させるために、第一次世界大戦後にドイツに課したような困難な賠償支払いに強く反対した。その結果、多大な戦争被害を被ったフィリピンは、対日平和条約で保証されていない賠償条件をいかに獲得するかに対日外交の焦点を置かなければならなかった。

しかし、財政の立て直しを最優先する日本と国内の反日世論を無視すれば政権維持さえ危ぶまれるフィリピンとの溝は埋めがたく、フィリピンはアメリカを通じた対日圧力行使や平和条約の棚上げなどによって有利な条件を引き出そうと努めた。そのため、アメリカが対日講和実現の意思を明確に示した一九五〇（昭和二五）年から、賠償総額五億五千万ドルに加えて、開発借款二億五千万ドルの供与が約される日比賠償協定の調印まで、両国の関係正常化の道のりは足かけ六年にも及んだ［早瀬 一九九九：三九六―四〇五］。

吉川［一九九一］は、賠償交渉がフィリピンにとって、損失に見合うだけの補償を得るだけでなく、戦争被害国として正当な権利を日本から得るという国家の面子《メンツ》と不可分であったことを指摘する。その一方、日本にとって、戦争被害に対する贖罪としての賠償は、将来何かしらの便益を獲得するための経済的な代価へ意味が変わっていった。

アメリカにしてみれば、敗戦国日本を強力な工業国に成長させ、「反共の砦」とすることは、新たなアジア政策の柱であった。一九四九（昭和二四）年、アメリカ国務省は、戦争に巻き込まれた国々に対して、日本国内の資本設備・施設、その生産財などを移転・譲渡する「中間賠償」の中止を通告した。また、一九五三（昭和二八）年四月には日米友好通商航海条約が締結され、日本は最恵国としてアメリカ市場へ優先的な参入を許された［細谷二〇〇五：一二三―三四］。日本政府が降伏文書に調印してから三周年にあたる一九四八（昭和二三）年九月二日、連合国軍最高司令官ダグラス・マッカーサーは、フィリピンと韓国、日本の三カ国による連携がいかに自由主義陣営の安定化に必要不可欠であるか、次のように力説している。

新しく生まれた大韓民国と愛国心の強いフィリピン人のたくましい国士とによって両側を固められている日本は今日三角形をなす防壁の強固な一支柱を形づくり、東洋のすべての人々の前に民主主義的考え方の知性を現実的に示している。［『朝日新聞』一九四八年九月二日記事より］

このとき彼は、日本から侵略的な思想が既に一掃されたと考えており、一刻も早く日本と旧敵国との間で講和条約が締結されることを望んでいた［Constantino, R. & Constantino, L. 一九七八＝一九九三：一一六］。いわば、戦後の日本社会は、世界を二分する冷戦に巻き込まれることで、アジアにおける行動の自由を得たというわけである。日米安全保障条約を比較的安価な代償としながら、日本は冷戦の受益者として東南アジアに再進出した［矢野一九九三：一七八―九］。

一方で、政府間による賠償の政治交渉と時期を同じくして、スポーツによる交流が着実に進んでいた。例えば、プロボクシング東洋選手権の開催は、日比両国の間でスポーツによる交流を推し進め、膠着《こうちゃく》して進まない外交関係に先立って日本のアジア復帰を促す一助となった。とりわけ、交流の第一線で活躍した日比の興行師やボクサー達は、日本人の海外渡航が厳しく制限されていた一九五〇〜六〇年代、アジアの頂点を賭けた試合に臨むべく各国を渡り歩いた。

通説のごとく、仮に日本のアジア復帰が冷戦下におけるアメリカの戦略によって生じた「棚ぼた」だとしてしまえば、東洋選手権はアメリカの過剰介入がもたらした副産物に過ぎない。結果、日本とフィリピンの間には、アメリカのアジア戦略に従って望まざる再会を果たしたという歴史観だけが残る。

そこで本章では、冷戦期の日米比関係において等閑視されてきたスポーツ交流の成り立ちを興行師の活動から分析する。東洋選手権はいかなる狙いの下で立ち上げられたのか。この問いを明らかにするために、賠償問題で戦後長らく敵対状態にあった日本とフィリピンが、スポーツを通して選手を交換するほど活発な交流をするに至った経緯に着目したい。具体的には、日比賠償協定と対日平和条約が批准発行される四年も前に東洋選手権を開催した国際プロモーター、ロッペ・サリエル（Lope Sarreal 一九〇五〜九五）と、彼の側近として活躍した瓦井《かわらい》孝房《たかふさ》（一九二五ないしは一九二六〜二〇〇五）の活動に焦点を当てる。

二　ロッペ・サリエル――アジアをつないだ希代の興行師

「戦後、日本のボクシングの火をともしたのは、在日朝鮮人とフィリピン人であった」〔郡司 一九七六：一七四〕。『ボクシング・ガゼット』を発行する傍らラジオ東京テレビ（後の東京放送、現ＴＢＳ）の人気番組「東洋チャンピオン・スカウト」の解説者でもあった郡司信夫は『ボクシング百年』の中で、このような言葉を残している。戦争によって少なからず人気選手を失った日本のボクシング界は、敢闘旗争奪戦(23)（戦前の日本選手権制度）において優勝経験がある左右田《そうだ》基光（一九一六～？）や結城敏夫（一九一八～八三）ら在日朝鮮人選手と、一九四七（昭和二二）年に日本フェザー級王者となるベビー・ゴステロによって圧倒されていた。

中でも、厳しい植民地・占領政策による対日感情の悪さが根強く残っていたアジアに、ボクシングによる交流の架け橋を築いたのは、フィリピン人プロモーターのロッペ・サリエルであった。彼は一九五二（昭和二七）年、不二拳ジムの岡本不二《ふじ》（一九〇五～八四）と共に戦後日本で初めてとなる東洋選手権を企画した人物である。興行といえば、二千人が観客動員数の上限という時代に、一万人ものファンを蔵前国技館に集め、ビック・イベント化する戦後の興行を先取りした。前述の郡司は、終戦直後のボクシング興行の実情を次のように評する。

　ハワイからは、意外に早くマリノという大物の来日を見て、日本ボクシング界を世界的水準にひきあげてくれたが、戦前非常に交流のはげしかったフィリピンからは、ジョー・イーグルなどが、終始、その招聘に骨を折っていたにもかかわらず、なかなか実現を見なかった。それほど、フィリピンの対日感情の悪さは徹底していた。［郡司 一九七六：二七六］

文中に登場するジョー・イーグルとは、戦時中も故郷であるフィリピンに帰国せず、日本ボクシング界の復興に寄与した立役者である。一九四五（昭和二〇）年一二月二九日、東京で戦後初めて「朝鮮建国促進青年同盟（後の「民団」）」とボクシング興行を共催したのも、このイーグルであった［城島 二〇〇三：一一九］。また、イーグルとともに来日したベビー・ゴステロは二八連勝という記録を残し、日本フェザー級王座を保持した［郡司 一九七六：一七四］。言うまでもなく、戦後のボクシング史を振り返るとき、彼らが残した足跡を軽視することはできない。しかし、日本とフィリピンの間で数多くのボクサーが交流を始めるようになるのは、東洋選手権の成立を待たねばならない。この時、フィリピン人選手を引き連れて来日したのがロッペ・サリエルであった。

（昭和）二十七年七月二十四日になって、ロッキー・モンタノと、ベビー・ジャクソンの二選手が、戦後最初のフィリピン選手として来征した。モンタノは、ミンダナオ島の生まれだが、日本軍が占領中にボクシングを習ったという奇しき因縁をもっていた。日本におけるマネージャーはロッペ・サリエルで、ロッペがそののち〝フラッシュ〟・エロルデの義父となって日比選手の交流につくした努力は、じつに大きく、忘れさるわけにはゆかない。……この二人を皮切りとして、以後続々とフィリピン選手の来日を見るようになる。［郡司 一九七六：二七六—七］

フラッシュ・エロルデや大場政夫（一九四九〜七三）などの世界タイトル奪取に貢献し、後に世界ボクシング殿堂入りを果たしたロッペは意外なことに、元々プロスポーツの興行師ではなかった。東洋選手権の開催に関わる前、彼は上海や北京を拠点に演奏活動を行っていたジャズマンだった(24)。自らトランペッターとして舞台に立つこともあったロッペは、最盛期には一四ものジャズバンドの楽団を経営していた。彼がジャズマンとして中国大陸にいた頃の上海とはどのような街だったのだろう。小説家の村松梢風は、一九二三（大正一二）年頃の上海を以下のように記している。

其処《そこ》は世界各国の人種が混然として雑居して、そしてあらゆる国々の人情や風俗や習慣が、何んの統一もなく現はれていた。それは巨大なるコスモポリタンクラブであった。其変《そのママ》には文明の光が燦然として輝いていると同時に、あらゆる秘密や罪悪が悪魔の巣のように渦巻いていた。極端なる自由、眩惑させる華美な生活、胸苦しい淫蕩の空気地獄のような凄惨などん底生活——それらの極端な現象が露骨に、或《ある》ひは隠然と、漲《みなぎ》っていた。天国であると同時に、其処は地獄の都であった。［村松梢風『魔都』より］

写真7　1970（昭和45）年10月22日、ベルクレック（タイ）を破って世界フライ級王者になった大場政夫とロッペ・サリエル（右）＝ラウラ・エロルデ氏提供

世界有数のグローバルシティであった上海には、既に堂々たる欧風の大建築や隅々まで固められたコンクリート道路、二、三万人を収容できる競馬場、外国人向けのダンスホールが建設されていた。しかしその一方で、上海は外国の租借地に過ぎず、列国の管理下にあった。共同租界、フランス租界を所管する各国の警察は、他国の租界や租界以外の地域での捜査・逮捕権が限られていた。芥川龍之介が、「猥褻な、残酷な、食意地の張った、小説にあるような支那」（「上海游記」より）と描いたような都市が、戦前の上海だった。

その上海の街で、戦前のジャズは華開いた。先述の村松梢風によれば、外国人の娯楽施設は活動写真ぐらいしかなかったため、巷《ちまた》では社交ダンスが流行した。

写真8　ロッペ・サリエル（中列左から3人目）が率いた楽団。彼自身もトランペッターだった＝ラウラ・エロルデ氏提供

大きなホテルやカフェには必ずダンスホールが建設され、土曜日の晩ともなれば各国の領事夫妻を初めとして一流の紳士淑女が集まった。しかも、そうした外国人租界は、純然たる欧米風の社会と生活様式が出来上がっていたために、ダンス音楽も、欧米本国と同等の水準が求められた［瀬川 一九八三：五一］。

そして、その要求に見事に応えたのが、他ならぬフィリピン人ミュージシャンたちであった。共同租界に生まれた欧米世界に彼らが参入できた理由は、ひとえに音楽家としての技術の高さであった。日本人のジャズメンがジャズのリズムもアドリブもまだわからなかった時代に、「フィリピン楽士の演奏を生《なま》できいて、そのテクニックやフィーリングを学ぶことは、唯一のレッスンだった」と指摘されるほど、その技術の高さには定評があった〔瀬川 一九八三：五四〕。上海は、そうした音楽家達の技量を大金に換えるチャンスを有した土地でもあった。そして、若き日のロッペも、野心に燃えるフィリピン人たちの一団に混じって、トランペット片手に海を渡ったのであった。

しかし、忍び寄る軍靴の音と共に、音楽活動の範囲は縮小を余儀なくされ、ロッペは一九三八（昭和一三）年、家族を故郷に送り返す。彼が上海駐留の日本軍に捕縛されるのはその数年後である。アメリカのパスポートを所持していたロッペは、哨戒中の日本兵に身柄を拘束され、上海で四年間の抑留生活を送った。世相が混迷を極めていたとはいえ、敵国人であるという理由だけで収監されたロッペが、なぜ戦後に日本とフィリピンをつなぐボクシング・プロモーターになったのだろうか。

写真9　ラウラ・エロルデ氏は、戦後の日比ボクシングを知る数少ない生き証人だ＝2005年、マニラ、エロルデ・ミュージアムにて筆者撮影

そんな疑問を胸に抱きつつ、単身フィリピン・マニラへ渡った筆者が出会ったのは、ロッペの娘であり、妻として元世界王者フラッシュ・エロルデを支えたラウラ・エロルデ（Laura Elorde 一九二七〜）であった（写真9）。八〇歳の誕生日を前にして、いまだに経営者としてエロルデ・ボクシングジムを切り盛りする彼女は、同時にフィリピン・ボクシング界の成

写真10　米艦艇上でしばしば行われたというボクシング大会。見えづらいが、中央のリング上で二人のボクサーが対峙している＝秩父宮記念スポーツ博物館・図書館所蔵

長を見守ってきた母なる存在である。そのラウラが、マニラの邸宅で大切に保管していた写真や手紙の数々を筆者に示しながら、父ロッペの人生について語ってくれた。

彼女によれば、海外生活が長かったロッペは、音楽巡業の先々でボクシングの試合とそれに熱狂する観客を目にすることが多かったという。とりわけ、遠洋航海を経て入港したアメリカの艦艇では、余暇と修練を兼ねたボクシング大会が挙行されており、アメリカ人水兵や軍属として彼らに随行するフィリピン人の試合を観戦することができた（写真10）。そして同時期、日本では読売新聞が元世界王者、エミール・プラドネル（Emile Pladner　一九〇六～八〇）を招請して大成功を収めるなど、ボクシングが庶民の間で認知されるようになっていた［佐野　二〇〇〇a］。技術・知名度において一歩先行くフィリピン人ボクサーを日本人と対戦させれば、必ず大きな反響を得ることができる。畑違いとはいえ、音楽界で身を立ててきたロッペはそのように先行きを読んだ。

そして、日本進出を狙うロッペに起死回生の好機を与えたのが、収容所からロッペを解放した一人の連合軍将校であった。ラウラにその将校について尋ねたが、彼女はついに名前を思い出すことはできなかった。ただ、彼はダグラス・マッカーサーの書記官を務めた経験があり、アメリカ軍の中枢に通じていたという。ロッペは戦後、彼が経営するマニラのナイトクラブを手助けするなどして厚い信任を獲得し、アメリカ軍が発行していた特別ビザを手に入れることができた。ラウラは、着の身着のままフィリピンに生還した父、ロッペがどのように日本進出に必要な軍資金を得たのか、次のように語った。

私の父が生前、話していたことには、友人の将校からもらった許可書があれば、アメリカが保有する飛行機でどこへでも行くことができたそうです。父は早速グアムに飛び、たくさんの物資を積んだ船が停泊しているのを目にしました。戦争は既に終わり、復興の息吹も鮮やかになっている。そう実感した父は、フィリピンに戻って、積極的に重機械やクズ鉄、砂糖の輸出業に着手し、大金を手に入れたのです。［二〇〇七年九月七日、ラウラ・エロルデ氏より筆者聞き取り］

そのロッペが念願かなって日本の地を踏んだのは一九五〇年代の初めである。ラウラは今でも、

写真11　1955（昭和30）年、アメリカン・プレジデント・ラインズで来日したフィリピン人興行師一行。前列左には、ロッペ・サリエルの息子で、日本のプロモート活動をサポートしたジュン・サリエルの姿が認められる＝ラウラ・エロルデ氏提供

初めて来日を果たしたときのことを鮮明に覚えている。第一回東洋選手権の開催準備のため、父親に連れられて家族と共に日本に渡ったのは、一九五二（昭和二七）年であった。当時、太平洋の各都市への移動は大型の客船が一般的で、日本とフィリピンの間にはアメリカン・プレジデント・ラインズ（American President Lines）が就航していた。一九四八（昭和二三）年、岡晴夫の「憧れのハワイ航路」にも歌われたように、歴代のアメリカ大統領からとった船名や、煙突に描かれた鷲のマークには、当時の日本人が一般的に持っていた海外への憧れが宿っていた[25]。後に多くの国際戦を手がける希代のプロモーターとその家族は、アメリカの国威を象徴する現代の黒船に乗って現れたのである（写真11）。マニラを出発した一行は、香港や神戸に寄港しながら、およそ一週間後に横浜港に降り立った。一足先に日本進出の準備を進めていたロッペはこのとき既に、五反田に土地を買い、「バンブーグローブ（Bamboo Grove）」というフィリピン・レストランを持っていた。

次に紹介するのは、ロッペ・サリエルの息子であるジュン・サリエル（Jun Sarreal　一九三八〜）

の回想である。彼は一九五〇年代以降、父ロッペの片腕として主に日本や南米でボクシング興行に携わった。現在も、マニラでサリエル・ボクシングジムを展開し、国際プロモーションを精力的にこなすジュンは老いてなお矍鑠《かくしゃく》としている。彼もまたラウラと同様に、戦後の日比ボクシング交流に貢献した数少ない生き証人の一人である。

私たちがバンブーグローブをオープンしたのは、朝鮮戦争の真っ最中でした。大統領を務めたフィデル・ラモス（Fidel Ramos　一九二八～）も、私たちのところに訪れたことがあります。そして、兵士として朝鮮に送られた若者は時々、アール・アンド・アール（R & R, Rest & Relaxation）という休暇を与えられました。彼らは日本に戻り、バンブーグローブで束《つか》の間の休日を楽しんだのです。というのも、そのとき日本でフィリピンのクラブと言えば、私たちのレストランだけだったからです。ニノイ・アキノ（Ninoy Aquino　一九三二～八三）についても同様です。アキノは新聞記者として、フィリピン陸軍に従軍していました。私たちは、フィリピンのバンドや伝統的な料理で彼らを迎えました。日曜日ともなると、レチョン（豚を丸焼きにするフィリピン料理）を用意したものです。［二〇〇七年九月一三日、ジュン・サリエル氏より筆者聞き取り］

朝鮮戦争の折、フィリピンは「使用できるほどの規模と質」をもって韓国に兵力を送った一六カ国のうちのひとつであった［金二〇〇七：二〇二］。山崎静雄［一九九八：二一一］によれば、一

写真12　日本のチャンピオン・メーカー、帝拳ボクシングジムの本田明会長（左）とも昵懇の間柄でもあったロッペ・サリエル＝ラウラ・エロルデ氏提供、スポーツ毎夕・佐藤兆彦氏撮影

九五二（昭和二七）年一月の段階で、実に五千人にも及ぶ兵士が国連軍としてその任務に就いていた。今でもソウル近郊の京畿道《キョンギド》高陽市《コヤンシ》には、「フィリピン軍参戦記念碑」と刻みつけられた像がひっそりと残っている。これほど多くの兵士が送り込まれた背景には、アメリカの冷戦政策へ強固な支持を示すことによって、フィリピンに対するアメリカの関心をつなぎ止めたいキリノ大統領の思惑があったと言われている［伊藤二〇〇四：三四八］。

そして、朝鮮半島で最前線に立つ兵士の数少ない楽しみは、外地勤務一年につき五日間与えられる、アール・アンド・アールと呼ばれる休暇であった。『東京百年史』には、空軍の攻撃や兵站基地としての役割を担った東京・立川基地に、帰国の途につく兵隊や朝鮮からの帰休兵が経由したことが記述されている［東京百年史編集委員会 一九七九：一二二四］。ラモス元大統領や、後に凶弾に倒れマルコス独裁政権崩壊のきっかけを生んだ若きニノイ・アキノも、兵士達に混じってバンブーグローブで束の間の日本滞在を楽しんだのであろう。このように、戦後の東京でフィリピン人が行動の自由を得たのは、朝鮮半島へのアメリカの介入と、フィリピン側の政治的意図によるところが大きかった。

写真13　サム一ノ瀬（左）と元世界フライ級王者ダド・マリノ＝ジョージ・ナカオカ氏提供

さらに、朝鮮戦争に従軍した軍人や記者らの社交場になったバンブーグローブは、ロッペが国際的な興行師と渡りをつける活動拠点ともなった。世界フライ級王者ダド・マリノ（Dado Marino 一九一五〜八九）がノンタイトル戦のため来日したとき、ロッペがハワイの有力プロモーターであった日系二世のサム一ノ瀬（一九〇七〜九三）と知遇を得たのも、このフィリピン・クラブであった。

二人の出会いを知る人物を求めて、二〇一〇（平成二二）年にハワイを訪ねた筆者は、幸運にもマリノに同行した日系二世のトレーナー、スタンレー・イトウ（一九二四〜）に話を聞くことができた（写真14）。ワイキキを目指す日本人観光客が決して足を踏み入れることのない港湾の町、カアマフ（Kaamahu）で、住まいと仕事を失った人々が炊き出しの長い列を作る、その先に彼が指導者として携わったカカアコ・ボクシングジムがあった。彼はそこで、後にボクシング殿堂入りする不世出の興行師たちが初めて出会った日のことを次のように語った。

たぶん、一九五一（昭和二六）年ぐらいでしょう。ロッペさんがね、五反田でフィリピノのクラブをやってたんだ。あのとき、招待されて初めて二人が話し合って、それから友達になった。ロッペ・サリエルはアメリカへ来たりね。彼がサムさんにフィリピンの選手を送ってたわけね。［二〇一〇年二月六日、スタンレー・イトウ氏より筆者聞き取り］

ダド・マリノを世界王者に育て上げ、後にベン・ビラフロア（Ben Villaflor）やボボ・オルソン（Bobo Olson）、アンディ・ガニガン（Andy Ganigan）の興行にも関わったサム一ノ瀬は、興行師としては珍しく慎重を期する人物であった。一人の経営者が興行も指導も兼任するのが当たり前の日本と違って、一ノ瀬は見知らぬ土地での興行や不慣れな職能にくちばしを挟まなかった。成果が投資額に見合わないというリスクを避けるため、一ノ瀬の側には常にラルフ円福（一九一四〜二〇〇二）という手練れのマネージャーが付いていた。[26] ラルフの弟で二人の関係をよく知るポール円福は、一ノ瀬の興行に対する考え方を次のように指摘する（写真15）。

誰が今、ボクシングで強くて有名であるか（プロモートする仕事）というのは、やっぱり知っている者がやらないと駄目だし、そうでないと興行が成功しません。下手な者を連れてきたって、あまりポピュラーでない者を連れてきたって、人が入らなきゃ駄目でしょう。だから、そういう者をパートナーに持っていたわけですよ。［二〇一〇年二月二四日、ポール円福氏より筆者聞き取り］

日系移民の長い歴史と共に歩んできたハワイ報知の社長室で、机一杯に並べられた古い新聞

写真14　元世界フライ級王者、ダド・マリノのトレーナーだったスタンレー・イトウ氏。彼は戦後間もない頃、日本へ近代的なボクシングを伝えたひとりだった＝2010年、ハワイにて筆者撮影

写真15　ハワイ報知社長（当時）のポール円福氏は、ボクシングの黄金時代をハワイにもたらした興行師たちの出会いについて語った＝2010年、ハワイにて筆者撮影

の切り抜きや写真を前に、彼はなぜハワイのような太平洋の〝小島〟の興行師が、各国のボクシング界に影響を及ぼせたのか、その理由をこう語った。ダド・マリノの活躍で既に世界的な知名度を得た後も、一ノ瀬は常に優秀なビジネス・パートナーを求めていた。反日感情によって誰も日本とアジア諸国の外交を再建できなかった時代に、東洋選手権を企画したロッペ・サリエルは、この一ノ瀬のお眼鏡に適《かな》う相手であった。アメリカ占領と朝鮮戦争によって日本進出の糸口を掴んだロッペは、日本が戦時中頑《かたく》なに拒み続けた敵性スポーツの「解禁」の好機を逃さなかった。以来、ロッペ・サリエルは太平洋地域におけるビックマッチを掌握し、アジアにおけるボクシング興行の第一人者としての名声を欲しいままにするのである。

三　瓦井孝房――周縁に生きる顔役

戦後のボクシング興行を語る際、ロッペと共に特筆すべき裏方の立役者が、瓦井孝房である。瓦井がこの世界に入るきっかけとなったのは、戦前、ピストン堀口や笹崎僙《たけし》（一九一五〜九六）と闘ったフィリピン人ボクサーで、後に興行師としても活躍したジョー・イーグルが、偶然にも瓦井の自宅があった赤羽近郊に住んでいたことであった。瓦井自身、ボクサーとしての経験はなかったが、イーグル家に出入りしているうちに自然とタガログ語とボクシングに関心を持った。瓦井は復員後、イーグルの誘いに乗って、共栄ジムや新和ジムの選手を借り出しては駐留軍の慰問に出かけた。

ラウラ・エロルデの回想によれば、彼女が初めて来日したとき、瓦井は既にロッペの下で働いていた。当時、バンブー・グローブの経営のみに携わっていた瓦井であったが、アジアにおけるボクシング市場を開拓しようとするロッペやイーグルに強い影響を受け、さらにこのスポーツにのめり込んでいく。瓦井はマネージャー業の傍ら、生涯の友となるロッペから興行の手ほどきを受けた。ラウラ・エロルデが大切に保管していた写真には、戦前のスター選手であったピストン堀口の弟、堀口宏（一九二八〜）とその対戦者であるレオ・エスピノサの計量に付き添う姿が映っている（写真16）。

瓦井はバンブーグローブのマネージャーを務めておりました。そのとき、彼はまだ若い青年でした。そして、本人が言うことには、瓦井は戦時中、飛行隊の特攻隊員だったそうです。あなた方は、日本語でこの自殺行為をなんと呼んでいるのでしょうか。……そう、カミカゼですね。彼は、その特攻の生き残りで、戦後は東京でヤクザのメンバーになったのです。［二〇〇七年九月七日、ラウラ・エロルデ氏より筆者聞き取り］

ラウラの指摘にもあるように、瓦井は銀座を根城に活動する新興ヤクザの一人であった。彼は、関東一円で勇名を馳せた安藤昇（一九二六〜二〇一五）と親密な関係を築き、共に助け合って勢力を拡大した［安部 一九八七］。しかし、裏社会で圧倒的な認知度を誇った瓦井や安藤も、大戦中は体当たり攻撃を旨《むね》とする特攻任務に就いていた［安藤 一九九八］。降伏があと数カ月遅け

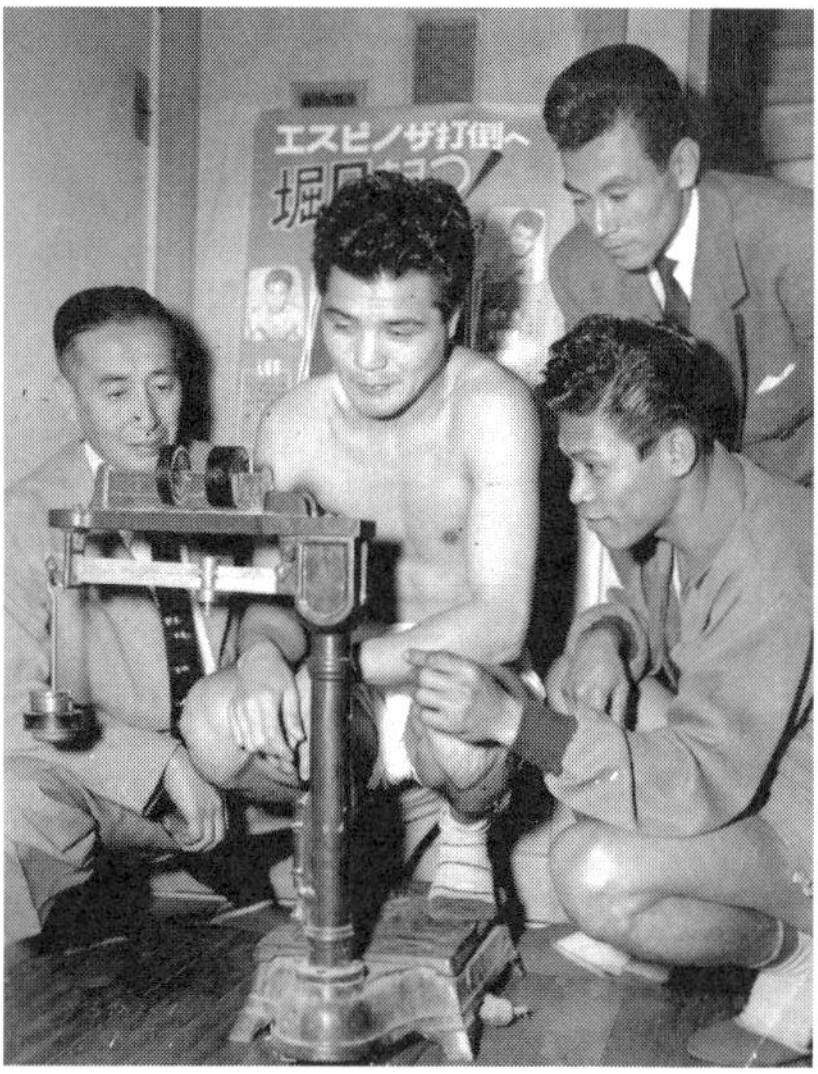

写真16　1953（昭和28）年10月、堀口宏とレオ・エスピノサの計量に立ち会う瓦井孝房（後列右）＝ラウラ・エロルデ氏提供

れば、両者とも本土防衛の盾となって、多くの兵士と共に大海原に散っていたはずである。終戦によってからくも命を拾った二人は、戦後の混乱した社会に翻弄されながら、それぞれが裏社会に号令をかける存在として成長していくのである。

　とりわけ、サンフランシスコ平和条約によって日本が主権を回復する頃まで、国家権力としての警察が弱体化していたことが、彼らアウトローには追い風となった。新興ヤクザの拠点の一つとなった銀座は、浅草や上野の旧下町庶民文化圏に代わって、大正期に登場した都会文化の花形であった。一方、渋谷は、戦後の私鉄の拡大と都市流入者の経済力に支えられ、都市の盛り場を形成していた［小木ほか編 一九九一：二二六―七、八〇三―六］。

　当然のことながら、これらの地域は縄張りを巡って、新旧の勢力がしのぎを削る戦場となった。しかし、街中で市民を巻き込む抗争が勃発しても、日本の警察は容易に手出しができなかった。さらに、進駐軍としてやってきたアメリカ兵も頻繁にトラブルを起こした。そんなとき、非力な警察に代わって、新興ヤクザの集団が思いがけず街を取り仕切る機会を得たのである［猪野二〇〇四］。

しかしながら、瓦井が裏社会で生きる人間だったならば、なぜ堅気《かたぎ》であるロッペとの間に生涯にわたる二人三脚が続いたのか。瓦井が信任を得た理由を探る上で、プロモーターとしてロッペが抱えていた問題を知ることは意味がある。

私たちが試合で大阪へ行ったとき、父はファイトマネーを支払ってもらえませんでした。しかし、彼は同行したエロルデにそのことを伝えませんでした。なぜならば、選手には一等車の座席を準備していたからです。乗車するなり、父は「バーサロンに行ってくるよ」と言い残して、戻ってきませんでした。エロルデは「いくら何でも遅すぎる。パパはどこだ」と探しに行きましたが、バーサロンに彼の姿はありませんでした。父は独り、三等車で眠りこけていたのです。それが、ロッペ・サリエルという人でした。父がもう少しビジネスに厳格であれば、私たちは今頃、お金持ちだったかも知れませんね。［二〇〇五年九月一五日、ラウラ・エロルデより筆者聞き取り］

ラウラがユーモアを込めて語ったエピソードは、断片的ながら、在りし日のボクシング界の混乱を生々しく伝えている。彼女の回想からは、新参者のフィリピン人プロモーターが、異国の〝ビジネス慣行〟に苦闘していた様子をうかがい知ることができる。何だかんだと難癖をつ

写真17　1952（昭和27）年、横浜港に到着したフィリピン人選手一行を出迎える瓦井孝房（前列中央）＝ラウラ・エロルデ氏提供

け、報酬の上前をはねる主催者もいた中で、極道という厳しい社会で顔役となっていた瓦井に、ロッペが信頼を寄せるようになったのはむしろ自然な成り行きであったと言えよう。

その一方で、瓦井の側にとっても、ロッペは下駄を預けるのに相応しい人物であった。瓦井が生前、エロルデの家族に話していたことによると、彼はヤクザ同士の抗争に巻き込まれて命を落としかけたことがあったという。そして、決闘の場に出かけようとした瓦井を身を挺して止めたのが、他ならぬロッペであった。瓦井は、ロッペの懸命の説得によって死地に赴くことを思いとどまり、再び九死に一生を得るのである。彼はこのことをきっかけとして、ロッペを父として慕い、擬似的な親子関係を誓った。このあたりの事情にも、「親分」

と「子分」の人間関係を重んじる社会に身を置いた瓦井の生き様を垣間見ることができる。

それでは、戦後の興行において、瓦井は一体どのような役割を果たしたのだろうか。後に彼は、一九五四（昭和二九）年の白井義男対レオ・エスピノサの世界フライ級選手権や、一九五五（昭和三〇）年の世界フェザー級王者サンディ・サドラー招請などに携わった。

一九六〇年代になると、瓦井の活動は精力を増す。彼は、一九六二（昭和三七）年にフラッシュ・エロルデと小坂照男（一九四〇〜）の間で争われた東洋ライト級選手権や、一九六七（昭和四二）年のエロルデ対沼田義明（一九四五〜）の世界ジュニア・ライト級選手権、一九六八（昭和四三）年の小林弘（一九四四〜）対レネ・バリエントス（一九四三〜）の世界ジュニア・ライト級選手権を次々に手がけた。さらに、世界ジュニア・ウエルター級王者サンドロ・ロポポロ（Sandro Lopopolo 一九三九〜二〇一四）のマネージャー、クラウスを説得し来日を実現させ、藤猛《ふじたけし》（一九四〇〜）の世界王座奪取にも貢献した。前述のジュン・サリエルは、ボクシングの素人であった瓦井が、興行で成功の糸口を摑んだ理由を次のように評する。

瓦井は大きな力を持った親分でした。彼らのグループは以前、東京をコントロールしていたのです。そのため、私たちが興行を行うとき、チケットの販売で問題が起こったことは、一度もありませんでした。また、瓦井には裏社会で生きる友人が大勢いました。彼らは、瓦井のプロモートをよく手助けしたものです。私の記憶が正しければ、当時、（ボクシングの）テレビ放送はまだ放送されていませんでした。彼の友人は、私たちのために喜んでチケッ

トの販売に協力してくれました。［二〇〇七年九月一三日、ジュン・サリエル氏より筆者聞き取り］

ボクシングが初めて日本のテレビに登場したのは、NHKが本放送を開始した一九五三（昭和二八）年のことであった。NHKは、五月一八日に行われた白井義男とタニー・カンポ（Tanny Campo 一九二九〜）の世界フライ級タイトルマッチを撮影し、試合の翌日と翌々日の二回にわたってテレビで放映した。さらに、九月一九日には同じくNHKが、日本で最初のボクシング中継として白井とレオ・エスピノサのノンタイトル一〇回戦を現場から全国に向けて実況放送している。

これらは、日本初のプロレス中継よりも先行した事例であった。NHK大阪が、山口利夫率いる全日本プロレス協会の興行を関西全域と静岡県近辺までを対象に試験放送したのが、一九五四（昭和二九）年二月六日。NHKと日本テレビが共同で、力道山《りきどうざん》・木村政彦とシャープ兄弟の一戦を本放送したのが、二月一九日であった［増田俊也 二〇一一：五〇〇］。テレビと格闘技の関係と言えば、プロレスがその草分け的存在であったという印象が強いが、実際はプロレスのテレビ中継は、ボクシングより半年以上も後発だったのである。

周知の通り、初期のテレビ放送は、街頭テレビを中心に視聴されていた。全国でテレビが見られるようになるのは、マイクロ波回線の整備やテレビ局の大量開局が進む一九五九（昭和三四）年を待たねばならない。したがって、東洋選手権が人気を誇っていた一九五〇年代は、テレビの放映権による利益よりも、試合会場で客が払う木戸銭の方が主催者にとって大きかった。リピーターも含めて、どれほど多くの観客を試合会場に呼び込むことができるかが、成否の分かれ目だったのである。

加えて、地元の〝親分衆〟に渡りをつけることも、プロモーターの重要な役目であった。敗戦から一〇年あまり、日本の興行界は群雄割拠の様相を呈していた。戦前の統制が撤廃されたことで、多くの人間が興行に参加したためである。無論、ロッペのような外国人プロモーターもそのうちの一人であった。しかし、いくら戦前の縛りがなくなったと言っても、依然として街々では裏社会の権力者が幅を利かせており、彼らの縄張り内で無断の興行を打つことは後のトラブルに繋がった。

かつてボクシング界には、嘉納健治（神戸富永組）をはじめ、阿部重作[27]（住吉一家）、山口登（山口組）、藤田卯一郎（関根組）などの大親分が関わっていた［郡司 一九九〇：二四］。なかでも、日本ボクシング創成期から興行の世界に足を踏み入れていた嘉納健治は「菊正宗」で知られる造り酒屋の生まれであった。一族の中には近代柔道の祖、嘉納治五郎《じごろう》がおり、嘉納家は神戸でも名門中の名門の家柄として知られる。治五郎が果たしたスポーツ界への貢献に負けず劣らず、健治自身も神戸の自宅にジムを作るなど、ボクシングの普及に尽力したが、彼は同時に任侠家業を営むヤクザでもあった。懐にピストルを忍ばせていたことから「ピス健」との異名を取り、誰はばかることなく引き金を引いたという［高橋 一九六九：一〇三—七］。健治が一九四七（昭和二二）年に死去した後、神戸市東灘区御影町の御影霊園に葬られたが、彼の墓石には組の名が記されておらず、独立の気概を貫いた珍しい任侠であったことがうかがわれる［藤田 一九八〇］。

興行に携わる者は、この嘉納のような地元の親分衆に顔が利く仲介者を必要としていた。そして、東京のボクシング界では瓦井がその役割を担ったのである。彼は有能な裏方として、契約交渉や会場の手配のみならず、地元を仕切る権力者との調整までこなした。

新旧入り交じる興行界において、なぜ瓦井がこれほどまで大きな国際戦の采配を振るうことができたのだろうか。その理由は、芸能史の発展に大きな足跡を残した山口組三代目組長・田岡一雄と比較してしてみると分かりやすい。田岡も瓦井同様、戦後になって芸能興行を本格的に手がけた新顔であった。彼らの登場以前、多くの組は自分たちの縄張りで興行を認める代わりに、「カスリ」と呼ばれる挨拶料(用心棒代)を徴収していた。少額ではあったが、この「みかじめ料」は税金を払うことのない祝儀的な意味合いを含んでいたため、長い間興行界の慣習として定着していた[猪野二〇〇四]。

しかし、このやり方では、縄張りを分け合っている組の間でひとたび利権争いが発生すると、血で血を洗う抗争にまで発展する危険性があった。事実、戦前の一九三七(昭和一二)年一月二七日に、不二拳と極東拳の共催で行われたピストン堀口対ジョー・イーグルの試合は、神戸の山口組二代目組長・山口登の口利きがあって初めて実現した。目下、四七連勝中の堀口と日本のフェザー級を総なめにしたイーグルの対戦に世間の関心は高かったが、大相撲の〝聖地〟である国技館の使用に難色を示した相撲協会や山口組の介入を快く思わない在京ヤクザが興行の障害となっていた。田岡本人の回想によれば、開催に対する万難を排するため、山口組からは三〇名もの応援が駆け付け、会場の警備にあたったという。後に、活躍の場を芸能に移した田

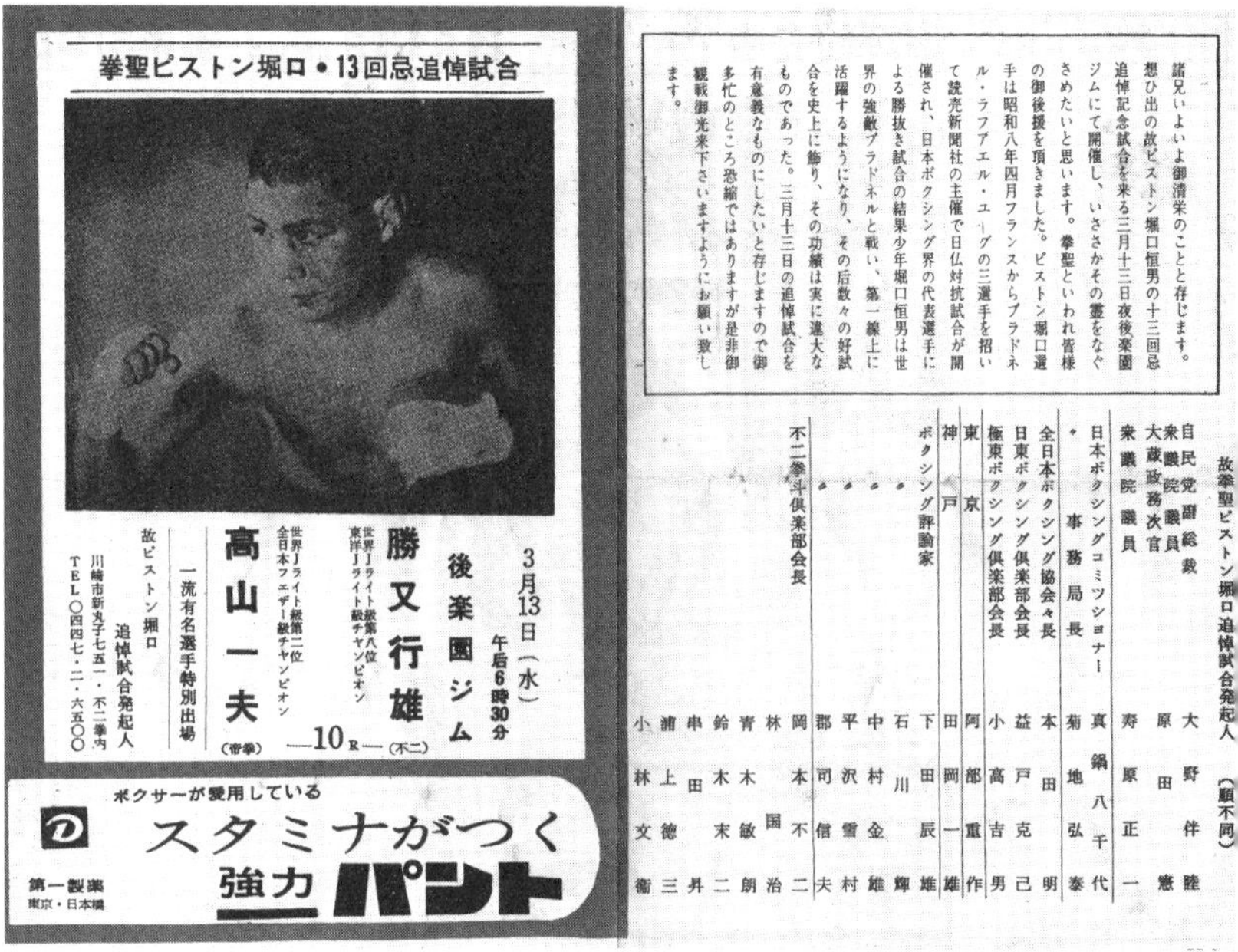

拳聖ピストン堀口・13回忌追悼試合

3月13日（水）
午后6時30分
後楽園ジム

世界Jライト級第八位
東洋Jライト級チャンピオン
勝又行雄（不二）

—10R—

世界Jライト級第二位
全日本フェザー級チャンピオン
高山一夫（帝拳）

一流有名選手特別出場

故ピストン堀口
追悼試合発起人
川崎市新丸子七五一・不二拳内
TEL〇四四七・二・六五〇〇

ボクサーが愛用している
スタミナがつく
強力パント
第一製薬
東京・日本橋

諸兄いよいよ御清栄のことと存じます。
想ひ出の故ピストン堀口恒男の十三回忌追悼記念試合を来る三月十三日夜後楽園ジムにて開催し、いささかその霊をなぐさめたいと思います。皆様の御後援を頂きました。拳聖といわれ（ママ）ピストン堀口選手は昭和八年四月フランスからブラドネル・ラファエル・ユーグの三選手を招いて読売新聞社の主催で日仏対抗試合が開催され、日本ボクシング界の代表選手による勝抜き試合の結果少年堀口恒男は世界の強敵ブラドネルと戦い、第一線上に活躍するようになり、その后数々の好試合を史上に飾り、その功績は実に違大なものであった。三月十三日の追悼試合を有意義なものにしたいと存じますので御多忙のところ恐縮ではありますが是非御観戦御光来下さいますようにお願い致します。

故拳聖ピストン堀口追悼試合発起人（順不同）

自民党副総裁
衆議院議員
大蔵政務次官
衆議院議員
大野伴睦
原田憲
寿原正一

日本ボクシングコミッショナー 真鍋八千代
〃 事務局長 菊地弘泰
全日本ボクシング協会々長 本田明
日東ボクシング倶楽部会長 益戸克己
極東ボクシング倶楽部会長 小高吉男
東京 阿部重作
神戸 田岡一雄
ボクシング評論家 下田辰雄
〃 石川輝
〃 中村金雄
〃 平沢雪村
〃 郡司信夫
不二拳斗倶楽部会長 岡本不二
林国治
青木敏朗
鈴木末二
串田昇
浦上徳三
小林文衛

写真18　1963（昭和38）年3月13日に行われた拳聖ピストン堀口13回忌追悼試合のパンフレット。自民党副総裁・大野伴睦や衆議院議員の原田憲、寿原正一と並んで、住吉一家・阿部重作や山口組・田岡一雄が発起人に名を連ねていることに、調整役を必要とした在りし日の興行界が偲ばれる＝著者所蔵

写真19　ロッペ・サリエルが目黒区月光町に買った自宅には、ボクシングの練習場が設けられ、フィリピンと日本の選手がともに汗を流した。現在はマンションが建ち並び、当時の面影を残すものは何もない＝ラウラ・エロルデ氏提供

岡は、大規模な興行を定期的に行えるよう、群雄割拠する興行界の整備そのものを目指した。彼の尽力なくして、美空ひばりや田端義夫、高田浩吉《こうきち》といった国民的スターは生まれなかっただろう。

戦後のボクシング界において新勢力が躍進した理由をスポーツ・プロモーションの近代化に求める、こうした定説に異論を唱えるのは、作家の安部譲二である。かつて安藤組の構成員であった安部は、瓦井がまだアンダーグラウンドの住人であった一九五四（昭和二九）年に、新興ヤクザの根城であった渋谷で初めて彼と知り合った。安部は、安藤昇の兄弟分であった瓦井をおじさんと呼んで慕い、瓦井が国際プロモーターとしてフィリピンに移住してからも親交を深め続けた。ロッペ・サリエルが月光町に開いたジムで、ペドロ・アデグ（Pedro Adigue　一九四三〜二〇〇三）やラリー・バターンのスパーリング・パートナーを務めたこともある安部は後に、瓦井の手ほどきを受けてジャカルタのボクシング大会の開催も経験している。興行師としての瓦井の姿を知る人々の殆どが鬼籍に入った今、安部は戦後ボクシング界の裏面史を知る重要な証言者である。古希を迎えてもなお鋭い眼光と満面の笑みが同居する安部は、戦後のアウトローが数々のビックマッチに関わることができた理由を次のように説明する。

これは、ヤクザをほめすぎかも知れないけどね。あの対日感情が悪いフィリピンやアメリカで、あれだけの人脈を築いて、興行師であり得たのは、瓦井さんの人柄の良さだよ。この人、とにかく誠実で嘘をつかなかったもの。そうでなければね。昭和三〇年代の対日感情が悪いときにね……。この人が初めて海外でまともに仕事をした人だもんな。三井物産や三菱商事だとか日本なんていう大きな看板無しで成功したのは、人間性だと思うよ。そうとしか思えないね。［二〇一一年六月二七日、安部譲二氏より筆者聞き取り］

意外なことに瓦井は、乱立する興行界を整備し芸能活動の大規模化を図った田岡とは一線を画する方針を貫いたという。安部によれば、瓦井は田岡と同じ時代を生きながら、むしろその手法は浪花節興行でならした一世代前の芸能プロモーター、古川益雄（?〜一九九二）に近かった。事実、「自分が目をかけた選手は、トコトンまで面倒をみる」という評判がボクシング関係者から発せられていたことも、彼の浪花節的気質を知る証言として興味深い。(28)田岡の神戸芸能社の成功が、人気を博した歌手を一手に抱え込んで芸能の近代化を成し遂げたことにあるとするならば、瓦井の場合は遠回りでも海外の実力者と知己を得、時間をかけて信頼を育むという手法をとった。

両者に違いが生じたのは、国際的に注目を浴びているボクサーを招聘する際、彼と契約している海外の有力プロモーターがその裁量権を握っていることが多かったからである。公的機関にして最大の権威であるコミッションの強制的な指名試合でない限り、挑戦者の選択はチャンピオン側のさじ加減ひとつであった。

一九五一（昭和二六）年、世界フライ級王者ダド・マリノの対戦者を探していたハワイの有力プロモーター、サム一ノ瀬が、〝魔神〟と呼ばれ人気を博した南アフリカのジェイク・トゥーリ（Jake Tuli 一九三一〜九八）の挑戦希望を、アパルトヘイトを理由にあっさり退けたのはよく知られた話である［山本茂 一九八六：一七三―四］。山本茂によれば、一ノ瀬は日系人が南アフリカでは「カラード」として黒人と同じ扱いを受けることに強い抵抗を示したという。トゥーリ自身は後にイギリスに渡り、コモンウェルス・ゲームズでフライ級王座を獲得した黒人ボクサーであったが、南アフリカでは異人種間の試合が固く禁じられ、スポーツにおいてすら有色人種の選手は功成り名を遂げることができなかった。(29)大戦間期に帝国日本の「スパイ」としてアメリカ社会に白眼視されていた日系人だったがゆえだろうか、一ノ瀬の反応には複雑なものがある。その一方で彼の判断は、どれだけファイトマネーをうず高く積み上げても、ビジネス・パートナーとして相応しくないと思われれば、それだけで交渉は即座に決裂したという興行界の厳しい慣行を表している。

ここに、グローバル・スポーツであるボクシング興行の難しさがある。後述するように、資金力に劣っていながらも、カーン博士がサム一ノ瀬を口説き落とし白井義男の世界戦の挑戦権を認めさせたのがその好例であった。巨額のファイトマネーを期待できなくても、一ノ瀬が白井にチャンスを与えたのは、祖国に錦を飾りたいという、半世紀に亘る日系人の夢をカーン博士によって刺激されたからに他ならない。

瓦井は後年、そのサム一ノ瀬やラルフ円福の信任を得てジャパン・ボクシング・エンタープライズ社の共同経営に携わり、多くのボクサーをハワイに送り込んだ。さらに、メキシコのプロモーター、パブロ・オチョア、アメリカのダン・チャージンらと手を組んで、メキシコとアメリカ、日本、フィリピンとの間で選手を招聘するルートを固めることに成功した。経済的な合理性よりも義理を重んじる気質ゆえに、海千山千の興行師たちの信頼を得た瓦井の成功は、戦後の国際戦がある種の泥臭い人間関係によって支えられていたことを物語っている。

＊

以上、ロッペ・サリエルと瓦井孝房という、東洋選手権の陰の功労者とも言うべき二人の興行師の活動を通じ、反日感情が強く残っていた時代に、どのようにして日本とフィリピンの間で活発なボクシング交流がなされたのかを見てきた。

前述したとおり、これまで冷戦下におけるアメリカの戦略が、日比関係の再構築に多大な影響を及ぼしてきたと考えられてきた。たしかに、帝国日本からフィリピンを解放した立役者として幅を利かせる連合軍将校や朝鮮戦争における日本の後方支援があって初めて、ロッペは国際移動や他国における経済活動の自由を得たと言える。事実、アムステルダム・オリンピックのアメリカ選手団団長を務め、スポーツをこよなく愛したマッカーサーの占領時代、プロボクシング東洋選手権は、国粋主義の象徴として排除された柔道や剣道とは異なり、アメリカの極東戦略にとって何ら脅威とは見なされなかった。

しかし、戦後の複雑な国際関係の中でスポーツによる民間交流が生まれたのは、一概に大国の思惑だけによるものではない。実際のところ、東洋選手権を開催するための基盤作りは、ボクシングに介在しようとするアウトローの存在によって支えられていた。日本において近代社会の周縁的社会に生きてきたヤクザは、同じく周縁に位置する芸能者と親和性を持っており、古くから芸能興行の世界を取りまとめてきた［宮崎学 二〇〇七］。いち早く、アジアにスポーツのネットワークを作ろうとしたロッペは、瓦井というヤクザ社会にも顔の利くコーディネーターの力を借りることで、対抗勢力の妨害に悩まされずに大規模な興行を実施することができた。

このように、ロッペや瓦井は興行の開催を通して、図らずも戦後の冷え切った国際関係を乗り越えた。ただし、人々を熱狂させた同選手権が、「東洋」という明確な実体を伴わない枠組みに則《のっと》って行われたことを忘れてはならない。東洋ボクシング連盟の後身である東洋太平洋ボクシング連盟によれば、一九五二（昭和二七）年に行われた戦後初の東洋選手権には、王座の正当性を保証する公認団体が存在していなかった。つまり、ロッペら当時の関係者は、日本とフィリピンの対抗戦に箔を付けるために、「東洋」という売り文句を独自の発想と裁量で打ち出していたのである。

ここには、ボクシングが莫大な利益を生む源泉であったことが、少なからず関係している。一九五〇年代初頭と言えば、アメリカによる占領が続いており、庶民の暮らしは娯楽と縁遠かった。つまり、より一層の「上がり」を見込むためには、国内の市場だけでなく、少しでも多くの国々の観客を巻き込む必要があったのである。そして、その切り札となったのが「東洋一」という金看板であった。終戦以降も、日本とアジア諸国との対立状況が一般の交流事業を妨げていたからこそ、ロッペや瓦井は独占的に興行の機会を得ることができた。いわば、二人の興行師が中心となって仕掛けたアジアの国際戦は、スタジアムへの動員を図る巧みなマーケティング手段であったのだが、それは日本のスポーツ・ファンに世界へのステップを強く予感させるイメージともなって人々を魅了したのである。

(23)

そもそも、日本選手権の優勝者にチャンピオン・ベルトではなく、敢闘旗を授与するようになったのは、一九三七（昭和一二）年二月八日に、帝拳や城南、報国、東邦、銀拳などが大日本拳闘連盟から脱退したことに端を発する。過半数の加盟クラブを失った連盟は存在意義を問われて解散し、日本選手権の運営が不可能となった。皮肉なことに、その数年後には戦争による非常時体制がボクシング界まで押し寄せた。一九四一（昭和一六）年七月頃には、日本的ではないという理由でゴングの代わりに大太鼓を用いたり、銃剣術を真似てズボンの上からゲートルを巻いた試合もあった。既に大衆に定着した用語であっても外国語は禁止され、グロッギーが混迷状態、ゴングが時鐘《じしょう》、カウントが審呼《しんこ》、ダウンが被倒《ひとう》、ストレートは直打《ちょくだ》、フックは鈎打《かぎうち》、アッパーカットは突上げなどと改称されたという［郡司 一九七六：一六五―六、一七八―九］。

そうした時期に、読売新聞の正力松太郎が堀口恒男（後のピストン堀口）の功績を称えて寄贈した白色敢闘旗は、チャンピオン制度を復活するきっかけとなった。敢闘旗は五階級分が用意され、チャンピオン・ベルトに代わる新たな王者の象徴として機能した。一九四二（昭和一七）七月三日に、堀口と金剛勇が日本フェザー級王座を賭けて闘って以来、一九四四（昭和一九）年三月二八日の国防献金試合まで、ウエルター級（紫色）を除く、フライ級（緑色）やバンタム級（紅色）、ライト級（青色）の三階級で日本選手権が開催された。選手権が行われたのはわずか一年八カ月に過ぎなかったが、左右田基光や結城敏夫以外にも、フェザー級王者の金剛勇（一九二一～？）や、フェザー級とライト級の二階級を制した福田寿郎（一九二一～？）といった在日朝鮮人ボクサーが頭角を現し、戦時下日本のボクシングファンを沸かせた。

(24) 大正末から昭和初期にかけて、ジャズを極めたいと思う日本人ミュージシャンは、アメリカの代わりに上海を目指した［瀬川 一九八三：五一］。彼らの中には、給料の前借りをするミュージシャンが多かったが、前借りを意味する〝バンス（advance）〟からバンスキングと呼ばれるようになった。後年、彼らの生活を描いた『上海バンスキング』（深作欣二監督）が映画化され、人気を博した。

(25) 「焼跡の港町に響く汽笛――復活した憧れの太平洋航路」『二〇世紀時刻表歴史観』（http://www.tr-museum.jp/war_0180_apl1949.html、二〇〇八年四月二一日）。

(26) ラルフ円福が第二次世界大戦時にＣＩＡの前進であるＯＳＳ（Office of Strategic Services）に所属していたことも、サム一ノ瀬との関係が長く続いた理由の一つであった。ポール円福によると、ラルフは戦後、四四二退役軍人会に所属しており、興行に際して会から人的・経済的支援を受けることができた。大戦間期、帝国日本の「スパイ」として市民権を剥奪されていたハワイの日系人は、ＶＶＶ（大学勝利奉仕団）や第四四二連隊、第一〇〇歩兵大隊などの活躍によって、アメリカにおける影響力と存在感を増した。ジェシー・ジェームス・

ワイラニ・クハウルア（Jesse James Wailani Kuhaulua）が「高見山」として角界にデビューする際に惜しみない後援を行ったのは、他ならぬラルフら四四二退役軍人会の面々であった。アメリカ本土に比べて、興行の機会も資金も潤沢ではないハワイからサム一ノ瀬のような世界的なプロモーターが生まれたのは、アメリカ社会への貢献を認められた日系人がモデル・マイノリティ（模範的少数民族）へと「昇格」したことに関係する。

（27）郡司信夫は、『リングサイド五〇年』において、ボクシング興行に関わった在京ヤクザを「阿部重治」と記しているが、正しくは「阿部重作」である。芝浦一帯を根城とした住吉一家の三代目・阿部重作は、戦後に影響力を発揮し、関東の博徒を取り仕切る総元締めとなった。

（28）小林政彦、一九六九、「名勝負をつくる蔭の演出家――日本でただ一人のマッチメーカー瓦井孝房氏」『ゴング』九月号、一六〇―二。

（29）山本茂は、『カーン博士の肖像』の中で、世界王者ダド・マリノに挑戦を希望した選手を「デューク・トゥーリ」と表記しているが、正しくは「ジェイク・トゥーリ」である。ジェイク・トゥーリは、南アフリカ出身の黒人ボクサーであった。

第四章…………
テレビ放送を支えた尊皇主義者

一　テレビ時代の幕開け

テレビが日本で初めて一般放送された一九五〇年代において、スポーツは我々日本人にとって特別な魅力を持っていた。街頭テレビの時代、プロ野球やプロボクシング、プロレスリング、大相撲などの中継には、一台に八千人から一万人の大群衆が詰めかけ、付近の交通は完全にストップした。(30) 整理にかり出された警官がついにその任務をあきらめ、群衆ともども街頭テレビを眺めるという光景は、テレビの勃興期を象徴する風景としてあまりに有名である［日本テレビ放送網株式会社社史編纂室 一九七八：四三―四］。

とりわけボクシングは、一九五四（昭和二九）年一二月に、日本テレビが「報知ダイナミックグローブ」の放送を開始したのを皮切りに、各局が週間レギュラー番組を放映するまでになっていた。一九五五（昭和三〇）年六月には、ラジオ東京テレビ（後の東京放送、現ＴＢＳ）が極東ジムと「東洋チャンピオン・スカウト」を、一九五九（昭和三四）年三月には、フジテレビがＡＯプロモーションと「ダイヤモンドグローブ」を、同年一〇月には、日本教育テレビ（現テレビ朝日）が野口プロモーションと「くろがねサンデーボクシング」を放送開始した〔郡司 一九七六：三五六〕。いずれも、午後八時あるいは九時台といったゴールデンアワーでの放映で、中継は高いときで三〇％という視聴率を誇ったという〔前田 二〇〇三：七三―四；後藤正治 二〇〇〇：一〇八―一三〕。一九五九（昭和三四）年の末には、一週間のうち四日も定期番組が組まれ、各社が試合日の協定を取り交わしたほどであったが、その後も好カードを巡って熾烈な争奪戦が繰り広げられていった。

テレビの開局当時、ドル箱番組であったボクシングは、東洋選手権を中心に高い人気を保持した。日本人として初めて世界王者になった白井義男が、一九五四（昭和二九）年一一月二六日にアルゼンチンのパスカル・ペレスに敗れた後、日本に再び世界王座が戻ったのは、一九六二（昭和三七）年一〇月一〇日のファイティング原田―ポーン・キングピッチ（Pone Kingpetch 一九三五～八二）戦である。この間、優に八年間の月日が必要とされたことから、日本のファンが東洋選手権に期待をよせるのは、当然の成り行きであった。

よく知られているように、そのテレビとスポーツを結びつけた立役者が、日本テレビ社長の正力松太郎（一八八五～一九六九）であった。しかし、最も身近なマスメディアへと成長を遂げたテレビも、実現までには紆余曲折の道のりを経験した。例えば、今日のテレビの原型をなすマイクロ中継網は、アメリカの対外政策に沿って外資や通信機材、技術の援助が検討されていたため、強い政治上のバッシングを受けた〔中部日本放送編 一九五九：二五〇〕。軍事通信網としても利用価値の高いマイクロ中継網は、アメリカが求める日本の再軍備構想と密接に結びついており、アメリカの世界戦略に組み込まれることへの強い反発が生じたのである。

また、開局認可を受けた後も、テレビセットが庶民の手に届かないほど高価であったことから、広告収入に頼る日本テレビは、スポンサーを口説き落とすだけの視聴者を確保せねばならなかった。今日、社会インフラのひとつと言って良いテレビ放送も、その始まりは決して順風満帆ではなかったのである。それでは一体、どのような人材や要素が関わることで、初期のテレビ放送は成功したのだろうか。

佐野［二〇〇〇a］は、日本初の民放テレビ放送の幕開けを、警察官僚から不屈の転身を遂げた正力の事業欲や権勢欲と重ね合わせながら描き出している。これまで「テレビの父」という名声をほしいままにしてきた正力だが、その成功の影には彼の構想を支えた重要な人物がいた。

一九四六（昭和二一年）に勃発した第二次読売争議で、ストライキの鎮圧に決定的な役割を果たし、ＮＨＫラジオ解説員となっていた柴田秀利（一九一七〜八六）は、日本テレビのために電波管理委員会から開局免許取得を、またアメリカから一千万ドルもの借款を引き出すことに尽力した。しかし、柴田の情報通信に関する構想力とアメリカにおける人脈は逆に、テレビを日本に呼び込んだ「造物主」を標榜する正力の栄光を奪い取ってしまう可能性も秘めていた。正力は、テレビ普及を実現させるという自らの野心のために、柴田を初めとした有能な側近や力道山すらも巧妙に利用しながら、「正力帝国」を作り上げていった。佐野は、正力の追放解除への執念から始まったテレビ導入計画が、重要なキーパーソンたちの能力に裏付けられることで初めて可能になった経緯を強調する。

一方、神松［二〇〇五］は、初期のテレビ放送で計画された〝マルチメディア的性格〟に注目することで、戦後のニューメディアであるテレビの登場を国際政治の中で捉え直した。現在の日本テレビのプロトタイプである日本テレビ放送網構想は元来、放送のみならず、日本全国に電信や電話などの通信システム、さらにはレーダーまで配備するというものであった。この構想の根幹は、ネットワーク網の敷設によって共産主義の温床と考えられていた〝無知〟を解消し、治安国防上の課題を解決しようとするＧＨＱの意向を酌んでいた。

テレビ放送の熱心な推進者であった正力は、こうした要請に応えることで、アメリカから技術や開発資金を引き出そうとした。だが結果として、日本テレビ放送網構想は、他の放送業者のテレビ参入を困難にし、電波法によって規定された戦後の放送秩序を乱すだけでなく、軍事的・対米従属的性格を有すると危惧されたため、計画半ばで挫折することになる。しかし、神松は正力が企図したネットワーク構想のあり方に、「反共の砦」として期待される日本で法律や技術的基盤を整備したいというアメリカの意思が大きく作用したことを指摘する。

日本へのテレビ導入をアメリカの国際戦略の一環と見なす主張は前掲の佐野や神松に限ったものではない。例えば有馬哲夫［二〇〇六］は、米対日協議会と呼ばれるジャパン・ロビーの動向を通して、日本テレビの創設を反共スキームの構築過程に位置付けた。

有馬が注目する米対日協議会とは、日本の財閥や旧体制の人々の利益を代表し、エリート層への接近を通してアメリカの国益を生み出そうとした政策集団である。その構成員は、元国務省の高官や共和党有力議員、ジャーナリストから構成されており、アメリカの対外政策や日本の占領政策に強い影響力を発揮した。ジャパン・ロビーの最終的な課題は、日本の政界において保守大合同を実現し、安定的な親米政権を作ることにあった。そのためには、保守政権を存続させる必要があり、日本国民を感化するマスメディアの力が注目されたのである。有馬によれば、日本テレビはそうしたアメリカの意向に後押しされながら、反共産主義的かつ親米的なメンタリティを生み出す装置としての効果を期待された。

このように、民間テレビ放送の軌跡は、正力自身の事業欲やアメリカの反共、対日政策が複雑に絡み合ったものとして説明がなされてきた。しかしその一方で、利益見通しが不確実だったテレビに、スポーツの放送権を気前よく与えた人物については、驚くほどその実像が知られていない。言うならば、従来の研究では、日本テレビのビジネスモデルを側面から支えた興行サイドの実態が不明なのである。実際、「開局四周年に当たりて」と題して日本テレビ全社員を前に正力が行った演説によると、街頭テレビの実現やテレビ塔の観覧台に加え、後楽園で催されるスポーツの独占がテレビ成功の三大理由に挙げられていた［柴田 一九八五：二九四］。では、スポーツをプログラムとして提供する側にはどのような狙いがあったのだろうか。また、それは達成されたのだろうか。

本章では、阪急グループ創業者、宝塚歌劇団創始者である小林一三《いちぞう》を兄に持ち、娯楽産業界のドンとして顔役を膝下《しっか》に置いた田辺宗英（一八八一～一九五七）を取り上げる。さらに、ボクシング復興の陰の功労者であった野口進の視点を通して、日本テレビ躍進の裏で語られることのなかった政治思想を詳《つまび》らかにする。

二　日本テレビの目論見

テレビの黎明期に、ＮＨＫと熾烈な競争を演じた日本テレビは、経営に関してある理念をもっていた。受信料収入だけを財源とするＮＨＫに対して、正力が社長を務める日本テレビは設立当初から広告による収入を計画していた。しかし、テレビが贅沢品であるとの意見は根強く、時の首相であった吉田茂（一八七八～一九六七）も例外ではなかった。一九五二（昭和二七）年三月二五日の参議院予算委員会で、吉田は導入に反対する立場を表明している。

私はテレビジョンが成るべく早く日本において実現するようにと申したことは曾《か》つてないはずであります。のみならず、逆にテレビジョンの発明をした人、その人でありましたかちよつと忘れましたが、曾《か》つて私の所へ手紙をよこしてテレビジョンをやりたいがということでありましたが、併《しか》し政府としては予算もなし、又今日国民としてもテレビジョンのごとき高価なものを各家庭が備えるということはどうであろうか、実現はむずかしいという返事をしたことを記憶しております。それから現存テレビジョンについては電波監理委員会その他において、日本に持つて来ることがいいか、導入することがいいか悪いかということを研究しております。私としては意見を、今お話のような成るべく早く日本でやるようにということの意見は申さないのみならず、むしろこれに対して反対の行動と言いま

すか、処置をとつたということを、ここに申しておきます。(31)

経済の振興を第一に考えねばならないときに、多大な予算を必要とするテレビは、日本政府にとっても国民にとっても負担となる。これが吉田の反対した理由であった。しかも、フィリピンなどアジア諸国との賠償問題に決着が付いていない当時の事情に鑑みれば、吉田の反対はなおのことであった。この吉田の懸念を尻目に、正力は、受信機の普及が一定の台数に達しなければ商業テレビは採算がとれないという常識に街頭テレビをもって挑戦した［日本放送協会編 一九七七a：三八九―九〇］。一九五二（昭和二七）年二月一六日、正力は次のように語っている。

一般にテレビジョンの仕事は採算がとれないというのが通説であります。……初めは受信機も少く聴取者も少いから広告料も少くて経営が困難であるといはれますが、これは現在のラジオのように、テレビジョンの受信機を家庭におくものと考えるからであります。ところが私共の計画では家庭用受信機の外に少くとも新宿、渋谷、銀座、上野等の人出の多い所に大きなスクリーンを公開して大衆に無料で観覧させるのであります。［日本放送協会編 一九七七b：二一六］

正力のこの言葉通り、日本テレビは国電新橋駅前西口広場や渋谷駅ハチ公前など、都内主要ターミナルや関東一円五五カ所に二二〇台の受信機を設置した［日本放送協会編 一九七七a：三九〇］。

しかし、放送初期はテレビ専用スタジオなど番組作成の施設や条件が充分に整備されていなかったため、両局とも内容・技術において映画に太刀打ちできなかった。そこで、初期のテレビ番組は、スタジオで製作されるものよりも中継番組が中心になっていった(32)。そのため素早い動きのあるスポーツ中継は、開局と共に最も力の入れられたコンテンツとなってゆくのである［橋本一九九二：二一八］。

その後、スポーツ放送はテレビの認知度を高め、テレビ広告の影響力の高さを証明することとなった。年度別利益をみると、NHKは一九五三（昭和二八）年度から一九五六（昭和三一）年度の四年間で、総額一六億九千万円という巨額の損失を計上している。テレビ放送の開始した当初、大学卒の初任給が一万円ほどだったのに対して、受信機の値段が国産一七インチテーブル型でも二三万円もしたことを考えると当然の結果であった［藤平一九九九：三二］。にもかかわらず日本テレビは、開局からわずか七カ月目で毎月四〇〇万円の減価償却費を計上している。そして、一九五四（昭和二九）年度一三〇〇万円、一九五五（昭和三〇）年度五一〇〇万円、一九五六（昭和三一）年度二億三千万円、一九五七（昭和三二）年度は前期だけで三億円超と、黒字経営への上昇線を駆け上がっていく［日本テレビ放送網株式会社社史編纂室一九七八：五〇―二］。街頭テレビの成果は、正力の腹心であった柴田が「七カ月目、いよいよ黒字に転じたからといって、郵政省の担当官十数人を招《よ》んで台帳まで見せ、詳細な説明を聞かせたのに、だれ一人として信用する者はいなかった」と述懐するほどであった［柴田一九八五：二九一］。

聴取料に頼るNHKが低迷する中、日本テレビは広告による協賛金収入で着実な一歩を踏み出そうとしていた。無数の視聴者が入れ替わり立ち替わりする街頭放送は、スポンサーにテレビ広告の価値を訴えかける格好の手段となった。

そして、日本テレビの成功を導いたもうひとつの要因に、キラー・コンテンツとしてのスポーツ放送を他局に先立って獲得していった点が挙げられる。日本テレビ社史には、いかにして正力がスポーツ競技を囲い込んでいったのかが記されている。

〝正力テレビ構想〟の第二の勝利は、野球、バスケットボール、ボクシング、レスリング、スケートなど、各種スポーツ施設を完備した東都唯一のスポーツ総合殿堂である（株）後楽園スタヂアムと独占契約を結んだことであろう。そして、これら各種スポーツの優先放送権を得たことにより、当社のスポーツ放送は、他社の追随を許さぬものとなった。［日本テレビ放送網株式会社社史編纂室 一九七八：四六］

開局準備に追われる中で、「後楽園における催し物のすべてをNTVの優先放送に提供する」という後楽園スタヂアム社長・田辺宗英の自発的申し出は長期間、日本テレビの揺るぎない地盤固めに大いに貢献した。両社のパートナーシップが生まれたきっかけは、後楽園球場の建設に際して、正力が田辺や小林一三、東急の五島慶太らと共に、大株主の一人として名を連ねた一九三六（昭和一一）年にまで遡る［佐野 二〇〇〇a：四〇九］。

日本を代表する財界人たちが、リスクが高いとされた球場経営に乗り出したのは、東京で唯

一、設備が整った明治神宮野球場が、職業野球には頑なに門戸を閉ざしていたことが挙げられる。誕生したばかりの〝プロ野球〟の殿堂を建設することを夢みた正力と、大阪の宝塚に匹敵する大レジャーセンターの建設を心に描いた小林や田辺の、企業家としての野心が重なり合って誕生したのが、この後楽園スタヂアムであった〔高橋 一九六九：一三五―四三〕。

フランチャイズ制(33)が採用された一九五二（昭和二七）年には、日本野球連盟総裁の地位を掌握した正力が、後楽園球場を東京読売巨人軍の本拠地とすることを後楽園スタヂアムとセ・パ両リーグ会長に了解させた。二リーグ制の発足によって、プロ野球界は一五球団を抱える大所帯となったため、一時期は東京読売巨人軍のみならず、国鉄スワローズや毎日オリオンズ、大映スターズ、東急フライヤーズも相乗りして後楽園をフランチャイズ化したが、他球団が本拠地を移した後も巨人軍は〝日本野球のメッカ〟である後楽園球場を使用し続けることができた。「当社としては、まず人気チーム巨人軍で観客を呼び、一方、在京球団にも機会を与える」と、事も無げにさらりと言ってのける後楽園スタヂアムの弁は、巨人軍偏重の意志が確かにあったことを物語っている〔株式会社後楽園スタヂアム社史編纂委員会 一九九〇：七五〕。この球場問題における正力への便宜からもわかるとおり、後楽園スタヂアムは長きに亘り、読売新聞・日本テレビの販路拡大のために重要な役割を演じることになる。

三　田辺宗英——聖地・後楽園を率いた憂国の士

後楽園スタヂアムを取り仕切り、正力の盟友でもあった田辺は、大正時代に渡辺勇次郎（一八八九～一九五六）によってアメリカから初めて日本に持ち込まれたボクシングを今日の姿にまで普及発達せしめ、商業化を推し進めた最大の功労者であった。

田辺とボクシングの関わりは、古く戦前にまで溯る。一九二六（昭和元）年七月には、新橋の土橋に、荻野貞行（一九〇一～一九七〇）と共に「帝国拳闘協会拳道社（後の帝拳ボクシングジム）」を開設。その後、自宅内への道場建設を経て、四谷南寿町に剣道場を併設した新たな道場を建設し、佐藤東洋（一九〇五～四五）や木村久（一九〇八～三七）、平川末男（一九一二～?）、鈴木幸太郎（一九一一～?）、近藤新四郎（一九一一～七一）、花田陽一郎（一九一五～?）、伊藤勇（一九〇九～七二）、光山一郎（一九一五～）、橋本淑（一九一一～四七）、植村竜郎（一九〇九～?）、多賀安郎（一九〇五～二〇〇二）、布戸《ふと》酉三《とりぞう》（生没年不詳）など、戦前における日本のプロボクシングを代表する名選手を育て上げた［株式会社後楽園スタヂアム社史編纂委員会 一九六三：二二五］。

田辺はまた、日本人にとって初挑戦となる白井義男の世界選手権試合が一九五二（昭和二七）年、後楽園球場で行われた際、それを機に設立された日本ボクシング・コミッションの初代コミッショナーにも就任している。[34] さらに一九五四（昭和二九）年五月二四日には、フィリピンのコミッショナーであるマヌエル・ニエト（Manuel Nieto）と共に、「日比の両コミッショナーは東洋諸地域の参加を求めて東洋ボクシング連盟を作り、世界ボクシング連盟に加盟する」という覚書を発表。[35] 同年一〇月二七日に、日本、フィリピン、タイの三カ国の間で「ボクシングを通じて加盟国相互の親善と協力の確立」を目的のひとつに謳った東洋ボクシング連盟＝ＯＢＦを結成し、三年目に輪番のコミッショナーに就任した。[36]

写真20　国際ランキングに影響力を振るった『リング』誌のナット・フライシャー（前列右から3人目）を歓迎する田辺宗英（前列右から2人目）。1954（昭和29）年2月18日、東京・椿山荘にて＝金子繁治氏提供

以上が、ボクシングを通したアジアの国際親善について、一般に語られる田辺の貢献である。しかし、彼を生涯ボクシングにこだわらせた理由が、実は勤皇・愛国の精神にあったことは、今日あまり知られていない。

田辺の死後、遺族らの協力を得て刊行された『人間田辺宗英』[37]によれば、彼は福岡の政治結社・玄洋社の中心人物として知られる頭山満《とうやまみつる》（一八五五～一九四四）を敬慕した。また、中国革命時に孫文（一八六六～一九二五）を援助した黒龍会の内田良平（一八七四～一九三七）や、大陸浪人として知られる宮崎滔天《とうてん》（一八七一～一九二二）らと知り合い、勤皇報国の思想を強めた〔高橋一九六九：七七〕。玄洋社、黒龍会といえば、尊皇主義・

アジア主義を標榜した戦前の代表的な政治結社である。両団体は共に、皇室の敬重を第一義とし、そこから対外積極策や反植民地運動を展開した。

国粋主義を標榜する田辺が、一種のインターナショナリズムと言えなくもない玄洋社や黒龍会と繋がったのはなぜか。その問いに答えるのは容易ではないが、アジア主義の源流をたどれば国粋主義に行き着くことを指摘する論者もいる。竹内好は、アジア主義が生み出された経緯を次のように説明する。

明治維新革命後の膨張主義の中から、一つの結実としてアジア主義がうまれた、と考えられる。しかも、膨張主義が直接にアジア主義を生んだのではなくて、膨張主義が国権論と民権論、または少し降って欧化と国粋という対立する風潮を生み出し、この双生児ともいうべき風潮の対立の中からアジア主義が生み出された、と考えたい。〔竹内 一九七一：一二―三〕

玄洋社はもともと、福岡藩の尊皇攘夷派だった筑前勤皇党の流れを汲む政治結社だったが、国会開設と不平等条約改正の要求を掲げるなど、国民の権利を重んじる「民権」と国家の独立基盤を強化せんとする「国権」の分かちがたい結びつきの中で成立した。ジャン・ジャック＝ルソーの『社会契約論』の翻訳に尽力した中江兆民が、民権運動や条約改正問題、君主制の肯定において、頭山と軌を一にしていたのも、玄洋社初期のことである〔葦津 一九六三：二一―四八〕。田辺と玄洋社、黒龍会は、勤皇の精神から発露される愛国心によって結ばれていた。後に田辺はその頭山の依頼で、辛亥《しんがい》革命にも参加した玄洋社の末永節《みさお》（一八六九〜一九六〇）を援助している。この末永は、内田や孫文らと共にフィリピン独立運動のエミリオ・アギナルドを支援した人物としても有名だ。彼は一八九九（明治三二）年、南方の事情に詳しかった福岡出身のジャーナリスト、福本日南《にちなん》（一八五七〜一九二一）をフィリピン再挙の仲間に加えるよう、宮崎滔天や孫文を相手に次のように力説したと言われている。

福本日南はわが同郷の先輩なり。彼、年すでに四十を越え、業《なりわい》に筆硯《ひっけん》のことに従うといえども、思うにこれその志にあらず。彼をいざのうてこの事に加わらしめ、以って死後の栄をになわしめては如何。彼、また多少の名声を有するもの。豈《あ》にこの事に寸効なからずや。

［宮崎滔天 一九九三：二五二］

この相談がなされたのは、陸軍参謀本部から払い下げられた武器や弾薬、そして内田の叔父である平岡浩太郎《こうたろう》（玄洋社初代社長）が提供した石炭を積んでフィリピンに向かった布引《ぬのびき》丸が一八九九（明治三二）年七月、台風によって揚子江沖の馬鞍群島付近で沈没した直後であった。米西戦争後に独立の約束を反故《ほご》にされたフィリピンの反米闘争を支援しようとした末永や宮崎らの企てはあえなく失敗に終わったものの、欧米の植民地主義に憤りを募らせる日本人志士の耳目を集めた。

その布引丸事件に関わった末永に対して、田辺は後年、惜しみない経済援助を行った。一九三一（昭和六）年、田辺は銀座尾張町の四つ角に「キリン・ビヤホール」を開店。一九三三（昭和八）年には西銀座に高級喫茶「銀座茶屋」を、一九三五（昭和一〇）年には五階建ての食堂娯楽デパート「京王パラダイス」などを開き、実業家としての成功を収めていた。田辺は多角経営で得られた利益の中から、政治活動のための軍資金を捻出した。銀行員の初任給ですら七〇円程度であった一九三三（昭和八）年頃に、田辺は末永のもとへ毎月三〇〇円を欠かさず届けていたというから、両者がどれほど親密な関係であったか、その程をうかがい知ることができる［高橋一九六九：一一〇―六：田辺一九六九：二五六―七］。

さらに田辺は、大陸積極政策を唱えた愛国社にも社員として名を連ねていた。この組織は、兵庫県出身の大陸浪人、岩田愛之助によって一九二八（昭和三）年八月一日に東京で立ち上げられた政治結社である。活動の主たる目的は、正義人道の立場から中国に平和国家を建設し、満蒙で日本が進める強硬政策の正当性を訴えることであった。彼らは、田中義一率いる政友会、また濱口雄幸《おさち》の民政党の両内閣時にも、政府の対外政策を退嬰《たいえい》的として反政府運動を展開している。

この愛国社の名を全国に知らしめたのが、ロンドン海軍軍縮条約をめぐる要人の暗殺未遂事件であった。一九三〇（昭和五）年一一月一四日には、愛国社同人であった佐郷屋留雄《さごやとめお》が、「濱口内閣は軍部の意見を無視し米国の主張に屈して軍縮条約を締結して我外交史上に一大汚点を留め、而《しか》も兵力量決定に関する大権に干犯《かんぱん》し我国防の安全を脅かし延《ひ》いて国家の存立を危ふくする」［司法省調査課一九三五：六四四］として、時の首相だった濱口を狙撃し重傷を負わせた。濱口は翌年、銃撃で受けた傷が原因で死亡する。田辺も後年、「屈辱的篠《ママ》約と言われた、ロンドン篠約は英国が新興の国家日本の海軍力を阻止しやうとした魂膽《こんたん》に他ならない」〔田辺一九三七：二六〕と論じた上で、アジアにおけるイギリスの植民地支配を次のように断罪している。

> ミルトンは英国の生んだ偉大なる詩人であり、セークスピヤーは、英国の生んだ偉大なる文豪であるかも知れない。然《しか》し、それだからとて、英国が印度を掠奪し、クライブの敢てしたる、あの残忍なる行為は、断じて許さるべきものでは無い。欧洲大戦に於て、印度の兵士を戦場に立たしめる為に偽《いつわ》つて戦後の自治を約束し、印度兵を第一線に弾除《たまよ》けとして立たしめ、自国の兵よりも多数の死傷者を出ださしめながら、戦後に於ては約束の自治に対し、一顧をも與《あた》えざる英国の実際政治を、誰か正しくして人道に反せざると言ひ得るか。
> 〔田辺一九三七：二一一〕

イギリスの帝国主義によるアジア搾取を打ち砕くには、日本の軍事力や政治力が不可欠というわけだ。ただし、アジアの人々に対する憐憫《れんびん》の情だけが、田辺を政治運動に駆り立てたわけではない。田辺が危惧したのは、人間の我欲に基づく利己主義や個人主義によって、無秩序な状態が引き起こされることであった。田辺は、過度な自由主義がもたらす不平等が、社会を混乱に陥れる元凶として捉えていた。この無秩序を乗り越えるためには、勤皇精神に則って、「国民が陛下の臣民として正しい働きと生活を為し、又国の政治、経済、教育、法律、其他が国体精神の通りに行はれ」〔田辺一九四〇：三〕なければならない。この主張の背後には、国体、すなわち天皇の権威なくして適切な社会制度や倫理観の形成はなし得ないという、いわゆる観念右翼の一面を見て取ることができる。田辺にとって、欧米列強のなすがままに搾取され続けているアジアを解放する手段は、「大御親《おおみおや》の陛下を中心に国民の兄弟は一億一心になって忠義と孝行をする」(38)以外にはあり得ないのであった。

四　勤皇・愛国主義の再生

愛国社が唱えた積極外交と、天皇を家長とする秩序形成は結局、敗戦によってご破算になった。愛国社社員であった田辺は、占領軍によって公職から追放された。周知のように公職追放とは、非軍事化や民主化の実現のために「好ましからざる人物（Undesirable Personnel）」を公職、すなわち政府や行政、民間の要職から排除しようとした指令のひとつである。

占領行政において最も厳しい政策に数えられる公職追放は、一九四五（昭和二〇）年七月二六日に日本へ降伏を迫ったポツダム宣言に基づいている。アメリカやイギリス、中国によって発表されたポツダム宣言の第六条には、「吾等《われら》ハ無責任ナル軍国主義ガ世界ヨリ駆逐セラルルニ至ル迄《まで》ハ平和、安全及正義ノ新秩序ガ生ジ得ザルコトヲ主張スルモノナルヲ以テ日本国国民ヲ欺瞞シ之ヲシテ世界征服ノ挙ニ出ヅルノ過誤ヲ犯サシメタル者ノ権力及勢力ハ永久ニ除去セラレザルベカラズ」とある。一九四六（昭和二一）年一月四日にＧＨＱから発出された「公務従事に適せざる者の公職よりの除去に関する件（SCAPIN-550）」は、このポツダム宣言の趣旨に基づいて、「日本政府に対し左に該当したる一切の者を公職より罷免し且《かつ》官職より排除すべきこと」[39]を命じた。すなわち、「軍国主義的国家主義及侵略の活溌なる主唱者」や「一切の日本の極端なる国家主義的団体、暴力主義的団体又は秘密愛国団体及其の機関又は関係団体の有力分子」、「大政翼賛会、翼賛政治会又は大日本政治会の活動に於ける有力分子」計二〇万人以上が、公職追放の該当者となった。

さらに、この文書には附属書A号が添付されており、「罷免及排除すべき種類」が七項目にわたって示された。「閣令・内務省令第一号　一九四六年二月二八日　勅令第一〇九号施行に関する件」と「各例・内務省令第一号　一九四七年一月四日」によって、愛国社や黒龍会はもとより、日中戦争・日米戦争に反対していた頭山の玄洋社までもが一緒くたに「極端ナル国家主義的団体、暴力主義的団体又ハ秘密愛国団体ノ有力分子」と規定された〔増田弘編　一九九六：一四四―五五、一六一―九七〕。

この決定は、戦前に数々の政治団体の幹部を務めた田辺にも大きな影響を及ぼすことになる。『公職追放に関する覚書該当者名簿』によれば、彼は「愛国社同人　勤皇會會長」として処分の対象となった〔総理庁官房監査課編　一九四八：六四七〕。陸海軍将校、憲兵に次ぐ「（公職追放の）一般該当者」となった田辺は、政財界の大物で異母兄である小林一三や実兄・田辺七六《しちろく》と共に公の舞台から姿を消すのである。

しかし、冷戦の進行によって、ＧＨＱの対日占領政策はいわゆる「逆コース」を歩むことになる。増田弘によれば、日本を反共の砦としたいアメリカ国内の反マッカーサー勢力は、厳しい追放行政が日本の経済的自立の障害になっていると考えるようになった。指令の作成に関わったGHQ民政局（通称GS）は批判の的となり、従来の日本の非軍事化・民主化政策は、日本の経済的自立化政策へと根本的な転換を迫られた。この結果、公職追放審査は一九四八（昭和二三）年五月までに終了することが、ホイットニー民政局長から発表される。さらに、平和条約の発効によって、全ての公職追放に関する法令が廃止され、追放対象者はその指定を解除される［増田弘編 一九九六］。田辺もその例外ではなく、一九五一（昭和二六）年八月一八日には彼の追放解除を祝って、帝国拳闘会同人による集まりが催された［田辺宗英伝刊行委員会編 一九六九］。こうして、戦後の国際情勢における変化が再び、田辺に活躍の場をもたらすことになった。

晴れて後楽園スタヂアムに復帰した田辺は、積極的にスポーツ選手の育成に取り組んだ。既に述べたとおり、戦前の段階から、田辺にとってボクシングとは、「国家国民が正しく生きていくべき宇宙の真理を其《そ》のまゝに現はした」国体の精神を護持し続けていく手段のひとつであった［田辺 一九四〇：二］。ボクシングが正式種目となった一九二七（昭和二）年の第四回明治神宮体育大会では、田辺と愛国社の創始者・岩田愛之助が役員に名を連ねている［明治神宮体育会編 一九三〇：一五―八］。大会の目的が「明治大帝の御聖徳を憬仰《けいこう》する所以《ゆえん》なるのみならず、国民の身体鍛錬並精神の作興《さっこう》」であったことを考えると、彼らがボクシングにどのような使命を担わせようとしていたのかは明らかである［内務省衛生局 一九二五：一］。『拳闘』一九三一（昭和六）年六月号には、次のような田辺の言葉が残されている。

百億の巨資を擁する大事業、其の為す処社会に益する処なくんば、卑しむべき自己満足の奴隷に過ぎない。たとえ一国の政権を把握するも、一片愛国の志なくんば、党利党略の偶像にすぎない。

吾人《ごじん》の〝拳闘〟をもって、単なる格闘乱舞の技と為《な》す勿《なか》れ。七千万の国民に、真剣なる拳闘精神を鼓吹し、剛健なる気象《ママ》と鉄石の体躯を附与するにおいては、まさにこれ、興国済民の大事業にあらずや。眼を挙げて見よ。迷乱、険悪なる世相は真に悲しむべきではないか。拳闘精神無くして誰かよくこの難局を打破し得るものぞ。敢えて拳闘報国を高鳴する所以である。

この文章で興味深いのは、満洲事変の発端となる一九三一（昭和六）年九月一八日の柳条湖事件より以前に、田辺がボクシングによって国家に尽くす「拳闘報国」を主張していたことである。一九三〇年代前半の日本は、ソ連の五カ年計画やイギリス労働党の躍進に注目が集まり、『中央公論』や『改造』といったメディアやその読者には社会主義への期待が高まっていた。もっとも第二次世界大戦末期になれば、猫も杓子も報国の志をスローガンに戦争完遂を謳うようになるが、少なくとも日中戦争が始まる以前にはそのような大義名分は掲げられなかった。

後述するように、アメリカ帰りの渡辺勇次郎が本格的な興行に取り組んだ一九二〇年代でさえ、日本人にとってボクシングは西洋人が考え出した相撲の一種か、サーカスの見世物に過ぎなかった。そもそも伝統的な武道において拳で打ち合う発想がなかったことが、当時の人々の無理解に繋がった面はあっただろうが、田辺が柔道や剣道など国粋主義と結びつきやすい競技ではなく、近代スポーツへ興国救世の白羽の矢を立てたことは注目に値する。

その一方で、田辺はクラブ制度が一般的であったボクシング界に、アメリカ式のマネージャー制度を取り入れることを企画していた。講道館の移設が決定すると、後楽園スタヂアムはすぐさま、水道橋にあった柔道関連施設を買収し、二五〇〇名もの観客を収容できるボクシングの専門試合場兼練習場を設立した［郡司 一九七六：三四八―九］。実際に、この施設が「後楽園ジム」として開業するのは、田辺が急逝した一九五七（昭和三二）年の翌年になるが、彼が描いたパブリックジム構想は、選手本人に移籍や試合の出場権が認められていない日本ボクシング界において革新的な試みであった。

渡辺勇次郎によって本格的なボクシングが紹介された大正時代、多くの指導者は柔道や剣道などの武道にならった門弟制度を採用した。選手が試合に出場するためには、クラブ（道場）を管理するオーナーと契約しなければならず、マネージメントにおける選手の権利は限定されていた。荻野貞行が中心となって一九三七（昭和一二）年に設立したＢＧジム（ボクシングガゼットジム）やアメリカなみの自由契約制を普及しようとした日本拳闘株式会社、王子拳（拳道会王子体育場）から白井義男のマネージメント権を買い取ったカーン博士といった一部の例外はあるものの、このプロモーター業とマネージャー業が一体化した「クラブ制度」は現在まで連綿と続く日本ボクシング界の慣習である［山本茂 一九八六］。また、戦後はボクシングをするための施設が度重なる空襲で焼失してしまったことで、ジムを再建する資金力豊富な大手クラブほど、優秀な選手を獲得する可能性が高くなった。

そうした中で田辺は、特別な契約なしで利用できるオープンな空間の創設を試みた。彼が構想した後楽園ジムでは、選手自らがスカウトマンに売り込み、有利な条件で契約する道が開かれていた。反対に、マネージャーにとっても設備を整える元手を必要としないため、選手の育成や管理に集中することができた。(40) 彼は戦前、文化の向上について次のように主張している。

物慾より解脱することは、原始生活に復《かえ》ることではない。己れのみ独り楽しむことを廃して、衆と共に向上和楽するの謂《いい》である。各人が物慾の争闘に没頭しながら、文化の発展向上を望むが如きは、足を縛して歩まんとするに類する。富める者は、その富を有害無益に乱費し、遊惰安逸に流れて身心の健全を害し、貧しき者は、眼目の生活に、日夜焦心《しょうしん》苦慮して、他を顧るに暇なく、貧富相恨み、相剋し、我欲の争闘に精根を枯渇しては、世の向上発展などは到底望み得べきものではない。〔田辺 一九三五：九四〕

後楽園スタヂアムを翼下に置く田辺であれば、近代的な設備を整えたクラブに優秀な選手を囲い込むことも可能だったはずである。しかし彼は、ジム運営を開放的にすることがボクシング界全体の発展に役立つという信念から、あれほど敵視したアメリカからその仕組みを取り入れた。実際、彼が青写真を描いた後楽園ジムには、現役を退いた白井義男や金子繁治などがトレーナーとして訪れ、後進の指導にあたった。

この時代の後楽園ジムの雰囲気を知る上で、三橋高夫（一九四三〜）の証言は示唆に富む。一九六七（昭和四二）年に小林弘と日本フェザー級タイトルマッチを戦い、ボクシング黄金時代の礎を築いた三橋は現在、福岡で博多協栄ボクシングジムを営んでいる。弱冠一六歳で入門し、白井やその名トレーナーであったカーン博士、金子繁治の指導を受けた経験を通して、彼は後楽園ジムの進歩性を次のように語る。

カーン博士が来て、真っ直ぐ打たないと手首を痛めると言うわけですよ。そういうことをちゃんと聞いていたおかげで、僕は四十何戦やって一回も手首を痛めたことはなかった。カーン博士は英語だからよう分からんかったけど、白井さんがすぐに通訳してくれて。僕は幸せだったよね。［二〇〇八年五月一〇日、三橋高夫氏より筆者聞き取り］

三橋によれば、一〇〇坪の練習スペースがプロや練習生で足の踏み場もないほどであっても、白井たちは誰彼の区別なく論理的な指導を行ったという。三橋は金子の内弟子となってからも、基本であるロードワークをみっちり仕込まれた。三橋にとって、怪我の予防や身体作りへの重視は、半世紀を経てもなお選手の指導に活かされている。

さらに、後楽園ジムが特殊だったのは、世界レベルの技術が惜しげも無く日本の選手に公開されたことである。小坂照男や高山一夫（一九三六〜二〇一三）を破ったプエルトリコ出身の世界ライト級、ジュニア・ウエルター級王者カルロス・オルティス（Carlos Ortiz　一九三六〜）や、ファイティング原田に世界のベルトを奪われたブラジルの世界バンタム級王者エデル・ジョフレ（Eder Jofre 一九三六〜）が来日したとき、後楽園ジムは積極的に練習場所を提供した。その結果、サンドバッグの不規則な動きを利用した練習や、対戦相手のフットワークを封じるための豪快な「捨てパンチ」など、世界王者の秘伝とも言える技の数々が、衆目の中で披露されることになった。パブリックジム構想には、田辺のボクシング観が表れていて非常に興味深い。

そんな田辺にとって、自らがイニシアティブをとって設立にこぎ着けた東洋ボクシング連盟にはどんな意味があったのだろうか。残念ながら、スポーツの裏方に徹した田辺の心境を直接知る史料は存在しない。しかしながら、戦後田辺が勤皇主義をいかに持続させようとしたのかということと、スポーツをどのようなものとしてとらえていたかについて読み解くことで、「日本ボクシング育ての親」と呼ばれた田辺が、東洋選手権に何を託そうとしていたのかを推し測ることができる。

終戦後まだ日が浅かった一九五〇（昭和二五）年の夏、田辺は巣鴨プリズンに拘置されていた戦犯の全員を後楽園の野球見物に招待して、その苦労をねぎらった。また、東洋ボクシング連盟を結成した一九五四（昭和二九）年、彼は無名時代の丹波哲郎を主役に迎えて、終戦に際して潔く自決した陸軍将校の殉国精神を尊ぶ映画、『日本敗れず』の監修も手がけた［高橋 一九六九：二三一―五；田辺 一九六九：一六六―七］。しかしながら、そのスタンスは戦前と微妙に異なっている。

ＧＨＱによる進駐下、田辺は後楽園を接収し続ける占領軍に対して次のように語ったという。

敗戦に傷ついた国民の心の傷をいやし、再建への気力を鼓舞するために、最も必要なものは娯楽であり、スポーツである。大衆は、心の糧に飢えている。その傷ついた心に希望の灯をともすことが、ひいては占領軍の真意にそうゆえんではないのか。［高橋 一九六九：一五三］

戦後、田辺は政治から文化、とりわけスポーツの場に舞台を求めた。戦前・戦後と後楽園の経営に深く関わった田辺は正力同様、大衆が何を欲しているのか、その意識の変化に敏感であった。上記の発言は、彼にとってスポーツが、敗戦やそれに続く占領によって、否定的な自己意識を持つようになった日本人に、自尊心を回復させる試みでもあったことを示している。

前述したとおり、東洋ボクシング連盟は、GHQによる日本占領が終了してわずか二年後の一九五四（昭和二九）年に設立された。寺沢［二〇〇四：一九五―二二七］が著した『日本人の精神構造』によると、講和・独立前後の時期、国民意識には早期独立・片面講和を歓迎し安保を支持する意見が圧倒的多数であったという。また『朝日新聞』も、アメリカ政府の意向に同調し、親米的なナショナリズムの上に立った論説を展開していた。

ボクシングを興行面から見た場合、この大衆心理は決して無視することができない。一九五〇年代の日本には、平和国家として生まれ変わるために、日本はどう歩むべきなのかという問いが広く浸透していた。しかし、戦後の日本社会において、政治的な次元であからさまに、「日本的なもの＝ナショナリズム」を唱えることは、タブー視されていた［阿部 二〇〇三：四六―七］。このような状況において田辺は、アジアのボクシング大国フィリピンを追い越すべき「重要な

写真21　6千人の観衆が見守る中、秋山政司に勝ったボニイ・エスピノサに東洋ライト級王者の認定証を手渡す田辺宗英(左端)。1954(昭和29)年9月20日、後楽園競輪場にて＝ラウラ・エロルデ氏提供

他者」として設定することで、日本国民が戦後ずっと抱いていた劣等感や卑小感をぬぐい去る契機を作りだそうとした。換言するなら、田辺は、ボクシングの舞台を通じて、挫折した勤皇・愛国主義、ひいては「大東亜」の理想を再生しようとしていたのではなかったか。東洋ボクシング連盟の設立は、国民としての一体感を取り戻すことに悪戦苦闘していた日本人に対して、国際舞台への復帰を、スポーツの空間で象徴的に示すことに成功したと言える。

幣原内閣の国務大臣も務めた異母兄・小林一三の下で、黒子として政治・経済界に関わった田辺が、いち早くコミッショナーとして日本のボクシング界を精力的に取り仕切っていく背景には、このような理念が隠されていたのである。

＊

将来性を疑問視されていた日本テレビにとって、スポーツ番組は経営を成り立たせるための一大生命線へと急成長した。正力が鳴り物入りで推し進めた日本初の民間テレビ放送は、高額なテレビセットの普及がすぐには望めなかったこともあり、導入それ自体が時期尚早と考えられていた。そうした状況下で、スポーツはテレビ局の通信技術や設備の不足を補って余りあるコンテンツとなった。ボクシングはプロレスなどと共に、往来に設置された街頭テレビを通して大衆の関心を集め、テレビ広告の市場拡大に貢献した。

そして、その日本テレビにスポーツ・プログラムを提供したのは、後楽園スタヂアムの田辺宗英であった。彼は、ＧＨＱによる後楽園の接収解除に奔走し、戦争によって荒廃したスポーツの復興に尽力した。しかし、その背後には、勤皇主義を再生させるという田辺自身の執念が秘められていた。

彼にとって、社会の混乱を鎮めるものは天皇を中心とした社会秩序に他ならず、敢闘精神を柱とするボクシングはその理想を若者に教え諭すための重要な手段であった。娯楽・商業化されたスポーツを取り仕切る立場にありながら、田辺がプロスポーツを莫大な利益を生み出す源泉としてだけでなく、社会的使命を帯びた一大事業と見なしていた点に注意を払うべきである。とりわけ、アジア各国で王座を競い合う東洋選手権は、敗戦によって傷ついた日本人の意識を回復させる格好のイベントになった。七二歳という高齢にもかかわらず、田辺が東洋ボクシン

写真22　白井義男(左から4人目)とレオ・エスピノサ(右から4人目)の世界戦激励パーティー。王者、挑戦者の傍らには正力松太郎(左から3人目)と田辺宗英(中央)の姿がある＝金子繁治氏提供

グ連盟の日本代表に就任したのは、一度は潰《つい》えた敬重の精神を、再びスポーツの舞台で実現させるという愛国心の発露であった。

それでは、テレビと結びついたボクシングは、戦後の日本社会にどのような効果をもたらしたのだろうか。

ブラウン管に映し出されるフィリピン人ボクサーの姿は、当時の日本人に新たなイメージを生み出した。

第二章でも論じたとおり、テレビ放送が開始された時代、日比関係は賠償交渉の真っ直中にあり、国交回復の目途が全く立たなかった。敗戦直後の日本人にとって、眼前に現れるフィリピン人は、戦禍に傷つき、怒りに打ち震えるアジア諸国の「代表」に他ならなかった。友好関係が築かれるには今しばらくの時間が必要であり、両国間に横たわる遺恨を取り除く必要があった。ところが、テレビはそうした認識とは裏腹に、東洋選手権を賭けて日本人選手と拳を交わす漆黒の身体を映した。この瞬間から、ボクシングは賠償交渉や戦犯裁判と併行しながら、大衆娯楽という場で新たな日比関係を再興する牽引《けんいん》役となっていくのである。

五　ライオン野口と愛国社——大統領に招かれた国粋主義者

田辺が所属した愛国社とボクシングの繋がりを考える上で、もう一人忘れてはならない人物がいる。「ライオン野口」と恐れられた元日本ウエルター級王者の野口進である。五三歳という短い生涯の中で、野口は政治家や国粋主義者、フィクサー、特務機関など、実に多種多様な人々と交流した。謎に満ちた野口の人生を紐解くことは、ボクシングを政治とは無関係な一競技と見なす認識に大幅な修正を迫るものである。

スポーツ史における野口進の評価は次のように語られる。すなわち、彼は正力松太郎が読売新聞の発行部数を伸ばすため、一九三三（昭和八）年に企画した日仏ボクシング大会の代表選手であった。世界フライ級王者エミール・プラドネルを筆頭に、元ＥＢＵ（ヨーロッパ・ボクシング連合）ライト級王者エイム・ラファエル（Aime Raphael　一九〇五〜?）、ルール・ユーグ（Raoul Hughes　生没年不詳）の三選手がフランスから来日し、東京や横浜、兵庫で野口や堀口恒男（後のピストン堀口）ら日本人ボクサーと拳を交えた。

さらに一九五四（昭和二九）年、すでに引退していた野口は指導者として日本のトップ・ボクサー数名をフィリピンに引率し、同年四月二〇日にマラカニアン宮殿でマグサイサイ大統領と会見を果たすなど、来たるべき日比新時代を強く印象づけた。彼の門下生には、協栄ボクシングジムを設立した金平正紀（一九三四〜九九）、輪島功一（一九四三〜）や三原正（一九五五〜）、友利正（一九五九〜）を世界チャンピオンにまで育て上げた三迫仁志、次男で元日本王者の野口恭《きょう》（一九三九〜二〇〇九）などがおり、いずれも長らく日本のボクシング界を牽引した。

写真23　三迫仁志（前列中央）を東洋フライ級王者にまで育て上げた野口進（前列左）は戦前、田辺宗英と同じく愛国社同人であった＝三迫仁志氏提供

　華々しい業績を持つ一方で、野口は現役引退後の一九二八（昭和三）年に大陸積極政策を説いた岩田愛之助に心酔。前述した後楽園スタヂアム社長の田辺宗英と同様、岩田が主宰する愛国社に入社した。昭和恐慌を背景に数々のクーデターや狙撃事件が世を騒がせる中、ロンドン海軍軍縮条約に反対する野口もまた、若槻礼次郎民政党総裁暗殺未遂事件に連座するという「前科」を持っていた。

　国粋主義とスポーツとの結び付きは、もちろん自明ではない。一九三五（昭和一〇）年二月二二日に、読売新聞の社長を務めていた正力が武神会という国粋主義団体に属する長崎勝助に切りつけられた事件が、それを物語っている。逮捕後、長崎は犯行の動機として、同社がかつて招請した日米野球団が、明治神宮の「神域」を汚したことを挙げた〔東京読売巨人軍五〇年史編集委員室 一九八五：一五〇―一〕。実際、読売新聞の急成長は、一九三一（昭和六）年と一九三四（昭和九）年にベーブ・ルースをはじめとしたオールスター級選手の来日によってもたらされた。襲撃の背後には読売新聞の躍進を阻む東京日日新聞の陰謀がささやかれたが、この事件は皇居のお膝元でアメリカ人選手を招いてプロスポーツを開催することに不快感を示す勢力がいたことを意味している。

ボクシングの発展と普及に尽力した野口が尊皇主義や愛国主義に傾倒した理由を探るためには、彼自身の思想がいかなる人間関係の中で育まれてきたのかについて理解する必要がある。特に、日本の汎アジア主義者は十分な検討をされぬまま、十把《じっぱ》一絡《ひとから》げに大陸侵略の先兵という評価を受けてきた〔石瀧二〇一〇〕。それだけに、彼らが、戦後の社会とどのような連続性を持っていたのかに真正面から取り組んだ研究は少ない。言うなれば、スポーツ業界が戦前の旧勢力を取り込みながら発展した経緯も、長らく不問に付されてきたのである。

話を若槻襲撃事件に戻したい。上野駅で警戒中の警官に取り押さえられた野口は取り調べの中で、愛国社同人の佐郷屋留雄による濱口雄幸首相襲撃成功が新たな暗殺計画の引き金になったと証言している。若槻は後年、自らに対する暗殺未遂を「凶漢の計画の齟齬《そご》したことは、全く私の僥倖《ぎょうこう》といわなければならない」と書き残した〔若槻 一九六九：八七〕。一九三三（昭和八）年一一月二二日の『読売新聞』夕刊が伝えるところでは、野口は上野駅での襲撃後、若槻に次の自決勧告状を渡そうとしていた。

> 若槻礼次郎貴下、佐郷屋留雄事件に次いで五・一五事件、非常時日本の今日を造り国民に不安を与ふに至った原因は、貴下のロンドン条約に基づく不届外交によるものである。国民を騒がし国家を危うくしたることに対し又大関心を悩まし奉りたることに対し貴下は上聖上、下万人に対し死を以ておわびす可《べ》し、貴下が日本武士道によって善処されんことを望む。

野口は佐郷屋同様に、政府の統帥権干犯問題に不満を抱いていた。周知のように、彼らが襲撃の理由に挙げた統帥権干犯問題とは、濱口雄幸内閣によるロンドン海軍軍縮条約への調印が政治問題化した事件である。列強の軍備拡大に歯止めをかけるため、日本を初めとしてアメリカやイギリス、フランス、イタリアは一九三〇（昭和五）年の国際会議で補助艦艇の保有量制限に合意した。しかし、天皇を補弼《ほひつ》する海軍軍令部の承認を得ずに軍縮に踏み切ったことが統帥権の侵害にあたるとして、海軍軍令部や右翼団体は、濱口内閣や海軍省を糾弾した。この問題は、倒閣を図る政友会が加担することによって、大きな政治的争点となった「大谷 一九七二：豊田 一九九〇：三一四―七七」。

五・一五事件が、ロンドン海軍軍縮条約を強引に推し進めようとする政府によって引き起こされたという野口の主張は、もとより愛国社の思想に源を発していた。日本を代表するボクシングのスター選手が白昼堂々、外交問題の大命を受けた全権大使を狙うという凶行に、東京高等裁判所の前身にあたる東京控訴院は一九三四（昭和九）年一二月一五日、野口に対して懲役五年を言い渡した。

数年間の収監の後、恩赦を受けて出所した野口は家族を伴って上海に向かう。一家の大黒柱が不在中、岩田愛之助のもとで育てられた長男の野口修（一九三四〜二〇一六）は、大陸に渡った時期を一九四〇（昭和一五）年か一九四一年頃と回想する。時期的に考えて、野口は一九三八（昭和一三）年二月一一日の明治憲法発布五〇周年祝典の恩赦による減刑を得たものと考えられる。後に芸能・スポーツプロモーターとして、五木ひろしやキックボクシングを世に送り出す修は、新天地における父親の事業を次のように語った。

当時、日本の陸戦隊など、軍隊が上海にいっぱい来てましたね。その時に、児玉誉士夫《よしお》さん、広島の競艇場をやっている岩田幸雄さんの計らいで、上海に日進劇場という劇場を作ったんです。兵隊さんを慰問するためにね。でも劇場作っても、人を呼ぶための芸人がいなきゃ仕様が無いでしょう。その時、玉川勝太郎や広沢虎造、雲月とかね。そういう浪花節語りを呼んで公演したり。歌い手で言うと、ディック・ミネ、淡谷のり子、それから、ベティ稲田も上海に呼んだんです。［二〇一一年九月一九日、野口修氏より筆者聞き取り］

野口修によると、父・進は服役中、天行会・独立青年社事件で入獄した児玉誉士夫（一九一一〜八四）と知遇を得たという。

児玉と言えば、国粋大衆党総裁、笹川良一《りょういち》（一八九九〜一九九五）の繋がりで海軍航空本部長の山懸正郷《まさくに》中将に接近を果たした人物である。児玉は戦時中、戦艦第一主義を時代遅れと考える海軍航空隊のために、銅やタングステン、雲母、ダイヤ、ラジウムなど航空資材の調達を外地で行っていた。戦後、児玉が上海から密かに東京へ運び込んだダイヤやプラチナが自民党の創設に役立ったことは、彼が「政財界の黒幕」や「フィクサー」と称される所以となった〔吉原一九七六：四二―五：岩川一九七七：一六二―八七〕。

その児玉が戦後も野口と繋がりを持っていたと指摘するのは、元東洋フライ級王者の三迫仁志である。野口が後に新居浜市長となる小野馩《かおる》を頼って、愛媛県新居浜市へ引き揚げてきた一九四六（昭和二一）年頃、三迫は武徳殿で開かれていたボクシング教室に通っていた。彼はその際にボクサーとしての資質を見いだされ、野口ボクシングジムの門下生となる。三迫によれば、野口が目黒でボクシングジムを構えた数年後、どこからか噂を聞きつけた児玉が祝儀を携えてジムの門戸を叩いたという。

昭和二七年かな。先生が東京へ来て野口ジムを開いたときに、児玉誉士夫が来たよ。ご挨拶にって。知っていれば、先輩をお迎えにあがったんだけど、何も知らなかったものですから申し訳ないと。児玉は、上海で野口先生のお世話になったと言って、五〇万円を持ってきたんだよ。これ使ってくださいって。千円札でね。今でも覚えているけど、紫の風呂敷に包んで。昭和二七年だから、五千円札も一万円札もない頃。そしたら、野口先生、質屋から背広を三着ぐらい出してきたよ。ああ、偉い人なんだと。俺は、ボクシングの先生としか知らなかったから。［二〇〇八年六月三日、三迫仁志氏より筆者聞き取り］

そして、岩田幸雄（一九〇四〜九三）はその児玉の特務機関で、上海や南京、杭州の三角地帯、あるいは香港、シンガポールから物資を集めた実質的責任者であった。時に岩田は、ポルトガル人やメキシコ人、フィリピン人、台湾人、日本人からなる情報員を指揮して、諜報活動を行うこともあった［藤原・岩田 一九七一：九二―七：岩田 一九七六：二四―五］。後に岩田は、日本ボクシング・コミッションが設立された一九五二（昭和二七）年から死去する一九九三（平成五）年まで、同コミッションで諮問委員を務めた[41]。

当事者が全て不帰の客となった今、児玉や岩田が野口に接近した真相は闇の奥である。だが、軍人や官僚を含めたエリートや各国の特務機関、大陸浪人たちがしのぎを削った上海で、日本の政治を陰から操っていた大物と野口が結びついていたという証言は、彼が混沌とした時代においても、アンダーグラウンドの実力者を惹き付ける磁場を発していたことを物語っている。

戦後、大陸から引き揚げた野口を待ち構えていたのは、GHQによる公職追放であった。既に刑期を全うしたとは言え、政界重鎮の暗殺未遂事件に関与した野口は「愛国社同人」という理由で処分の対象となった［総理庁官房監査課編 一九四八：六四七］。だが、冷戦がもたらした戦後の「逆コース」は、前述した田辺宗英と同様、野口に再度、表舞台に立つ機会を与える。ここから、野口の人生における第二幕が始まる。

野口は公職追放を解除された後、精力的にボクシング界の復興に尽力した。しかし、元来の商売下手な性格が災いして、若手選手を育成するための資金にも事欠く日々であった。修によれば、火の車状態であった父親の活動を支えたのは、戦中、特務機関を率い、戦後は米軍向けのナイトクラブや遊興施設を経営し、財をなした許斐《このみ》氏利（一九一二～八〇）であったという。

許斐さんの東京温泉。そういうビルがあったんですよ。そこの最上階を全部、無償で貸してくれた。無料で。そこで、麻雀屋をやっていたんですよ。その収入は全部、ジムにつぎ込んで。［二〇一一年九月一九日、野口修氏より筆者聞き取り］

「東京温泉」とは、一九五一（昭和二六）年、銀座・三原橋に突如として現れた遊興施設である。今でこそ世界的な地価を誇る銀座も、終戦直後は服部時計店と松坂屋以外に何もない焼け野原だった。灰燼の山を処理するため、京橋川から汐留川にかかる三十間堀川を埋め立てて作られた跡地の買収には、アメリカ映画の配給で成功を収めた日活や、戦前に中国大陸や東南アジアでセメント事業を展開した磐城セメントが関わった。

近代的なコンクリートに、赤いネオンがきらめく東京温泉は、老朽化によって建物が取り壊される一九八六（昭和六一）年まで、東京観光の目玉であった。もともと、進駐軍関係者や外国の商社マンをターゲットに作られたこの入浴レジャー施設は、日本の著名人や新橋駅に降り立つ旅行客で賑わい、成瀬巳喜男《みきお》監督の『銀座化粧』やグァルティエロ・ヤコペッティ監督の『世界残酷物語』のロケ地ともなった［牧 二〇一〇］。戦後実業家として成功を収めた許斐は、東京温泉という歓楽施設の一角を野口に提供することで、ボクシングを通した人材育成を支援した。

一九五〇年代の初頭は、戦前・戦中の秘密組織や地下組織の出身者が、在日外国人向けのバーやレストランで大きな成功を収めていた時期である。例えば、一九五三（昭和二八）年に開業した赤坂の高級クラブ「ラテン・クォーター」には、シカゴ・ギャングの親玉アル・カポネと親交があった元マフィア、テッド・ルーインや、GHQにおけるG2（占領軍司令部情報参謀第二部）の「Z機関（通称、キャノン機関）」に所属していた諜報部員、アルフォンゾ・B・シャタック、それに、日本のフィクサーと呼ばれた児玉誉士夫も関わった［山本信太郎 二〇〇七］。また、一九五四（昭和二九）年に開業したピザ店「ニコラス」は、六本木の顔役、ニック・ザペッティが経営手腕を発揮した［Whiting 一九九九＝二〇〇二］。大きな建物といえば、俳優座劇場ぐらいしかなかった住宅街、六本木は、妖しげな魅力を放つ社交場が次々とオープンすることで、一九六〇年代以降、独特の雰囲気を醸し出す繁華街へと変容していくのである。

そうした遊興施設のひとつとして、東京温泉を取り仕切っていたのが許斐氏利であった。許斐も、ルーインやシャタック、児玉、ザペッティ同様、アンダーグラウンドでその能力を発揮した人物であった。彼は大戦中、中国や仏領インドシナ（現在のベトナム・ラオス・カンボジア）で、「許斐機関」と呼ばれる特務機関を率いて、日本軍の占領政策を陰から支えた。牧［二〇一〇］によると、上海時代の許斐は、蒋介石が重慶に去った後の南京に「第二の満洲国」を建設する工作に携わったという。新政府樹立の動きを知った蒋介石側は、その要となる汪兆銘と要人達の命を狙い、便衣隊と呼ばれる刺客を送り込んだ。これに対抗して、およそ一〇〇名から成る大陸浪人や中国人密偵の混成部隊を組織し、共同租界で暗闘を重ねたのが許斐であった。

手元不如意な生活を送るボクシング指導者と日本軍のインテリジェンス機関の繋がりは、どのような野口の人物像を浮かび上がらせるのであろうか。その疑問を解く手がかりは、大化会―大亜細亜協会―興亜協会に連なる人脈に求めることができる。

国家改造運動に共鳴した許斐が一九三五（昭和一〇）年に入会した大化会には、大川周明《しゅうめい》（一八八六～一九五七）や北一輝《いっき》（一八八三～一九三七）と共に猶存社《ゆうぞんしゃ》を結成した満川亀太郎（一八八八～一九三六）がいた。この満川が創立委員を務めた大亜細亜協会には、天皇機関説排撃の急先鋒であった陸軍の菊池武夫（一八七五～一九五五）が在籍していた。アジアにおける混乱・分離を収めることが日本の責務と考える菊池は、愛国社の岩田愛之助と思想的な盟友関係にあった。事実、一九四一（昭和一六）年、菊池と岩田は興亜協会を立ち上げ、南方要員を養成するための教育機関を設立している［後藤乾一 一九八二：五九一―六一二：牧 二〇一〇］。許斐が支援を申し出た背景には、日本の国際社会の関わり方を巡って、野口が戦後もこうした旧勢力との人脈を保っていたことを物語っている。

そして、その思想が具現化したのが、日比賠償協定と対日和平条約発効前のフィリピン遠征であった（写真24）。残念ながら、この遠征に関して、東洋選手権の立役者であった田辺宗英が野口にいかなる協力を申し出たのか、具体的に示す史料は発見に至っていないが、同じ元愛

写真24　フィリピン訪問に際して、礼装に身を包んだ三迫仁志（右）と野口進＝三迫仁志氏提供

国社社員として、両者の間に何らかの接点があったと考えるのが自然である。

アメリカ植民地時代、本場のボクシングを学び、先進的な技術を習得していたフィリピンは、日本の指導者や選手にとって避けては通れない目標であった。しかし、賠償と戦犯問題で反日感情が高まる彼の地へ向かう日本人は少なかった。そうした中、野口は危険を承知で若手選手に海外での経験を積ませる計画を立てる。彼は将来を有望視されていた三迫仁志、赤沼明由、風間桂二郎に、戦争によって母国への帰還を果たせなかったトレーナー、ジョー・イーグルを加えた四人を選抜した。

野口らが渡航した一九五四（昭和二九）年は、日比情勢が最もデリケートな局面を迎えていた頃である。賠償がなければ対日平和条約の批准はしないという態度で臨むフィリピンとの間の交渉は、既に四年目に突入していた。

大野勝巳公使とカルロス・ガルシア副大統領との間で、賠償額を四億ドルとする「大野・ガルシア覚書」も、フィリピン側世論と議会の強い反発によって破棄され、交渉は後退を余儀なくされた。

日比の先行きに不穏な空気が流れ始めていたとき、マニラに滞在中の野口一行は突然、大統領官邸から呼び出しを受ける。時の大統領ラモン・マグサイサイは第二次世界大戦中、ゲリラを率い日本軍を苦しめた闘士として知られていた。当然のことながら、彼らは収監すら覚悟したという。しかし、マラカニアン宮殿で野口たちを待っていたのは、大統領自身による歓迎のセレモニーであった（写真25〜27）。

「自分も昔はフライ級の選手だったがいまはヘヴィ級だ」。

緊張して直立不動の客人を前に、マグサイサイは懐かしい旧友に再会したかのように、ユーモアを交えて挨拶の言葉を述べた。一九五四（昭和二九）年四月二一日付けの『読売新聞』では、賠償使節の村田省蔵全権大使すら訪問が許されなかった大統領に、選手団一行が温かく迎えられている様子が報じられている。野口の愛弟子であった三迫は、フィリピンへの海外遠征を次のように振り返る。

日本ではとにかく戦後初めてだから、開拓しなきゃならんということで。当時はビビって行かない人が多かった。野口先生は、俺が連れて行ってやると。要するに（選手団は）「全権大使」だよ。［二〇〇八年六月三日、三迫仁志氏より筆者聞き取り］

（上から）写真25〜27　1954（昭和29）年4月20日、マラカニアン宮殿で行われた歓迎式典では、三迫仁志（前列左から2人目）や赤沼明由（前列左）のほか、野口進、ロッペ・サリエルが出席した。かつてフライ級のボクサーだったというマグサイサイ大統領（前列中央）は、三迫仁志に自らの拳を突き出すユーモアを披露し、日本選手一行の緊張を解いた。三迫や野口らがマグサイサイ大統領に歓待を受けたというニュースは日本でも広く報じられ、フィリピン政府が賠償問題の解決に前向きであるという印象を与えた＝三迫貴志氏提供

フィリピン渡航を経て後に東洋フライ級王者になった三迫によれば、野口の政治に対する熱意は戦後、ボクシングで日本を再興することに変わっていったという。というのも、国交回復の兆しを見出せなかった時代ですら、ボクサーはひとたび招請を受ければ、非政治的な使者として国家間を行き来する自由を与えられたからである。

弱冠一六歳の三迫仁志が、リングの世界に飛び込んだのは一九五〇（昭和二五）年。後に世界フライ級王者となる白井義男が、ピストン堀口の弟、堀口宏から日本バンタム級王座を奪い、東京では既にボクシングは人気スポーツの一角を占めていた。それからわずか五年後、三迫は日本一どころか東洋一の看板をも携えて、郷里・愛媛に錦を飾る。彼は、その童顔から想像もつかないアグレッシブなファイトで、東洋王者であるタニー・カンポやダニー・キッド（Danny Kid 一九三一〜）を撃破し、日本のボクシング界に新たな一ページを刻み込んだ。電通調査によれば、一九五六（昭和三一）年三月二九日にラジオ東京テレビ（後の東京放送、現ＴＢＳ）が放映した三迫とキッドの東洋タイトルマッチは、六〇・九％もの視聴率を記録している［日本放送協会編 一九七七b：五九〇］。スピーデー章《あきら》との日本選手権で敗退し、いまだタイトルを奪取できずにいた時代の三迫にとって、マニラにおける武者修行はライバル達に先んじて世界の技術を盗む絶好の機会であった。

野口が三迫に語った「全権大使」の言葉には、ボクシングのグローバル性こそが、外交問題の解決に先駆けて、フィリピンとの間に友好や親善を果たしたという自負が込められている。事実、一行が訪比してから二年後の一九五六（昭和三一）年にようやく日比賠償協定が調印に至

写真28　1955(昭和30)年6月24日の東洋選手権を祝賀する記念パレード。王者三迫仁志と野口進は、吉田茂元首相が愛用したことで知られるゼネラルモーターズの名車ビュイック(手前)に、ダニー・キッドはクライスラーのプリムス(奥)に乗り込み、大阪市内を巡った。後方のビルの壁面には、両選手の名前が書かれた垂れ幕も確認できる＝三迫貴志氏提供

り、両国の国交が正式に回復する。野口にとってアジアへの再帰は、愛国社がなし得なかった「積極外交」をスポーツという非政治的な空間で実現する試みであった。

公職追放によって表舞台から退場を余儀なくされた野口にとって、スポーツによる外交は自らの政治的理想を実現する最後の砦であった。国家主義団体を侵略戦争の担い手と考えるGHQの前では、愛国社同人が政治的な言動を行うなど御法度であったからである。

元はカナダの外交官であった日本近代史家ハーバート・ノーマンは、玄洋社や黒龍会、無数の派生団体を日本の「民主化」を阻む存在と結論づけるレポートをGHQの対敵諜報部CIC（Counter Intelligence Corps）に提出した［Norman 一九七七＝一九八九］。彼らが追放解除を受けて世間に現れるのは、アメリカの反共政策がもたらした歴史の産物である。野口が興行に深く関与したのは、ボクシングが政治の代替物としてカタルシスを与える手段となったからである。この点において、野口は田辺と相似した思想遍歴の持ち主であったと言える。

少なくとも彼らがスポーツを通して状況を反転しようとしたところに、ナショナリスティックな思想の命脈が保たれる契機があった。無論、野口と田辺がかつて愛国社の一員であったという事実は、戦後のスポーツ事業が単純に、価値中立的な文化として存在したのではないということを意味する。欧米の植民地支配を受け、スポーツの近代化を成し遂げたボクシング大国フィリピンが東洋選手権における日本の最強の仮想敵となったことがそれを物語っている。しかしそれ以上に、野口が利益をなおざりにしてまで選手の育成に心血を注いだのは、敗戦によって潰えた理想を彼なりに再興させる狙いがあったのである。

(30) 開局当初、テレビは午前一一時五五分から午後二時までの昼二時間、午後五時三〇分から九時三〇分までの夜四時間、放送が行われた（月曜日から土曜日の週日）。その基本枠に加えて、後楽園球場でのプロ野球や蔵前国技館での大相撲をはじめ、各種のスポーツ、劇場中継が番組編成に取り入れられた［日本テレビ放送網株式会社社史編纂室 一九七八：三一―二、六五］。
東洋選手権は、試合を提供するクラブとそれを主催・後援する新聞社やテレビ局とのタイアップで成り立っていた。これらマスメディアは、読者や視聴者の獲得のため、魅力あるコンテンツを他社に先駆けて発信しようとした。プロスポーツのメッカである後楽園スタヂアムと蜜月関係にあった日本テレビが最もその恩恵にあずかったことは疑いようもないが、それでも各社、有望株の選手を抱えるクラブとの業務提携を図って東洋選手権を放送した。

(31) 吉田茂、「参議院予算委員会二七号」『国会議事録』一九五二年三月二五日。

(32) 日本民間放送連盟によって行われた民間放送三社に対する調査によれば、一九五七（昭和三二）年度のスポーツ番組は、一社一日平均五一八分の放送時間中、全体の一九・八％を占めている。これは、文芸娯楽の三九・六％につぐ割合であった［日本放送協会編 一九七七b：六二七―八］。

(33) フランチャイズ制とは、「協約上本拠地と定めた都市の一定地域において、その本拠地所有ないし占有の球団がプロ野球開催の権利を独占する制度」である［佐藤隆夫 一九八二：五五］。プロ野球協約において地域権とも呼ばれるフランチャイズ制は、日本では一九五一（昭和二六）年から実施された。それぞれのチームが自他球団の独占的収入を尊重することで、プロ野球界全体の繁栄を図ろうとしたところに、この制度の目的がある。フランチャイズ制は元々、アメリカのプロ野球に見られるように球団と地域（都市）との繋がりを密にするために考案された。しかし、日本においては、市民球団として成功している広島カープを除いて、全球団が親会社の所有する企業球団に過ぎなかった。そのため、親会社が変わればホーム球場も変更される可能性があり、我が街のチームというファンの心理を揺さぶることも度々であった。また、日本の場合、ホーム球団が入場料収入の全てをとることが認められているために、大都市と地方球団の間では著しい収益のアンバランスが生まれた。こうした中で、巨人のような人気チームが、首都圏の大球場である後楽園球場をホーム・グラウンドにした場合、長年に亘って莫大な入場料収入の独占を期待することができた。フランチャイズ制の歴史や問題点は、佐藤隆夫［一九八二］や野口［一九六四：二七四―九二］が詳しい。

(34) 平沢雪村、一九五七、『The Boxing』拳闘社、一九（六）：二一。

(35) 一九五四、『The Boxing』拳闘社、一六（七）：一三。

(36) 一九五四、『The Boxing』拳闘社、一六（一二）：一八。

(37) 田辺宗英の一三回忌を記念して刊行された『人間田辺宗英』は、荻野貞行や石川輝、下田辰雄、菊池弘泰、永田雅一といったスポーツ関係者をはじめ、石橋湛山や木村篤太郎、野田武夫、田辺国男といった政治家などが取材に協力した。本文中ところどころ、田辺宗英本人の遺稿が入る変則的な作りではあるが、筆頭者の高橋亨の他に、田辺の妻登美子や三男英蔵、正力松太郎、真鍋八千代らが筆を執った。

(38) 『報国新報』一九四三年五月二三日、三面。『報国新報』は、田辺宗英が主宰した報国新報社の機関誌である。田辺は、目的のために一人一殺をやむなしとする過激思想を必ずしも是とせず、あくまで国に報いるための勤皇主義を主張した。一九三五（昭和一〇）年頃、銀座の報国新報社には、後に日本ボクシング・コミッション事務局長を務める菊池弘泰も、彼の師である末永節の招きで加わり、田辺と共に新聞づくりに勤しんだ。

(39) 総理庁官房監査課編、一九四八、「SCAPIN-550　連合國総司令部発日本政府宛昭和二一年一月四日附覚書（公務従事に適せざる者の公職よりの除去に関する件）」『公職追放に関する覚書該当者名簿』日比谷政経会、一―八。

(40) 二〇〇八年五月三〇日、元日本フェザー級チャンピオン、菊地萬藏氏より筆者聞き取り。菊地氏は、金子繁治指導の下、田辺宗英が設立した後楽園ジムでトレーニングを積んだ経験がある。

(41) 小島茂、一九九三、『ＢＯＸＩＮＧ広報』日本ボクシング・コミッション、四四三：一二。

第五章………岸外交における露払いとしての東洋チャンピオン・カーニバル

一　東南アジアへの回帰

プロボクシング東洋選手権は、東南アジア外交においても、特別な使命が与えられていた。スポーツが言語や国家間対立を乗り越えて世界を繋ぐことができると考えた為政者は、戦後のボクシングが、機能不全を起こした政治に成り代わって、スペクタクルを準備できると期待していた。

ここでは東洋選手権と政治の関わりを明らかにするため、日本ボクシング・コミッション主催の下、一九五七（昭和三二）年一一月二〇日に行われた「東洋チャンピオン・カーニバル」を中心に取り上げる。当時の金額で一四〇〇万円（現在の価値で五億円以上）が投じられたこの大会は、東洋選手権保持者と各階級の挑戦者が一堂に会して「東洋一」を競う国別対抗戦として企画された。会場となった旧両国国技館には、一万人もの観客が集まったと報じられている[42]。

本章で注目したいことのひとつは、賠償交渉の頓挫によってアジア諸国との対話の糸口を失った日本政府が、この国際戦に示した関心と関与である。

一九五〇年代中盤以降、日本経済は景気循環を繰り返すことで、過剰投資・消費による外貨不足に幾度となく直面した(43)。そのため政府は一九六〇年代初めまで、莫大な外貨資金を要する国際競技の実施に乗り気ではなかった(44)。一九五四（昭和二九）年の閣議では、アマチュア及び職業スポーツ選手を海外から招請するための外貨割り当てを大幅に縮小、日本側の外貨支払いとなる日本人の職業スポーツ選手派遣も不認可とした［大蔵省 一九五四］。にもかかわらず、一九五七（昭和三二）年に開催された「カーニバル」には、国家のお墨付きとして外務省後援が与えられただけでなく、石井光次郎《みつじろう》副総理の総会挨拶や岸信介総理自身による関係者への接待が催されるなど、政府は積極的な関与を示した［平沢 一九五七：二一—五］。

周知の通り、岸は総理に就任した一九五七（昭和三二）年、二度に亘り東南アジアを歴訪、各国の親善と経済協力の強化や賠償問題の解決と、彼の構想する共存共栄のアジア経済圏の形成に向けて地ならしを行った［林・辻編 一九八一：三八九—九八］。言い換えれば、この外交政策は、東南アジアに新たな市場を確立しようとしていたことと、より対等な日米関係を結ぶために、東南アジアで日本が再び「アジアの盟主」となることの二点に狙いがあった［原 二〇〇六］。

戦後初期の外交を振り返る際、岸信介ほど東南アジアを重視した政治家はいない。「戦争に負けて外交で勝った歴史がある」という吉田茂の言葉に表れているように、日本の対外政策は長らく日米同盟を基軸とした［武見 一九六八］。具体的な経済政策を欠いていたにもかかわらず、吉田内閣が長期的な政治力を保持し続けたのは、外交が一国の命運を決めた占領期という時代性が作用していたからに他ならず［小林・成田 二〇〇七：三三一—四八］、アメリカの対日政策の基調は、敗戦から一〇年余りを経ても変わらなかった。

一九五五（昭和三〇）年八月、第二次鳩山政権は日米安保の見直しを図るため、重光葵外相らをアメリカへ派遣する。しかし、共同防衛の改定を求める日本側に対して、ダレス国務長官（John Foster Dulles）はその申し出を時期尚早として一蹴した［山田ほか一九九〇］。こうした状況を前に、経済開発の資金を低金利で融資する東南アジア開発基金構想を立ち上げたのが岸だった。彼はより対等な日米関係を構築するべく、積極的に東南アジアへ経済進出しようとした。

この岸による外交政策の転換について、スエヒロ・アキラ［Suehiro 一九九九：八五―一〇五］はアメリカの反共戦略や賠償問題の文脈だけで、日本の東南アジア復帰を論じることの限界を指摘する。岸は政治体制としての共産主義を吉田茂以上に否定していたが、経済運営においては統制型を選好した。スエヒロによれば、岸内閣による新たな国際融資機関の構想はアメリカ依存の援助政策ではなく、日本の「主導性」を初めて示した点でそれまでの政権と一線を画した。

ただし、日本の東南アジア回帰には別の流れもあった。吉田政権以後の外交政策を分析した波多野［一九九四：二一五―四二］は、イギリス主導で生活水準の向上と経済発展を目指したコロンボ・プラン（The Colombo Plan）を取り上げながら、日本の技術援助を論じている。元々、この東南アジア開発基金構想は東南アジアの他、インドやパキスタンといった南アジアを含むなど、自由主義と共産主義の対立からは距離を置いていた。極めて小規模な経済協力ながら、アメリカの反共政策とは異なった計画の下、日本がアジアに近づく機会をうかがっていたという指摘は注目に値する。

これらの研究はマクロな視点から、一九五〇年代後半に日本が見せた東南アジアへの関心や関与を分析したものである。ここでの争点は、冷戦下での日本の対外政策を自主外交の展開と捉えるか、反対に対米協調の延長と捉えるかという問題である。しかし、東南アジア諸国から「経済侵略」と警戒される恐れがあったにもかかわらず、日本政府や外務省はあらかじめ何も対応しなかったのだろうか。

フィリピンの新聞に掲載された風刺漫画を軸にフィリピン人の対日感情を論じたユー・リベラ［Yu-Rivera 二〇〇五］によれば、岸政権の東南アジア復帰は大東亜共栄圏構想の復活と見なされていた。日本人は人間を捕食する醜い異星人として描かれる一方で、アジアにおける日本の経済的優位は軍政による占領時代の記憶を呼び起こすものと受け止められた。

事実、一九四三（昭和一八）年頃のフィリピンにおける軍政は、「日本の戦争遂行に即応する占領地行政を実施すると共に大東亜共栄圏内の独立国たるの名実を備へ日本に好意且《かつ》協力的なる比島新国家建設の素地を培養」することを基本方策としていた。施政の具体的目標が「人心の把握」及び「戦争遂行上必要なる必需物資の獲得」、「島内自給自足態勢の確立」、「治安の維持」の四つに置かれ、フィリピン側は否応なく戦時体制に組み込まれていったのである。[45]

戦後もなお、日本に対する警戒心が解けない問題に関して佐藤晋［二〇〇三：二四三―六八］は、トップダウン政治の印象を持つ岸が実は東南アジアの国民感情に苦慮していたという興味深い指摘をしている。佐藤によれば、東南アジア開発基金の運用は当該諸国に対して公平に行われ、各国代表から成る諮問委員会が参加国の発言機会を保証することになっていた。しかし、東南アジア諸国の不安を取り除こうとする日本の試みに反して、実際に各国の反応は芳しくなかったという。

二　岸外交、二つの課題

一九五〇年代の日本において、東南アジアとの関係改善は二つの点で重要な意味をもった。第一に東南アジア諸国は、食料や工業原料の輸入元、日本製品の輸出先として日本経済の安定と発展を支えた。一九五二（昭和二七）年から一九五五（昭和三〇）年までの日本の貿易は東南アジアを中心に伸びており、一九六一（昭和三六）年までは先進諸国よりも発展途上国への輸出に力が注がれた［鹿島平和研究所編 一九七二：二三八］。一九五七（昭和三二）年二月に首相の座に就いた岸が、積極的に外交を展開した同年一二月末までの投融資の地域別割合は、東南アジア地域三二％、中南米三四％、その他三四％だった［外務省 一九五八：一九］。

貿易分野で東南アジアへの傾斜が目立つのは、冷戦が日中間の大規模な貿易を妨げていたためである。国会答弁でもこの時期、賠償交渉を通して求償国と経済関係を緊密化しようという意見があった。いわば、戦争被害に対する埋め合わせとしての賠償は、通商航海条約締結への道筋をつけ、日本が海外市場へ再進出するための足がかりだった。[46] 無論、外貨不足に悩むアジア諸国、特にフィリピンのように、戦時中、大規模な都市破壊を被った国にとって、賠償が経済開発や社会福祉の向上に一役買った面も否めない。しかし、賠償実施の基本的な考え方は元々、日本経済を活性化させる〝呼び水〟として位置づけられていたのである。

日本が東南アジアを重視する第二の目的は、アメリカとより対等な協力関係を構築することにあった。

戦後における日本外交の根幹は、吉田茂が首相の任にあった一九四六（昭和二一）年から一九五二（昭和二七）年までの間に形作られた。しかし、吉田内閣は経済の復興や自立に力を入れる一方で、防衛はアメリカに依存していたために、国内には批判も多かった。例えば、安保条約で日本が基地提供を義務づけられる一方、アメリカは日本防衛について誓約の明文化を避けるといった片務性や、日本国内の基地におけるアメリカ軍の重要な装備や配備の変更、基地からの戦闘作戦行動について事前協議の規定がないなど、保守陣営内部の反吉田勢力からも条約の不平等性が指摘されていた［細谷二〇〇五：一二八］。

こうした時代の只中で起きたジラード事件（相馬ヶ原事件）は、日米関係のアンバランスを日本国民に突きつける象徴的出来事となった。一九五七（昭和三二）年一月三〇日、群馬・相馬ヶ原演習場における米兵（William S. Girard）の日本人農婦射殺事件に端を発したこの事件は、その行為が公務執行中であったか、また第一次裁判権が日米いずれに属するかについて、両国の間で議論が巻き起こった。当初、アメリカ軍はジラードの行為が公務執行上の正当な行為であると主張していたが、日本の世論の批判を受けて日米合同委員会が調査に乗り出し、双方の立場を保留したまま日本側に第一次裁判権が与えられた。しかし、米国内で海外駐留兵士の地位に関する協定に対して反発が広がり、ワシントン米連邦地方裁判所が日米合同委員会の決定を覆す異例の判決を出した。この事態を重く見た米国政府が米連邦最高裁判所に控訴し、先の判決が破棄。被告には前橋地方裁判所から懲役三年、執行猶予四年の刑が宣告された〔外務省 一九五八：六三—四〕。事件発生日は、奇しくも病に倒れた石橋湛山首相に代わって岸が臨時代理に就任する前日にあたり、新内閣は対米関係の見直しを実現することがいかに困難な道のりとなるかを思い知らされたのである。

岸外交の課題は、こうした、いわば「シニア」と「ジュニア」のパートナーシップを改善することだった。彼は組閣後間もない一九五七（昭和三二）年六月に、より対等な新日米安保条約への改定を求めて、アイゼンハワー大統領（Dwight D. Eisenhower）やダレス国務長官と首脳会談を行っている。席上、岸は東南アジア地域の経済基盤の弱さと国民の生活水準の低さが共産主義の温床となることを力説し、東南アジア開発基金の開設を持ちかけた〔外務省 一九五八：一七二〕。結果、彼の説得は、アメリカ国務省を動かした。岸政権を東南アジアに接近させねば、日本が強力な反共の堡塁となり得ないと考えたアメリカ政府は岸に、日本主導で東南アジア開発を行うために必要な、五〇億円もの資金を提供することを約束したのである〔外務省 一九五八：一九〕。

このように、経済成長と新たな安全保障を実現する上で、東南アジアは重要な外交カードのひとつだった。日本政府は東南アジアで存在感を発揮することで、経済と防衛問題の解決を図っていた。つまり、日本の外交方針に決定的な影響力を持つアメリカで好感触を得られるか否かは、岸の訪米直後に予定されていた二度目の東南アジア訪問の先行きを占う前段階となったのである。ダレスをして「日米関係の新時代」と言わしめる程の譲歩を引き出せたのは、冷戦という状況下でアメリカの思惑を逆手に取った岸の慧眼によるところが大きい。

そして、この岸の政治手腕が別の面でよく現れたのが、対米外交におけるスポーツの位置づけだった。外務省［一九五七b：三一四］の記録には、彼が同年六月一九日、メリーランド州バーニング・ツリーで、多忙なスケジュールの合間を縫ってアイゼンハワーとゴルフを楽しんだことが記されている。さらに、ワシントンからニューヨークへ移動後、岸は過密日程の中でヤンキースタジアムを訪れ、ヤンキース対ホワイト・ソックス戦の始球式を行った（写真29）。

写真29　1957（昭和32）年6月23日に行われたヤンキースタジアムでの始球式は、日米新時代の幕開けを標榜するにふさわしいセレモニーとなった。アメリカを代表するチーム、ニューヨーク・ヤンキースのステンゲル監督から帽子を贈られる岸信介（右）＝毎日新聞社提供

ここで忘れてならないのは、アメリカにとって岸は、満洲国経営に辣腕を振るった商工官僚、そして東條内閣における商工大臣であり、真珠湾攻撃時の閣僚だったことである。A級戦犯として巣鴨に拘置された経験がある岸にとっても、訪米を機にネガティブな印象を払拭《ふっしょく》し、「日米新時代」を演出する必要があった［池井 二〇〇三：四九―七五］。

ちなみにこれに先立つ同年四月六日、大映ユニオンズ（現千葉ロッテマリーンズ）と東映フライヤーズ（現北海道日本ハムファイターズ）の試合において、岸は首相として初となる始球式を行っている。いかなる経緯で岸がパリーグの公式戦に姿を見せたのか、その詳細は明らかにされていないが、この背景には旧知の仲であった大映の球団オーナー永田雅一との関係が察せられる。一九五七（昭和三二）年六月二四日の『朝日新聞』によれば、日米の野球文化に通じていた永田は、岸が大リーグで始球式を行う手はずを整えた人物とされている。

二人の間に接点が生まれたのは、岸が自民党総裁選で石橋湛山に敗れたときにまで溯る。岸の秘書で後にロッテ・オーナーとなる中村長芳の頼みを受け、永田は岸に石橋内閣の外相就任を受け入れさせた［山下 一九七二：二四八―五七］。一九六一（昭和三六）年四月九日の『報知新聞』には、後楽園球場で行われた大毎対東映のナイターに、岸と永田が仲良く観戦している様子が報じられており、両者の親密さを物語っている。

後年、永田率いる東京オリオンズが経営難に陥ったときには、反対に岸がロッテの重光武雄に球団買収を持ちかけ、自ら業務提携の仲介を買って出た［スリーライト編 一九九九］。プロ野球がまだ職業野球と呼ばれた時代に、機構作りに尽力した永田の政治力が、一国の首相による始球式の実現にひとつの貢献を果たしたと考えられる。

さらに、政治外交評論家の平沢和重や『ニューズウィーク』誌のハリー・カーン（Harry Kahn）も、岸が外交日程にスポーツ交遊や観戦を取り入れることを後押しした［原編 二〇〇三：一四三］。平沢やカーンは、アメリカ人の生活・思想に根付いたスポーツのフェアプレー精神や大統領のゴルフ好きをふまえて、周到に計画を練り上げたのであった。始球式翌日、『ニューヨークタイムズ』が好意的な記事を掲載したことや、ゴルフを介してアイゼンハワーとの交遊が生涯続いたことなどに鑑みると、スポーツへの理解を通して見せた「ステーツマンシップ」の演出は、岸の外交戦術において十全に機能したと言える(47)。

しかし、対米外交の成功は、すぐさま東南アジアで日本の「自由」を保障するものではなかった。岸が米国政府の要人からどれほど信任を得ても、東南アジアは反日感情で荒れていた。賠償交渉の全権大使も務めた湯川盛夫フィリピン大使は、同年（一九五七年）一二月の第二回東南アジア歴訪に先立って、フィリピン国民の対日悪感情を藤山愛一郎外務大臣に通信している［湯川 一九五七：三七〇―五］。さらに同年、ソ連が大陸間弾道弾やスプートニクを打ち上げたこともあって、一度は融解に向かった冷戦が米ソ間の科学競争によって振り出しに戻った［外務省 一九五八：一―五］。科学・研究部門で後塵を拝した自由主義諸国は、アジアでの勢力争いにこれ以上の後れを取るわけにはいかず、日本政府は東南アジアとの一刻も早い関係改善を迫られたのである。

こうした中で、東南アジア外交の突破口として注目されたのが文化外交であった。一九五七（昭和三二）年の外務省指針には、「何よりも文化を媒介とすることによって、国民間の相互理解が深められ、また広くゆきわたり、そのことがさらに国家間の友好親善関係を促進し、ひいては世界平和の維持に大きく寄与する」ことが記されている［外務省 一九五七a：一六二］。かくして、岸の東南アジア歴訪を前に「文化外交懇談会」が開かれ、有識者が多数招請される運びとなった。

岸本人も出席したこの会合で、文化外交は日本が「アジアの一国として東南アジア諸国との友好関係を増進」し、「それらの国との経済協力を側面から援助し、かつその実現のための地ならしをして行く」手段と位置づけられた［外務省情報文化局 一九五七：六］。文化外交懇談会は、岸のアメリカ及び東南アジア歴訪に先立って開かれたが、どちらかというと後者に狙いを定めた感が強い。岸は会合の主旨を次のように説明している。

今後平和外交を推進する上で日本として最も力を入れなければならないことは、一つは経済外交であり、一つは文化外交であります。……特に日本がアジアの一国であり、アジアに対する日本の地位というものは非常に重大な意義を持っているということを、痛切に考えざるを得ないのであります。［外務省情報文化局 一九五七：二］

ただし外務省としては、特定のイデオロギーに制約されることなく、平和的に文化外交を推進したいという考えもあった。一九五七（昭和三二）年四月一五日の第一回文化外交懇談会では、岸とも縁が深い護国同志会出身の前代議士で、戦後はアジア民族協会理事長を務めた中谷武世《たけよ》が、文化工作によってアジアの中立圏を共産主義から「争奪」するという発言［中谷 一九五七：二四］を行い、文化外交を政治目的から切り離そうとする近藤晋一外務省情報文化局長と意見の食い違いを見せた。この中谷は戦前、親米的なフィリピンの独立準備政府に反発し、日本に亡命中のベニグノ・ラモス（Benigno Ramos）を支援する大亜細亜協会に属していた。当時ラモスは、独立まで一〇年の移行期間を掲げるケソン・フィリピン大統領とアメリカに対して、植民地支配からの即時完全独立を求める「サクダル運動（the Sakdal Movement）」を続けていた。

しかし、ラモスが日本に滞在した一九三四（昭和九）年から三八（昭和一三）年にかけて、マニラ麻の栽培でダバオ経済を席巻した日系人移民が排日運動の要因となりつつあった。そうした時期に、日本軍の威光を笠《かさ》に貧困層の決起を呼びかけるラモスは、比較的穏健なケソン政権との関係を重視する日本政府や外務省にとって危険極まりない存在であった。執拗な警察の監視と武力闘争の相次ぐ失敗がラモスの指導力に影を落とし始めたとき、大亜細亜協会は松井石根《いわね》が中心となってラモスとケソンの会談をお膳立てする。横浜で秘密裏に行われた両巨頭の話し合いは、ラモスに政界復帰の糸口を与える成果をもたらした［Goodman 一九六七：一三三—九四］。大亜細亜協会理事である下中弥三郎を補佐し、協会を実質的に指導した中谷が、戦後も文化外交政策にくちばしを挟むことができたのは、この懇談会の性格を知る上で興味深い。

そして、一九五七（昭和三二）年五月一四日に開かれた第二回文化外交懇談会では、趣旨説明に立った国立近代美術館館長の岡部長景が文化交流の重要性を改めて強調した。

彼は冒頭、東南アジアに「金」や「文化事業に従事する人間」を大規模に注ぎ込んでいる欧米諸国の現状を取り上げ、総理大臣と外務大臣を兼任する岸に「ぜひ政治力をもって経済外交、文化外交を大いにやっていただきたい」という希望を伝えている［岡部　一九五七：三—四］。ただ、岡部が危惧するには、諸外国と折衝の任にあたる外務省は、あまり関心がない分野においてはセクショナリズムというべき程、各関係省との連携が取れておらず、文化事業を推進するための予算の裏付けも乏しい。ないないづくしで東南アジアとの文化交流の意見を託された岡部のスポーツ親善によせる期待は厚く、発言にも自然と熱がこもる。

スポーツの国際競技大会というようなことも、その勝負だけを見るのではなく、やはり国際親善関係をつけて行くといったような心構えを持って行くことが必要じゃないか。また参加者自体にそういう指導をすることが必要じゃないか。〔岡部 一九五七：一二〕

岡部は、大正・昭和期に外務省で文化事業担当を務めたアジア外交の専門家であった。貴族院議員への転身後、東條内閣で文部大臣を務め、学徒動員や勤労動員を実施している。一九四三（昭和一八）年一〇月二一日、明治神宮外苑競技場で行われた出陣学徒壮行会には東條と共に閲兵、関東地域の学生数万を戦地に送り出した。修業年限や授業時間を短縮され、学徒が戦地や工場などへ駆り出される中で、文部省の存在意義と責任を問われ続けた岡部の胸中はこの時、いかばかりであったろうか。戦後七〇年を経た今日からは、徴兵制度を通して総力戦体制を支えた閣僚が戦後、スポーツによる「国際親善」を叫んだことはあまりにドラスティックな変貌に見えるが、岡部は大戦中要職にあった日本人が多かれ少なかれ抱いていた複雑な心境を代弁しているかのようである。

文化外交懇談会には、新交響楽団の有馬大五郎や林学者の原勝など、政治的に中立な外交を唱える文化人も参加していたが、最終的に〝国際競技の活性化〟によって国民相互の理解を促進し、外交へ結びつけることが申し合わされた。そして、外務省の役割として「民間の国際文化交流事業の企画実施を容易」にし、「外務省の企画についてできるだけ広く民間の協力を求めてこれが実現をはかる」ことが確認された〔外務省 一九五七a：一六四〕。二度目の東南アジア訪問時、ガルシア・フィリピン大統領（Carlos Garcia）との会談要領でも取り上げられたスポーツによる相互理解は、こうして文化外交を支える要として位置づけられたのである。

文化交流の促進による相互理解の増進は、国際間の協力の基礎であると信ずるものであります。貴国との間において、今後とも教授、留学生の交換、映画、芸術、スポーツ等を通じて文化交流を一層促進するよう努力いたしたい。［岸一九五七：二六七］

東南アジア歴訪の最終日にあたる一九五七（昭和三二）年一二月七日、首脳会談の席に着いた岸は、上述の言葉で日比間の友好促進を求めた(48)。それに対して、ガルシア大統領は文化交流に好意的配慮を約束し、両国間の友好関係の増進に寄与すべき用意があることを伝えた。サンフランシスコ講和会議で、フィリピン代表のロムロ外務長官に「フィリピン側が対日敵対感情を捨て去るには一世代を要する」とまで言わしめた日比関係［佐藤虎男一九九四：一二六、一三二］は、その改善に向かって大きな一歩を踏み出した。そして、ボクシングは岸らが注目したスポーツの中でも、特にアジアの広範囲で人気を集める大衆文化へ発展しようとしていた。

三　外貨不足とカーニバルの開催

外交という表舞台で、スポーツに友好促進の期待が寄せられた経緯は以上の通りであるが、既にアジアとの交流を本格化していたボクシング界にも政治的支援を必要とする理由があった。

第一回大会として、一九五五（昭和三〇）年フィリピンのマニラで開催された東洋チャンピオン・カーニバルでは、現地政財界の積極的な援助を得て盛大に行われたにもかかわらず、大会の宣伝不足や台風による試合延期、高額な入場料のために、当時の金額で一万ドルの欠損を出した。また、タイで行われた第二回大会も、地元選手のソムデス・ヨントラキット（Somdej Yontarakit）と松山照雄（一九三四～九二）の東洋ウエルター級王座決定戦一試合が開催されただけで、会場に集まった観客は三千人にも満たなかった［後藤秀夫 一九五七：一〇六―七］。

こうした興行不振を繰り返さぬよう臨んだ第三回日本大会だったが、フェザー級金子繁治やフライ級ポーン・キングピッチの負傷で、最終的にウエルター、ライト、バンタムの三階級のみの開催に留まることが明らかになった。(49) 花形選手の不在で、資金集めの困難が予想されたのである。

しかし、政府が示した態度の軟化は、ひっ迫するボクシング界に一条の活路をもたらした。日本でカーニバルが開催された一九五七（昭和三二）年、「神武景気」を迎えた日本経済は輸出に対し原材料などの輸入が増え、国際収支が極端に悪化していた［経済企画庁編 一九五八：七―一二］。四月になって日本の外貨保有高は激減し、このままでは一、二カ月で手持ち外貨が底をつくことが必至であった［岸 一九八三：三〇九］。

そうした非常時に、政府は東洋ボクシング連盟に国際試合の開催を認めただけでなく、日本政府と外務省の後ろ盾を与えた。外貨と邦貨の特別両替を伴わない支援ではあったが、国際競

写真30　フラッシュ・エロルデの練習を見守るフィリピンの大衆。彼らの表情が物語るように、ボクシングは戦後、庶民が楽しめる身近なエンターテイメントであった＝ラウラ・エロルデ氏提供

技によるドル流出を是が非でも抑えたい政府から大会実施の認可を得たのは大きな成果だった。なぜなら政府の承認があれば、新聞社の催しに割り当てられた外貨を利用して、外国人選手の招請費を捻出することもできたからである(50)。おそらく東洋選手権のこれまでの実績が、アジア関係を重視する為政者に訴えるものがあったのだろう。

一九五二（昭和二七）年一〇月一八日、東京蔵前国技館で日本バンタム級王者堀口宏とフィリピン同級王者フラッシュ・エロルデとの間に東洋バンタム級選手権が争われて以来、東洋選手権は六年間で実に七五回も行われていた。さらに、一九五三（昭和二八）年八月八日にはルソン島モンテンルパのニュー・ビリビット刑務所に収監されていた戦犯釈放を記念す

写真31　試合前の記念パレードに出発するフィリピン人選手一行。1950年代、神戸にて（後部座席左からレオ・エスピノサ、ロッペ・サリエル、フラッシュ・エロルデ）＝ラウラ・エロルデ氏提供

る感謝試合が開催され、冷え切った日比関係の改善にスポーツが有効な手だてとなることを内外に強くアピールした。マニラを舞台に行われた第一回カーニバルに至っては、通常国賓にしか用意されない接待役やエスコートカーが与えられるなど、フィリピン政府が並々ならぬ関心をもって大会を開催したことが関係者の間で話題となった［石川 一九五六：一〇―一一］。

そして、そのプロボクシング東洋選手権の実績を遺憾なく売り込んだのが、一九五七（昭和三二）年に日本ボクシング・コミッショナーに就任した真鍋八千代であった。真鍋は政府から譲歩を引き出し、当時の日本円で一四〇〇万円（現在の価値で五億円以上）はかかると言われたカーニバルの開催を一手に引き受けた［真鍋 一九五七；荻野 一九五七：四―五］。通常、選手の健康状態や試合を監督するコミッションが、自ら興行の采配を振ることは異例である。本来ならば、組織管理の範疇を超えることのないコミッショナーが政界にまで通じていたのは、真鍋が娯楽産業の先頭を走る後楽園スタヂアムのトップにあったことと深い関係がある。

初代コミッショナー田辺宗英の急逝後、ボクシング界を仕切った真鍋は、限られた権益を巡って利害が対立する海千山千の興行界で、法曹界出身という経歴を持つ異色の存在だった。元々、東宝の顧問弁護士を務めた真鍋がスポーツ界に足を踏み入れたのは、阪急電鉄創業者の義従兄・小林一三が彼の商才を見込んで、後楽園スタヂアムの経営に参画させたのがきっかけであった［真鍋 一九六七］。小林と言えば、自社の沿線に宝塚歌劇団やショッピング・スポーツ施設、住宅地を作り、鉄道事業が競合する関西で「鉄道王」の肩書きをほしいままにした大物である。その小林が大阪の宝塚に匹敵するレジャー施設を作るために東京へ送り込んだのが、真鍋だった。[51]

そして、小林の期待を背負った真鍋は田辺の後を承《う》け、後楽園スタヂアム五代目取締役社長及び、日本ボクシングコミッショナーに就任後、現役の国会議員による諮問委員会制度を強化した。[52] 元日本ボクシング・コミッションの安原昭雄（一九四二～）によれば、委員会役員はボクシング界と政界の橋渡し役を期待されたという。

コミッションの組織として、諮問委員制度というのがあったんですよ。今で言う理事ですね。共産党を除く各政党の顔役たちが、何かあったときに協力してくれた。真鍋さんの時代にはそういう機関があった。ですから、東洋ボクシング連盟の総会か何かをやれば、彼らがいろいろなところに働きかけて「ゲスト」を呼んでくれたのでしょうね。［二〇〇八年五月三〇日、安原昭雄氏より筆者聞き取り］

安原によれば、自民党の寿原《すはら》正一や田辺国男、民主党の喜多壮一郎、社会党の竹本孫一が政権中枢とのパイプ役となり、理解を取り付けるのに一役買った[53]。

さらに安原が強調するのが、正力松太郎との繋がりである。一九五七（昭和三二）年七月一〇日に第一次岸内閣の国務大臣に就任した正力は、前任の田辺宗英の時代から後楽園スタヂアムと深い仲にあった。前述の通り、テレビ放送黎明期、スポーツは正力が社長を務めた日本テレビの看板コンテンツであり、後楽園スタヂアムなくしては経営が成り立たなかったからである。プロ野球人気が不動のものとなった一九五九（昭和三四）年には、長嶋茂雄が劇的サヨナラホームランを放ち、球界史にその名を刻んだ天覧試合も正力と真鍋の運営によるものだった[54]（写真33）。

このように各方面へ繋がりを持つ真鍋が東洋選手権の意義を力説したとき、少なくともその言葉はある種の真実味を伴って政界に響いたに違いない。以下は、岸が二度目の東南アジア訪問を終えた一九五七（昭和三二）年一一月一五日、東京会館で日本、フィリピン、タイ、韓国の四カ国代表を前に真鍋が発した言葉である。

写真32　田辺宗英の甥で、衆議院議員や山梨県知事を務めた田辺国男は、日本ボクシング・コミッション理事に就任し、政界とのパイプ役となった。右から金子繁治、世界バンタム級、フェザー級王者エデル・ジョフレ、ジョフレの妻マリア・アパレシーダ（Maria Aparecida）夫人、田辺国男、エデル・ジョフレの父でトレーナーのアリスティデス・ジョフレ（Aristides Jofre）＝金子繁治氏提供

写真33　裕仁天皇と香淳皇后をナイターゲームに招待した真鍋八千代（後列左端）と正力松太郎（後列左から２人目）。1959（昭和34）年6月25日、後楽園スタヂアムで＝読売新聞社提供

東洋ボクシング連盟の目的は、東洋に於けるボクシング界に正しい秩序を保ち、共通のルールを守り、東洋選手権に権威を与え、以て東洋ボクシング界の発展を図ると同時に、ボクシングを通じて東洋各国の友好、親善に寄与することにあります。……更に大きな目的は、東洋より続々と世界チャンピオンを世界の檜舞台に送り出し、以て世界のボクシング界の発展に貢献し、東洋諸民族の偉大さを世界に示すことにあります。〔真鍋 一九五七〕

真鍋は、ボクシングの国際戦がアジア各国の相互理解に大きな貢献を果たすだけでなく、「東洋諸民族の偉大さ」を世界にアピールする礎となるとその意義を力説したのである。文化外交懇談会を主催した岸政権にとって、アジアとの友好・親善を掲げながらこれほど自らの国民的な自尊心を満たす事業もなかっただろう。チャンピオン・カーニバルは、国家主義を連想させる言葉としてGHQから禁止された「東亜」や「大東亜」に頼らずとも、「東洋」という看板でアジアへ再接近する手立てがあることを示した。

第三章でも示したとおり、日比の興行師らによって一九五二(昭和二七)年に開催された戦後初の東洋選手権は、国交が断絶状態にあった両国のボクシング市場を活性化するという経済的な理由から始まった。どこからどこまでの地域を「東洋」とするのか、未だ社会的な合意がない時代において、誰も「東洋一」の謳い文句に疑いを持たなかったのは、今日ほど世界戦を目にできなかったという事情がある。

戦後、テレビ放送の隆盛と相まって、野球やプロレス、プロボクシングが盤石の人気を築

写真34　田辺国男が主宰するボクシングクラブのオープニング・セレモニーに出席した真鍋八千代(左から2人目)と岸信介(左から4人目)。二人の背後には、第一次岸改造内閣で閣僚を務めた正力松太郎(中央)の姿も見える＝『ボクシングガゼット』1961年4月号より

くなかで、ボクシングの東洋選手権は、国民の関心を再度、アジアへ向かわせることになった。かつて帝国を目指した日本とその旧植民地、旧占領地との間で王座を競い合うという東洋選手権のモチーフは、日本のみならず参加各国の国民感情に訴えかけることに成功した結果、衆目を集めたのである。

＊

アメリカに対日安全保障の再考を迫り、東南アジアへの経済的な足がかりを得ようとする岸政権にとって、この時期にアジア諸国間で行われたスポーツによる国際試合は外交戦略上、重要な意義を持つものとなった。特に第二次世界大戦中、日本の植民地・占領政策によって甚大な戦禍を被った国々の反日意識は根深く、日本政府にとって早急に解決しなければならない深刻な課題であった。東南アジアで存在感を発揮したい岸政権は、二度に亘る訪問の中で国益を最大化しようと努めたが、通商の再開を迫る日本の姿勢に対して各国の不信感を最後まで払拭できず、政府は経済的利益を追求しながら、国際親善という「大義名分」を果たさねばならなかった。ボクシング東洋チャンピオン・カーニバルはそうした状況下で、アジアにおける日本の経済的利益と信頼回復のバランスを取るという政治的な役割を担ったのであった。

その一方で、興行の開催が危ぶまれていた東洋ボクシング連盟にとって、日本政府や外務省が示した外交戦略は願ってもない好機の出現を意味した。一九五〇年代の日本において、レジャー産業に対する政府の理解は浅く、外貨の優先順位においても分の悪いプロスポーツは、強力なパトロンによる支援なくして国際大会の実施はあり得なかった[55]。そのため、娯楽産業の中心的存在であった後楽園スタヂアムの真鍋八千代は、カーニバルが果たしうる友好や親善を訴えることで、文化外交の実現を図る日本政府から支持を取り付けることに成功した。ただしその背景には、かつて帝国の影響下にあった国々との間で再び、日本がプロボクシングを通して「東洋の覇権」を競うという主題も隠されていた。

GHQによる占領終結から五年、国際連合加盟から一年。一九五七（昭和三二）年はまさに、日本が国際舞台への本格復帰に向けて船出しようとする過渡期にあった。チャンピオン・カーニバルはそうした時期に、プロスポーツ界と政界双方の利害や思惑が重なり合う地点で出現した象徴的な国際スポーツ・イベントだったのである。

(42)『報知新聞』一九五七年一一月二一日朝刊。

(43) 外貨準備高の推移は、次の通りである［東洋経済新報社 一九九二］。一九五六（昭和三一）年九億一八〇〇万ドル、一九五七（昭和三二）年五億一〇〇万ドル、一九五八（昭和三三）年八億七〇〇万ドル、一九五九（昭和三四）年一〇億七七〇〇万ドル、一九六〇（昭和三五）年一五億七七〇〇万ドル、一九六一（昭和三六）年一一億九九〇〇万ドル、一九六二（昭和三七）年一五億五二〇〇万ドル、一九六三（昭和三八）年一五億八九〇〇万ドル、一九六四（昭和三九）年一四億九五〇〇万ドル、一九六五（昭和四〇）年一五億六九〇〇万ドル。外貨総額は増加しているものの、数年ごとに急激な増減を繰り返した。

(44) 大蔵省通達を受け、日本体育協会は今後も外貨枠が縮小されると判断した。一九五四（昭和二九）年三月一二日の『朝日新聞』によれば、協会と各アマチュア競技団体は外貨対策に次の三原則を申し合わせた。（一）一九五六（昭和三一）年度、五輪出場競技種目は別に招待、遠征を行わない。（二）一九五五（昭和三〇）年には五輪種目の遠征を行わない。（三）アメリカから呼べる競技団体は、なるべくその招待に主力を置く（日航機使用によるドル節約を兼ねる）。

一方で、政府予算に頼れないプロスポーツ界は、国際大会の実施に苦慮した。選手のギャランティにあてる外貨割当が得られないため、形式上では外国負担としながら、実際には闇ドルで支払いがなされる例もあった［最高検察庁 一九五七：一三］。ちなみに、アマチュアとプロスポーツにとって外貨不足が懸案だったのは、一九六〇年代初めまでである。一九六三（昭和三八）年六月から七月に外務省情報文化局長と大蔵省為替局長が行った通信［一九六三］によると、同年七月一〇日までに、米ドル、英ポンド、仏フランなど交換可能通貨は、国内に設置された外国為替公認銀行や両替商で、自由に日本円と交換できるようになっていた。一九五三（昭和二八）年八月に発足した外貨資金特別割当制度も、貿易為替の自由化によって一九六〇（昭和三五）年一〇月一日に廃止されている［通商産業省 一九六一：五五九］。これらのことから、東京五輪が開催される一九六四（昭和三九）年までには、スポーツの外貨問題はおおむね解消していたと考えられる。

(45) 第一復員局、一九四六、「別冊其の一　比島軍政の概要　一、比島軍政経過の概要」『南方作戦に伴ふ占領地行政の概要』防衛研究所所蔵資料・南西軍政一〇〇。

(46) 賠償を日本経済の呼び水とする考え方は、川上分科員（「衆議院予算委員会第三分科会二号」、『国会議事録』、一九五六年二月二一日）や岩間正男（「参議院本会議一八号」、『国会議事録』、一九五八年三月三一日）、勝間田清一（「衆議院本会議三号」、『国会議事録』、一九五八年一〇月一日）、佐藤国務大臣（「衆議院大蔵委員会一号」、『国会議事録』、一九五八年一〇月二日）、佐々木盛雄（「衆議院本会議一二号」、『国会議事録』、一九五九年一一月二七日）の発言に見られる。

(47) *The New York Times, June 24, 1957.*

(48) 管見の限り、岸の戦犯経験や戦争責任と東南アジア外交を関連づける史料は見あたらない。後年、原［二〇〇三］との対談で、彼は戦後の政治活動の原点が大川周明の（大）アジア主義や満洲国統治に結びついていたことを明らかにした。日本が指導的立場に立つことで、経済や人材養成の分野でアジア諸国の発展に寄与するという主張には、戦前から一貫して変わらない岸の政治信念が認められる。

(49) 『内外タイムス』一九五七年一一月一三日朝刊。

(50) 『朝日新聞』一九五三年九月二八日朝刊。

(51) 真鍋の功績は実に輝かしい。彼は後楽園スタヂアムや日本テレビ放送網、大映、ホテルグランドパレスなど、様々な業種の取締役を歴任しただけでなく、東洋ボクシング連盟会長やＷＢＡ終身名誉会長といった国際スポーツ組織での重職も担った。

(52) 諮問委員会の存在は、古くは一九五二（昭和二七）年四月の日本ボクシング・コミッション設立時に求めることができる。白井義男の世界フライ級王座挑戦を機に組織されたコミッションへ、真鍋本人と喜多壮一郎（民主党）が諮問委員として就任した［真鍋 一九六七］。

(53) 田辺国男は田辺宗英の甥にあたり、喜多壮一郎は一九五五（昭和三〇）年七月四日に行われた金子繁治―サ

(54)
ンディー・サドラー戦の調印式でコミッショナー代理を務めた。
佐野［二〇〇〇b：三一六―六〇］によれば、実動部隊として実際に天覧試合の業務に携わったのは、真鍋の腹心である常務の都築俊三郎と球場課長補佐の吉井茂であった。特に都築は、日本テレビ社長正力松太郎や後楽園球場の意を体して、個人的な繋がりのあった東宮侍従の戸田康英と非公式に折衝を図っている。東大野球部でセカンドを守っていた都築の五年ほど先輩にあたる戸田は、天覧試合の前夜に天皇や皇后に野球のルールをレクチャーする役目も務めるほど、皇族から深い信頼を得ていた。都築は、宮内庁との折衝や警備問題の細々といった打合せを行う以外に、この戸田を介して庁内における天覧試合の可否の動向を探っている。

(55)
一九五四（昭和二九）年一月二九日の閣議でスポーツの外貨制限が決定されて以来、一九五四（昭和二九）年度に日本が関わった国際大会は四つ挙げられる［岸野ほか編 一九九九：二〇〇］。そのうち第一三回世界体操選手権大会（ローマ）への選手派遣は、文部省から一万三六一九ドル一〇セントの予算が補助された。他にも、テニス、陸上、水泳、ボート、卓球、射撃、体操、スピードスケート、バレーの九競技団体に、総額八万ドルの外貨割当がなされた。当時のスポーツ界は五輪招致に動き始めており、アマチュア競技、特に国家事業としての価値を認められた競技が優先的に外貨割当を受けることができた。

しかし、外貨割当から外れた団体は一三にものぼり、これらは独自に外貨調達を余儀なくされた。その一例が、一九五四（昭和二九）年五月二四日に日本人女性として初めてウィンブルドン大会へ出場が決まった加茂幸子である。彼女の渡英には、庭球協会会長・津島寿一の英国における知人が遠征費を負担した。また一二月一八日には、第一回アジア野球選手権大会（マニラ）へ参加する日本選手団のために、フィリピン政府が旅費四〇%と滞在費の一切を捻出した。さらにこの年度、外貨割当からもれたレスリング協会には、国際大会を運営するソ連から滞在費と片道分の旅費が補助された（外貨問題がアマチュアスポーツに与えた影響は、『朝日新聞』一九五四年五月二五日朝刊、五月八日朝刊、一一月二五日朝刊に詳しい）。

第六章……ボクサーにとっての東洋選手権

一　越境したボクサーたちの思い

前章まで、プロボクシング東洋選手権の興隆の過程を、興行界や実業界、政界の関与を通して明らかにしてきた。このボクシングの国際大会は、三者三様の思惑が偶然にも「東洋」という仮構の舞台で一致し、結実することで生まれたスポーツ・イベントであった。

その一方で、当事者である選手たちには、戦争によって傷ついた国家間の友好を促進するための役割が期待されていた。だが、激戦を経験した各国の反日感情は依然として根深く、日本が国際社会の理解を取り付けることは、容易なことではなかった。

例えば、賠償がなければ対日平和条約の批准はしないというフィリピンとの間に行われた賠償協定は、一九五二（昭和二七）年の予備交渉開始から一九五六（昭和三一）年五月九日の調印まで足かけ四年もの歳月が費やされた。元駐比大使で、国交回復から一年を経た一九五七（昭和三二）年六月から一九六一（昭和三六）年一月までの三年八カ月、フィリピンに在勤した湯川盛夫は、デモの度ごとに大使館の公邸や乗用車に投石される様子を目の当たりにして、「あらかじめ覚悟はしていたものの、対日感情の悪いことには驚いた」と心情を吐露している［湯川 一九六五：九二］。また、一九五八（昭和三三）年一二月一日に外国元首として初めて日本の国会で演説をしたガルシア大統領は、新たな友好関係の形成のために、戦争中のことを「許すが、絶対に忘れることはできない」という主張を行った(56)。

外交の責任者によって、国際復帰への厳しさが伝えられる中、国会では反日感情の緩和にはスポーツ交流が有効であるという認識も存在した。日比間で国交が回復される一九五六（昭和三一）年七月までの国会議事録を紐解くと、原田委員と福井政府委員（「衆議院文部委員会二三号」、『国会議事録』、一九五三年八月五日）や櫻内委員と緒方国務大臣（「衆議院予算委員会一〇号」、『国会議事録』、一九五四年二月一一日）の質疑応答、河野謙三（「参議院文部委員会一五号」、『国会議事録』、一九五四年四月二日）や中川政府委員（「参議院外務委員会一七号」、『国会議事録』、一九五六年五月三〇日）の発言において、スポーツが両国和解のカンフル剤として評価されていることが分かる。

こうした認識は、ボクシング界においても例外ではなかった。

第二次世界大戦中、日本軍によって妻と三人の子を含む身内九人を殺されていたキリノ大統領が、対日関係改善を名目にモンテンルパのニュー・ビリビット刑務所で服役中の日本人戦犯に対する特赦を発表［佐藤虎男 一九九四：二三二］。それに応える形で、一九五三（昭和二八）年八月八日、兵庫・甲子園プールにおいて比国戦犯釈放感謝試合が開催された。日本ボクシングコミッショナー、田辺宗英は開催に先立ち、「比国戦犯釈放感謝のメッセージ」と称して以下の声明を発表した。

キリノ比国大統領閣下、今回比国関係日本人戦犯一〇八名の釈放と遺骨一七柱を日本に返して下さつた貴国の寛容ある措置に対して、私ども日本国民は感謝の言葉もありません。……不幸なる戦争により、日本人は多くの誤ちを犯し、両国の親善関係は中絶されたのでありますが、平和克復した今日、再び往時のような友好状態に立ちかえることは日本国民の願いであります。ボクシングによる貴国との交流も一九三二年以来のものであります。昨年行われた東洋選手権試合を機に、将来ボクシングによる両国の親善が加わることを望み、益々今回の戦犯釈放感謝ボクシング試合を寛容した次第であります。［『The Boxing』一九五三年一〇月号記事より］

キリノが戦犯釈放という「寛容ある措置」に踏み切った背景には、同年の大統領選挙を控え、賠償問題で日本の互恵対応に期待したことが、今日までの研究で明らかになっている［中野二〇〇五：五〇］。東京裁判やBC級戦犯裁判において、フィリピン人検事や判事によって明らかにされる日本軍の残虐行為は、戦後処理を対米関係の中だけで片付けようとする日本に強い警鐘を鳴らした。空襲や肉親の戦死などによって日本社会に被害者意識が蔓延していた敗戦直後、フィリピンは八年にも及ぶ裁判の関与を通して、過去の清算がいかに日本側の努力＝賠償交渉における歩み寄りを要するかを求め続けた［永井二〇一〇］。

次ページの写真が示しているように、比国戦犯釈放感謝試合は、戦後初期の日比対抗戦を戦犯問題という歴史的文脈に位置付けることで、利潤の追求を超越した意義を興行に持たせる

写真35　比国戦犯釈放感謝試合は、1953（昭和28）年8月8日、産経新聞社主催の下、兵庫・甲子園プールに約５千人のファンを集めて挙行された＝ラウラ・エロルデ氏提供

ことに成功した。「日比交歓ボクシング大会前夜祭」と書かれた吊り看板は、明確に「戦犯釈放感謝記念」を謳っている。この大会では、金子繁治対フラッシュ・エロルデ、中西清明対ベビー・ゴステロ、風間桂二郎対スター・ゴニー（Star Gony　生没年不詳）、大塚昌和（一九三三〜二〇一三）対ジーン・ガルシア（Gene Garcia　生没年不詳）の試合が組まれ、両国のベテランから新人まで、幅広い層の選手が腕を競い合う演出がなされた。比国戦犯釈放感謝試合は、一種の〝贖罪〟の形を取りながら、プロボクシングを通して東南アジアへの接近を果たしたのであった。

実際に、この試合に前後する形で、日本とフィリピンを中心に田辺宗英や真鍋八千代らによって一九五四（昭和二九）年一〇月東洋ボクシング連盟が結成され、「東洋一」をかけた数々の名勝負が生まれていく。一九五〇年代に八九回、六〇年代に一六二回開催された同選手権が、テレビ放送黎明期を支え、ボクシングの国際試合を庶民の身近なものにしたのは第四章で触れた通りである。

本章で取り上げるのは、一九五〇から六〇年代にかけて活躍した三人の元東洋王者である。ボクシングで「東洋一」を競うという構想が、焼け跡や闇市の時代を経験した大衆をターゲットにしていたとしても、実際に競技を支えていたのは生身の人間による殴り合いであった。厳しい節制に耐え腕を磨いたボクサーたちは、世界の第一線で活躍する選手と拳を交えるために、長期間にわたって海外を渡り歩いた。そうした経験は競技を超えた人的交流を生み出し、複雑に絡み合う国際社会の中で、ボクサーという一個人が、いわば内省的に戦後の日本を見つめ直す機会をもたらした。ボクシングを通した、かつての「外地」の人々との出会いは元東洋王者にいかに記憶されているか。本章では当事者のインタビューに基づきながら、仕掛け人たちの意図とは違った認識を彼らボクサーたちが抱いていたことを示す(57)。

二　金子繁治――ボクサーとして、キリスト者として

一九五〇年代、金子繁治はフェザー級で無敵を誇った。生涯戦績、七一戦五四勝一〇敗一分六エキシビション。勝ちのうち、三三試合がＫＯやＴＫＯと、当時の日本人ボクサーとしてはかなりのハードパンチャーであった。一九五三（昭和二八）年一二月六日にはラリー・バターンを倒して、一七年ぶりに東洋王座を日本へもたらした。強さの秘密はサウスポーを改めたオー

ソドックス・スタイルで、左フックは一打必倒であったと言われている［郡司 一九七六：二九四］。ボクシング・ジャーナリストの佐瀬稔は彼を「最後の拳闘家」と称する。

拳闘という言葉があれほどよく似合う男はいない。男の勇気、純な思いつめ方、無口、やさしさ、そして容赦ない厳しさ、過酷の精神、そんなものを全部ひっくるめて、彼は拳闘家だった。あれ以後、何人ものボクサーを見たけれども、拳闘家と呼んでしっくりくる人はほかに知らない。［佐瀬 一九九二：二七〇］

金子の現役時代は、日本経済が戦争の痛手からようやく復興に向かいつつあった頃だった。朝鮮、台湾、そして満洲と中国北部を含む外地が敗戦によって失われたことで、それまで経済成長に不可欠だった資源と市場が失われた。

今の日本はボクシングをする環境が我々の時代とは大きく変わってしまった。私たちの時代はグローブといった必要最低限の道具もちゃんとそろっていなかったけれど、考えてみると今よりはだいぶ良かったね。今はボクサーにとって決していいとは言えない食生活が浸透している。ボクサーになる子供だっていやしない。これではせっかくボクシングで培ってきた技術や伝統が失われてしまう。［二〇〇四年九月二一日、金子繁治氏より筆者聞き取り］

写真36　現役時代の金子繁治。1950年代、東洋フェザー級王座を6度も防衛した金子は、日本ボクシング界の牽引役であった＝金子繁治氏提供

　自らが生きた時代を振り返りながら、金子は現代のボクシング界が直面する危機的な状況をこう説明した。日本は経済的に豊かになったけれども、彼の目から見ればジャンクフードなど栄養バランスを欠いた食事が若者の身体を蝕んでいる。たとえ無名のボクサーでも、ふいにビッグ・チャンスが訪れる興行界に長らく身を置いたからこそ、金子は人一倍、普段の食生活や体調管理を重視するのであった。

　金子が現役選手だった頃、身の回りには草履履きや裸足で生活する人もいたという。一九五五（昭和三〇）年に第一回東洋チャンピオン・カーニバルへ参戦するためマニラを訪れた時も、同様の光景を目撃した。

　フィリピンも戦争で貧富の差が激しくなった。僕が第一回チャンピオン・カーニバルへ行った時、新聞配達なんかでもゴム草履か裸足だったですよ。まあ、シェルボーンホテルはしっかりしていましたけどね。でも、そこのボーイさんなんかもね。ワイシャツはキチッとしていても、裾をホッチキスでパチンパチンととめていてね。カフスボタンなんて無かったんだろうね。［二〇〇五年七月一八日、金子繁治氏より筆者聞き取り］

エミール・ビル・テンデ（Emil Bill Tinde　生没年不詳）との東洋フェザー級タイトルマッチを控えた金子は、フィリピンの庶民がどのような暮らしをしていたか、つぶさに見る余裕はなかった。しかし、一見こざっぱりとした身なりの中にも物資が十分に行き渡っていない様子が見て取れ、フィリピン人も日本人もつくづく「戦後」を生きているのだなという感覚を抱いた。

スポーツ選手にとって、お世辞にも恵まれた環境と言えない時代、金子がボクシングの世界に足を踏み入れたのは、新聞や雑誌で見たジョー・ルイス（Joe Louis　一九一四〜八一）やロッキー・マルシアーノ（Rocky Marciano　一九二三〜六九）の活躍に魅了されたためであった。同じ黒人であっても、ルイスは自由奔放なジャック・ジョンソン（Jack Johnson　一八七八〜一九四六）と違って、米国社会に根を張る人種差別を強く意識しながら自らを律した。一方のマルシアーノは、マサチューセッツ州ブロックトンの貧しいイタリア人街で、当時のヘビー級王者〝ジャーシー〟・ジョー・ウォルコット（"Jersey" Joe Walcott　一九一四〜九四）を一三回逆転ノックアウトする破壊力を身につけた。両世界王者に共通するのは、社会の偏見や貧しさによる言いようのない疎外感である。テレビなどない時代、少年だった金子は彼らに関する記事なら、どんな小さなものでも読みあさった。

写真37　世界ヘビー級王者、ロッキー・マルシアーノ（中央）と写真に収まるのは、ロッペ・サリエル（左端）、東洋王座を獲得したばかりのラリー・バターン（左から２人目）とフラッシュ・エロルデ（右から２人目）。1954（昭和29）年、撮影場所不明。当時の日本人が“動くマルシアーノ”を見る機会は、映画館で本編上映前に流れる10分程度のニュース番組（パラマント・ニュースやムービートーン・ニュース）に限られていた＝ラウラ・エロルデ氏提供

そんな金子がボクサーとして大成するきっかけになったのは、世界的な選手との対戦の日々であった。一九五八（昭和三三）年一二月一八日に網膜剥離で引退するまでの間、実に多くの名選手と拳を交えた。戦績を紐解けば、ベビー・ゴステロやラリー・バターン、サンディ・サドラー、フラッシュ・エロルデと、いずれもボクシング史に燦然と輝く強者揃いである。

なかでも、世界フェザー級王者、サンディ・サドラーとのノンタイトル一〇回戦は、金子のボクサー人生を語る上でなくてはならないものだった。この試合を連日取り上げた『報知新聞』は、サドラー有利とする郡司信夫や平沢雪村《せっそん》の

評論を紹介しながらも、チャンピオン、ダド・マリノをノンタイトル戦でＴＫＯに下し、世界への挑戦権を得た白井義男を引き合いに出して、番狂わせへの期待をにじませた。サドラー来日を祝して銀座で行われたパレードには、沿道が観衆で埋め尽くされ、日本が誇る強打者がどこまで世界に通用するか、高い関心が寄せられた。

とはいえ、ゴングが鳴ってみれば、両者の実力差は歴然としていた。前半こそ、〝黒いカモシカ〟と称せられたサドラーの長いリーチをかいくぐり、金子は果敢にも左右フックを打ち込んだ。だが、カーン博士をして「精巧なスイス時計のように正確でリズミカル」と言わしめたサドラーのフットワークが本領を発揮すると、主導権は完全に金子の手を離れた(58)。スピード、テクニックで勝る世界王者にさしもの金子も遠く及ばず、六回にアッパー気味のフックを一発あごに浴び、鎧袖一触《がいしゅういっしょく》、リングへ崩れ落ちたのであった。

ただ、この試合が単純な勝ち負けではなく、サドラーの老獪さに一定の評価が与えられたことは興味深い。サドラーが来日した一九五五（昭和三〇）年当時、

写真38　世界フェザー級王者サンディ・サドラーと東洋フェザー級王者金子繁治の試合パンフレット。ノンタイトル戦ながら、ポスト白井の呼び声も高い金子に衆目が集まった＝筆者所蔵

彼は既に一五六戦のキャリアを持つ〝いぶし銀〟ボクサーであった。しかも、一四〇勝のうち、ノックアウトで対戦相手をキャンバスに沈めたのは、世界戦を含めて九九回にも上った[59]。この人間離れした記録は、生来の打たれ強さやハードパンチに加え、職業ボクサーとしての覚悟によって作られた。

事実、サドラーは必要とあらば、サミングや肘打ちなど、非難と減点の対象となる反則技を使うことすら厭《いと》わなかった。彼の試合をつぶさに観戦してきたAP通信のスチュワート・グリフィン記者でさえ、「左でホールドして右で打ったり、右で加撃する場合左の足で相手の足を踏みつけて放つなどその試合ぶりはキタない」と臆面もなく自国のボクサーを酷評している[60]。

だが、反則技は時に、プロの世界において試合の流れを引き寄せる技巧のひとつである。金子戦でも見せたローブローやホールド、肘打ちは確かに若き挑戦者の攻勢を退けた。ただでさえ、選手生命の短いボクサーが、一〇年以上も第一線で活躍できたのは、文字通りサドラーがファイトマネーを稼ぐため、〝プロフェッショナル〟に徹したからに他ならない。相応の実力を持つと共に、ある種の汚さを生き抜いたこの世界王者は、ナイーブなほどクリーンファイトに徹した金子にとって、世界のリングで戦うための通過儀礼となったのである。

そして、そのサドラーに土をつけたのが、〝不死鳥〟の異名を取るフラッシュ・エロルデであった。多彩なパンチにフットワークを駆使してサドラーから一方的な判定勝ちを収めたエロルデに、金子は現役時代、四度の戦いを挑んだ。国際舞台へ復帰して間もない日本の大衆は、金子とエロルデのスリリングな試合に沸き立った。後に世界ジュニア・ライト級チャンピオンとなるフィリピンの強豪を相手に、金子はただの一度も負けることなく選手生活にピリオドを打った。二人の死闘から半世紀。深い皺をたたえた元東洋王者は当時を振り返って、次のように語った。

フィリピンには昔も今もいいトレーナーや選手、そして技術がある。私が現役でエロルデと試合をした当時、日本のボクシングはまだ単なる「殴り合い」だったけど、フィリピンは違っていたね。パンチをよけて打つという、テクニックがしっかりしていたよ。日本も最近になってそれが出来てきたと思うけど、当時の日本はフィリピンに比べると、三〇年ほどボクシングが遅れていたね。［二〇〇四年九月二一日、金子繁治氏より筆者聞き取り］

金子が語った日比の差とはどれほどのものだったのか。残念なことに、彼らの全盛期は、テレビが本放送を開始したばかりの時期であった。スポーツ放送自体がまだ手探りであったこともあり、二人の対戦を記録した映像資料は今日、ほとんど残されていない。ただ唯一、一九五五（昭和三〇）年頃に映画撮影された『金子繁治物語』（宮田十三一監督）には、わずかながら日比の雄が対戦したシーンが収められている。(61)

映画が大衆娯楽の花形であった一九五〇年代においてさえ、現役のスポーツ選手が本人役を演じた自伝映画は珍しい。よく知られたところでは、森永健次郎監督がメガホンを取り、美空ひばりも出演した『力道山物語　怒濤の男』がある。プロ野球では、『川上哲治物語　背番号16』（滝沢英輔監督）や『鉄腕投手稲尾物語』（本田猪四郎監督）が、それぞれ一九五七（昭和三二）年と一九五九（昭和三四）年に封切られた。そして、プロボクシング界では、白井義男の『世界選手権を賭けて』に次いで、金子が銀幕を飾ったのである。いかに彼が当代きってのスタープレイヤーであったかが分かる。

では、スクリーンで蘇ったボクサーの戦いぶりは、我々に何を語るのだろうか。『金子繁治物語』における最大の見せ場は、サドラーを破ったエロルデとのノンタイトル一〇回戦である。三度目を迎えた二人の戦いは、一九五五（昭和三〇）年一〇月三日、今はなき両国国際スタヂアムで行われた。左右の豪腕フックでダウンを狙う金子に対して、エロルデは的確なカウンターで接近戦に応じた。「金子が打てばエロルデが打ち返し、エロルデの鋭い左ストレート、アッパーを金子が受ければ金子が打ち返していた」とは、翌日の『報知新聞』で掲載された試合評である。[62]

だが、額がぶつかる距離での打ち合いは、アウトボクシングを旨とするエロルデらしからぬ不可解な展開と言えよう。なぜなら、怒り狂った雄牛を右に左にいなすマタドール（闘牛士）のように、突進してくるファイターに的を絞らせないことが、サウスポーのアウトボクサーにとって定石の攻め方だからだ。ましてや、あのサドラーでさえ舌を巻いたエロルデの足である。世界に通用するフットワークを以てすれば、危険なパンチを持つ金子の射程圏内から距離を取ることは、それほど難しくなかっただろう。

アウトボクサーがボクシングのセオリーを捨ててまで接近戦を受けて立ったところに、この一戦に賭けたエロルデの意気込みが感じられる。『報知新聞』によれば、バンタム級のエロルデは金子戦のために、一二五ポンド（約一一キロ）もの体重差があるウエルター級のアマチュア・チャンピオン大貫敏郎らをスパーリングパートナーとして招聘したという。[63] 一九五〇年代のボクシング界を沸かせた二人のライバル関係は、いかにして育まれたのだろうか。

金子は、エロルデが東京に滞在し多くの日本人ボクサーと対戦を重ねる間、リングの外でもエロルデと親交を深めた。彼は、エロルデの義父となる国際プロモーター、ロッペ・サリエルが五反田に建てたフィリピン・レストランへしばしば足を運んでいる。それほど交遊関係が続いたのは、金子がプロテスタント、一方のエロルデがカソリックに深く帰依しており、そのことがお互いの信頼の拠り所になったためであったという。

写真39　碑文谷教会で賛美歌の練習をする金子繁治(中央)。“ブルファイター”として、多くのボクサーから恐れられた金子には、一歩リングを降りれば敬虔なクリスチャンとしての顔があった＝金子繁治氏提供

元々、金子がキリスト者となるきっかけとなったのは、ボクサーになることを後押ししてくれた姉きよしの影響だった。彼は信心深い姉の勧めもあって、一九五二（昭和二七）年一二月にメソジスト派の流れをくむ東京都目黒区の碑《ひ》文谷《もんや》教会で受洗する。常日頃、金子が汗を流した笹

崎ボクシングホールから歩いて数分の場所にあった教会は、厳しいトレーニング生活を送る金子にとって、欠くべからざる存在となってゆく。例えば、キリスト教への帰依は、試合に対する恐怖を対戦相手への敬意へと転換する変化をもたらしたという。金子は、教会で知り合った大石繁治《しげはる》牧師(64)の説く隣人愛がフィリピン人ボクサーの理解に繋がったと語る。

大石（繁治）牧師は、私のために祈ってくれただけでなく、いろんなアドバイスを与えてくれた。チャンピオンの座は奪うものではなく与えられるものだと。奪い取ってざまあ見ろと相手を見下すのではないのだと。相手が一生懸命闘ってくれたことに、感謝して称えなければならないと仰った。だから、彼の教えに従うと、エロルデは立派なんですよ。金子繁治に三回も四回もやられても、マッチメイクが整えばすぐにOKする。そして、彼に練習相手になってもらい、私は世界へ羽ばたくことができた。［二〇〇五年七月一八日、金子繁治氏より筆者聞き取り］

金子に他者理解や謙虚さを教えた大石は、戦争に翻弄されながら布教を続けたキリスト者の一人であった。大石は、一九一八（大正七）年から一九三三（昭和八）年までカリフォルニア州アラメダ教会やダイニューバー教会、ウォールナッツグローブ教会の牧師を歴任し、アメリカ社会から「ジャップ」と蔑《さげす》まれる日本の農業労働者を精神的に慰撫した。しかしながら、一五年にも亘って築き上げた活動の拠点は、日米関係の悪化によって失われることになった［日本

写真40　金子が汗を流した笹崎ボクシングホールは、1951（昭和26）年から1958（昭和33）年まで、「笹崎座」という芝居小屋が併設されていた。この奇妙な取り合わせは、ボクシングがお芝居を観る感覚で大衆に親しまれていたことを物語っている。日本バレエ界の草分け、谷桃子も若い時分に笹崎座で舞台を踏んだ＝金子繁治氏提供

キリスト教団創立六〇年史編集委員会 一九九六」。帰国後、日本で大石とその家族を待っていたのは、特別高等警察（以下、特高）によるキリスト教への弾圧と息子、嗣郎《つぐお》の徴兵であった「藤井 二〇〇七：三五―六五」。

大石嗣郎も金子の思想形成に影響を与えた一人である。捕虜生活を経てフィリピンから復員した嗣郎は、父繁治の意志を継いで碑文谷教会の牧師を長らく務めた。復興や高度経済成長を経て、教会が活気を取り戻し始めた一九七一（昭和四六）年、彼はセブ島の暁《あかつき》第六一四二部隊の生き残りであった戦友の高野善英と「リロアン会」を立ち上げた。また、嗣郎は戦艦大和やルソン島陸戦隊で戦った小島清文と知り合い、一九八八（昭和六三）年に設立

された「不戦兵士・市民の会」の代表に就任した。彼らは戦争の悲惨さを地道に伝える活動を行い、「カナダの反核元兵士の会」の国際大会では核廃絶の思想を説いた〔高野 一九七八；不戦兵士・市民の会 二〇〇五〕。「やっと経済が少し安定した頃にだれ言うとなく気がついて、こんな平和じゃいけない。やっぱり戦争体験を伝えていかなきゃいけない」という生前の嗣郎の決意を語るのは、彼の妻、陽子である〔二〇一三年九月一日、大石陽子氏より筆者聞き取り〕。部隊総数二六九八名のうち、戦没者を一八八五名も出したリロアン暁部隊に所属し、自らも敵弾によって重傷を負った嗣郎は、日本社会がアジアの戦争被害を忘却していく状況に心を痛めていたという。アメリカ国籍のまま学徒出陣によって出兵し、アメリカと日本という「二つの祖国」の矛盾を生きた嗣郎は、一九七四（昭和四九）年、住民の多くが命を落としたフィリピンを再訪して以来生涯に亘って復興のための経済援助を続けた〔日本キリスト教団創立六〇年史編集委員会 一九九六〕。

大石繁治の義理の娘としてクリスチャン金子を見てきた大石陽子は、戦時中の伝道活動について次のように語る。

義父なんかは絶対に日本が負けるって思っていたみたいね。だけど、息子を行かせなきゃならないというんで。あの時の心境はね、怖かったと思いますよ。クリスチャンの牧師さんたちの中でも、ホーリネス系の方とかは、日本の軍隊のやり方が悪いって分かっていたから反抗したでしょう(65)。それで、すぐに牢屋に入れられた。その人達はあまりに純粋過ぎたから。そこを大石繁治さんなんかは上手になさったと思うんです。もしかしたら、狡猾

と言ってもいいくらいに上手に。〔二〇一三年九月一日、大石陽子氏より筆者聞き取り〕

アメリカの豊かさを肌で感じ、誰よりもその国力を痛感していた大石父子は、早くから日本の敗戦を予感していた。しかし、日に日に軍国主義に染まっていく雰囲気の中で、アメリカでの生活を人に語ることはなかったという。それどころか、祈りの場にまで踏み込んで厳しく監視する特高を欺くために、礼拝堂に日の丸を貼ったり宮城遥拝を行わなければならなかった。戦後になって、大石繁治は困難な時代においても信仰の礎を保ち続ける意味を金子に諭したという。金子が肌身離さず持ち歩いていた手帳には、「信ずる者はあわてない」と題された文言が残されている。

私は信仰を「待つこと」だと思います。どのような状況にあっても、どのような境遇の中におかれても、けっしてあわてず、騒がず、思い煩わず、主の恵みに信頼し、主の愛と真実に信頼して、その主権的導きを信じて待つ。これがキリスト教信仰の真髄だと思います。

〔二〇〇三年一〇月一二日付、金子繁治氏の手帳から〕

金子の場合、大石牧師の教えは聖書の言葉と相まって、自己を戒める人生訓として高められた。そして、その宗教的な倫理観は、かつての敵国でありながら、世界有数のボクシング大国であるフィリピンの英雄フラッシュ・エロルデとの出会いを方向づけていった。

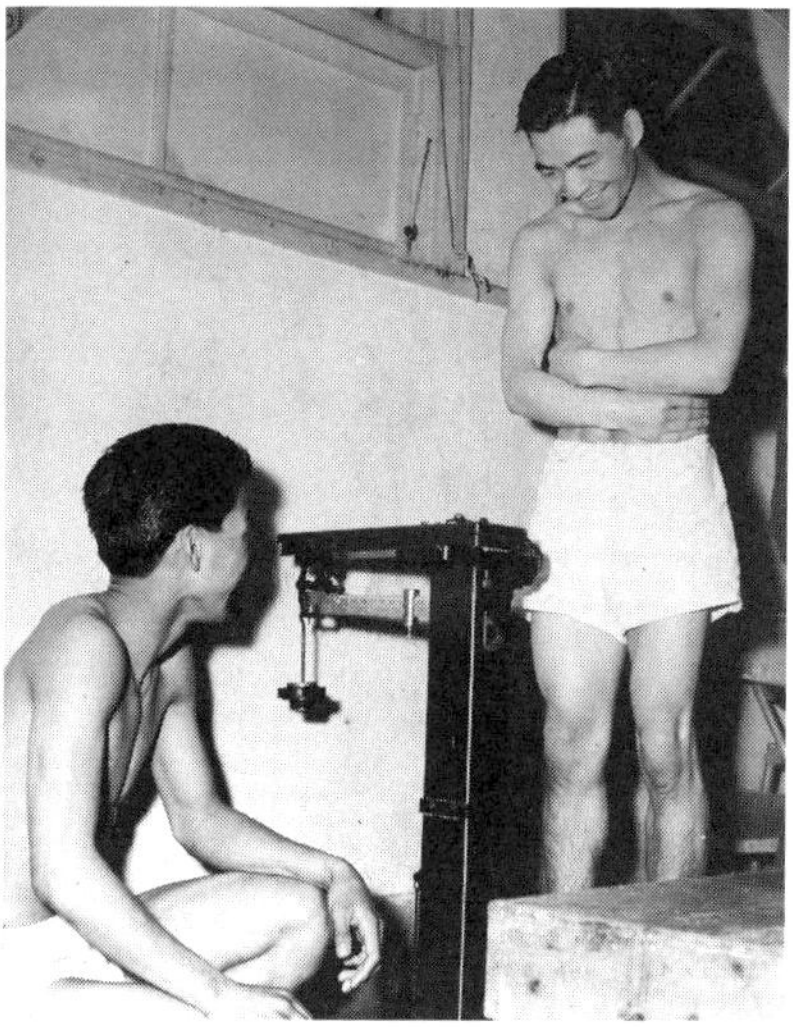

写真41　東洋フェザー級タイトルマッチのため計量する金子繁治（右）とフラッシュ・エロルデ。２人の表情から、彼らがこの数時間後に、たったひとつの王座を巡って死闘を演じる運命にあることを想像できる人は少ないだろう。1954（昭和29）年6月29日、後楽園にて＝金子繁治氏提供

金子が自らのキャリアで最も重視するエロルデは、現役時代に稼いだファイトマネーを元に、母国に学校や教会、孤児院を建てている。金子にとってエロルデが特別な存在だったのは、世界王座を七年間も守り続けた偉大なボクサーだったからだけではなく、私生活の面でも社会貢献を忘れない慎み深さがあったからだという。

学を持たず、裸一貫で階級社会の上部へ上りつめたボクサーには、常に世俗の誘惑がつきまとう。エロルデを取り巻く周囲のハンドリングが上手かったという面はあったものの、フィリピンでは試合で稼いだ大金を湯水のように使い果たすボクサーが多かった。前出の作家・安部譲二は、白井義男と世界戦を闘ったもう一人の英雄、レオ・エスピノサが晩年、ホームレス同然に零落している様《さま》をエロルデ家の繁栄と対照的に描いている［安部 一九八七］。エロルデがこの世を去ってから三〇年を経てもなお、フィリピン国民に親しみを込めて記憶されているのは、

ボクサーとしての強さのみならず、戦争がもたらした混乱や貧困、社会格差を、私財をつぎ込んででも変えようとした、その社会貢献ゆえである。こうした実状を知った金子は現役引退後、バギオで活動するシスター海野のもとを訪れ、敵国人として戦後何十年もフィリピン社会から排除されてきた日系人の支援を行った。人目を避け、教育や医療サービスを受けることなく暮らす彼らに手を差し伸べた理由を、彼は次のように説明する。

みんな神様に導かれてね。学者であれば学者としての人生、農家であれば農家としての人生。神様はそれぞれ素晴らしい技術を我々に与えて、世の中に送り出されたんだから、その道を歩んで欲しいと。［二〇一〇年三月二〇日、金子繁治氏より筆者聞き取り］

この回想には、金子の宗教観が実によく表れている。神の御心に従いながら、天職としてのボクシング競技に励むという彼の倫理観には、禁欲的プロテスタンティズムの思想性を読み取ることができる。「王座は奪うものではなく、与えられるものだ」という教えを生涯の戒めとして反芻した金子にとって、ボクサーとしての生き方は天が彼に与えた召命であった。その職務を全うし、救いの確信を得るためには、自らの身体を賭けて報酬を手に入れなければならない。いわば、信仰を通して金子に内在化された〝禁欲のエートス〟が、彼自身の競技生活を評価する際の拠り所とされているのである。金子がボクシングを通して得た認識は、人種や国籍を超えて受け継がれたキリスト者としての価値観や信仰心であった。

三　矢尾板貞雄――忘却された「棄民」との邂逅

パスカル・ペレスは、ボクシングのオールド・ファンにとって、懐かしくも小憎らしい存在である。アルゼンチンからやってきたこの「小さな巨人」は、白井義男がカーン博士と二人三脚の末、やっとの思いで摑んだ日本初の世界ベルトを遠慮会釈なく母国に持ち去った。世界への挑戦権が限られていたこともあって、多くの日本人ボクサーは、地球の裏側まで運ばれたベルトを追いかける技術も資金ももたなかった。

そのペレスに、ノンタイトルとはいえ初黒星をつけたボクサーがいた。矢尾板貞雄《やおいた》である。矢尾板は、一九五九（昭和三四）年一月のノンタイトル一〇回戦において、神業《かみわざ》的なフットワークを誇るペレスを機動力で上まわり、チャンピオンをさんざん翻弄した末に、一〇回判定勝ちをもぎ取った。左右にシフトして相手の意表を突くペレス独特の攻撃は、彼を徹底的に研究した矢尾板の前では影を潜めてしまった。矢尾板が世界フライ級王者に見せた攻撃は、ペレスのマネージャーで知略に優れたラザロ・コシ（Lazaro Koci　生没年不詳）をして「日本へマラソンをやりにきたんじゃない」と言わしめたほどスピーディであった。(66) 二度目の対戦となった同年一一月の世界フライ級選手権で、執拗にボディを攻撃するペレスの老獪さに屈したはしたものの、矢尾板の登場は日本のボクシング界が近い将来、黄金時代を迎えることを予感させた。

その矢尾板が活躍した時代、戦争の影は華々しい復興の下、徐々に遠ざかろうとしていた。

しかし、ボクサーとしての原点となったのが、意外にも戦争体験にあったことはあまり知られていない。

小学校四年を迎えたばかりの夏、矢尾板は死者一〇万人を出す東京大空襲を経験した。終戦間近の一九四五（昭和二〇）年五月二四日未明、二百数十機のB29は、彼の実家があった渋谷区周辺へ、数万個、重量にして三六四五・七トンもの焼夷弾をまき散らした。およそ四万九千世帯が焼け出された二四日の空襲について、警視庁消防部は次のような災害状況を報告している。

梯団ヲ以テ帝都西方ニ侵入。単機宛《ずつ》ニ分散シ約二時間ニ亘リ反復波状的ニ絨毯攻撃ヲ為セルモノニシテ特ニ焼夷攻撃ハ熾烈ヲ極メ投下密度モ亦《また》濃厚ナリ。(67)

この時使用された投下弾は、日本本土攻撃用として一九四二（昭和一七）年に開発された新しい油脂焼夷弾であった。ゼリー状の油脂は、木造中心であった日本の家屋の壁や天井にへばりついて激しく燃えるよう設計されており、火の海と化した市街の鎮火は困難を極めた。(68) 矢尾板は、轟々と闇夜を焼き尽くす炎の中で、住み慣れた家を失い、家財を乗せた大八車を懸命に引く父親の姿を今でも鮮明に覚えている。一九四四（昭和一九）年六月から翌年八月のわずか一年余りの期間に六六もの都市を焼き払った爆撃は、後に米国戦略爆撃調査団が行った報告書で「日本民間人の大部分は戦争中よりも降伏後の暮しが楽であると感じた」と記されたほど、日本人に物理的・心理的打撃を与えた。(69)

アメリカ人じゃなくても、外国人と試合をするのはあまり好きじゃなかったですよ。好きじゃないというより、敵愾《がい》心を持っていましたからね。僕らの時代はそういう時代で。小学校四年生の時に自分の家を焼かれ、疎開で親と離れ生活をしなければならなかった。それで、東京に戻ってきて学校を卒業するときなんか、私の父親も病気で働いてなかったですからね。内職で生計を立てていたわけです。だから、アメリカ軍のキャンプ回りやプロで稼いだお金は全部、親に渡していました。私は高校の時から慰問試合、やっていましたからね。結局親父は、子供の金は使いたくないということで、そっくりそのまま貯金してくれていましたが。〔二〇〇八年五月三〇日、矢尾板貞雄氏より筆者聞き取り〕

空襲の日から六三年。後楽園ホールで四回戦ボクサーの試合を眩しそうに見つめながら、彼はそう答えた。

新潟での学童疎開を終え東京に戻った矢尾板は、苦しい家計を支えるためアメリカ軍キャンプでの慰問試合に出場する。成増、朝霞、立川、ジョンソン、それに成田。手引きをしたのは、ロッキード事件で一躍その名が知られるようになった「国際興行」の小佐野《おさの》賢治（一九一七〜八六）だった。一試合殴り合えば、三〇〇円が手に入る。わずかな金額ではあったが、芋を買うために大切な着物を一枚一枚手放す〝竹の子生活〟の中、貴重な収入源となった。

その後、プロの世界に足を踏み入れた矢尾板は、屈指の鬼伯楽として知られた中村信一（一九一四〜九〇）に師事する。戦前から草拳闘で鳴らした中村は終戦当時、インドネシア・レンパン島に設置された英軍キャンプに捕虜として収容されていた。一人あたり一日たった六〇グラムの米で、ジャングルを切り開き、農場や道路、港、飛行場を建設。過重な労働に加え、栄養失調や疲労、マラリアで多くの戦友が命を落としていった。そうした中で、中村の心を支えていたのは復員後、ボクシングに再び携わることであったという。明日をも知れぬ我が身であったが、中村はボクシング界の復興が日本に進駐したアメリカ軍によって進められると予測していた。

この商売はゼニをとって、米《べい》さんだろうが、英《えい》さんだろうが、はりたおせるんだ。戦争には負けたが、ボクシングで世界を制覇できるんだ。［吉田 一九七六：二二〇］

戦地や収容所で帰らぬ人となった兵士たちにも、将来の展望や夢はあったであろう。しかし、中村にとって戦場で生死を分けたのは、生きて敗戦国の汚名をそそぐという強い使命感に他ならなかった。中村が数少ない生還者の一人になれたという事実は、彼が指導者として戦後の日本に誰よりも貢献できることの証として認識されている。そして、中村の技術や想いを継承するボクサーが、「米さん」や「英さん」をはりたおして世界を制覇するとき、彼の、日本の屈辱に満ちた戦争体験はようやく清算されるのであった。

この中村の鬼気迫る指導を受けて、矢尾板は僅か数年で世界への階段を上り始めた。しかし、栄華を極めた最中にあっても、矢尾板は戦後の矛盾を感じることがあった。

世界バンタム級王者、エデル・ジョフレとの対戦のため矢尾板がブラジルを訪れた際、雑貨品の生産で糊口《ここう》をしのいでいる日系移民一世のファンと交流した。ジョフレといえば、八度の防衛戦を全てKOで勝利し、「黄金のバンタム（Galo de Ouro）」の称号をほしいままにした猛者である。ファイティング原田をKOした鮮やかさから、日本で「ロープ際の魔術師」と呼ばれたメキシコのジョー・メデル（Jose Medel 一九三八〜二〇〇一）ですら、ジョフレの前には全く歯が立たなかった。だが意外なことに、矢尾板はそのジョフレとの対戦のみならず、試合を見に来ていた日系人にも関心が向いたという。

興味深かったのは、ブラジルに行ったときに、いまだに「負け組」と「勝ち組」がいるのがはっきりわかったことです。僕らが行って話をしますとね、日本が戦争に負けたのなら、なぜブラジルに日本製品が溢れているのかと言っていましたよ。そういう人たちにかぎって、番傘とか扇子とかこしらえている。一世の人たちですよ。僕が闘ったジョフレは、向こうではボクシングの神様のような存在。日本から来た選手がかなうわけがないと誰もが思ったはずです。でも、彼らは練習しているところによく来て、応援してくれました。試合会場にも結構いましたよ。［二〇〇八年五月三〇日、矢尾板貞雄氏より筆者聞き取り］

矢尾板が出会った日系一世の多くは、元々、国策で送り出された農業移民であった。しかし、日米開戦にともなって彼らを支援してきた在外公館の職員らが外交官交換船で帰国してしまうと、残された移民たちは「棄民」となった絶望感に苛《さいな》まれた［丸山二〇一〇：一一三―九一］。

その苦悩は、戦後になっても消え去ることはなかった。というのも、「勝ち組」と呼ばれる移民の一部は日本の敗戦を信じず、敗戦の事実を認識していた「負け組」の人々を手にかけてしまったからである。宮尾［二〇〇三：七二］によれば、終戦からわずか一年四カ月の間に、勝ち負け抗争による事件は一〇九件発生し、暗殺や襲撃で命を落とした者は二三人にも上った。同じ民族が血で血を洗う抗争を経験した結果、日系社会は深刻な対立を長らく解消できぬままであった。

戦後の若い日系人は、古い祖国と伝統に固執し現実から目を背け、つねに祖国を神話化する一世たちを「老猿（Macaco Velho）」と呼び蔑んだ［足立二〇〇八：一八六―二一六］。三田［二〇〇九：九三―一四三］によれば、移民制限法や外国語教育の禁止、外国語による印刷物発行禁止など、ブラジルへの同化政策を前に、日本人としての精神を涵養《かんよう》しようとする試みが挫折したところに、一連のテロ事件が起こる土壌があったという。

東洋フライ級王座を五度防衛した矢尾板は、アジアで向かうところ敵無しだった。レオ・スルエタ（Leo Zulueta　生没年不詳）やラリー・ピネダ（Larry Pineda　一九三四〜）といったフィリピンの強豪も、矢尾板から王座を奪うことができず、ついに遠い南米まで出向いて地元の有力選手と拳を交えることになった。その旅の中で矢尾板が発見したのは、ナショナリズムに翻弄される異境の日本人たちであった。

祖国からやって来た若者が〝ボクシングの神様〟と呼ばれるジョフレに「かなうわけがない」と分かっていても、矢尾板に声援が集まったのは、王者がホープに喰われるという番狂わせへの期待だけには留まらなかった。取り返しのつかないほど社会統合に失敗した一世たちにとって、矢尾板は歴史に囚われないで堂々と祖国日本との繋がりを託せる存在であった。

そして、矢尾板の側にとっても、戦争によって還るべき「ホーム」を失ったという共通の感覚が彼らに親近感を覚える動機となった。戦争は、矢尾板から家族と共に過ごす住まいを、また日系人からは自らの出自を示すアイデンティティの拠り所を奪ったのである。ジョフレとの試合には惜しくも敗れたとはいえ、ブラジルの旅の中で、彼は貧苦の中に取り残された一世たちと出会うことで、日本が敗戦の痛手から立ち直る過程で忘却した〝過去〟を発見した。世界の頂点に最も肉薄した一人の東洋王者の人生には、戦後の復興を肯定的に語る言説の下で消えゆく苦渋の体験が凝縮されている。

やがて日本へ帰国した矢尾板は、南米での経験を糧に、アウトボクサーからハードパンチャーに脱皮しようとした。エデル・ジョフレ戦からジョー・メデル戦までの半年間、矢尾板は東洋選手権を含む六つの公式戦のうち、半数の試合でKOやTKO勝ちを収めた。いずれも、日本フライ級ランカー氷室良雄（一九三七〜）や元日本バンタム級チャンピオン石橋広次（一九三二〜二〇〇二）、東洋ジュニア・フェザー級チャンピオン坂本春夫（一九三七〜八一）といった実力者揃いである。坂本に至っては、フライ級の矢尾板よりも四キロ以上も重い二階級上の東洋王者であった。元東洋ライト級王者で、引退後はスポーツライターとして歯に衣《きぬ》着せぬ批評を寄せた秋山政司（一九二四〜八〇）は、「五月から約三カ月の中南米遠征でたくましくなった」と、矢尾板の目覚ましい成長ぶりに舌を巻いた。[70]

そもそも、矢尾板がアウトボクサーへの道を歩んだ理由は、白井を破ったパスカル・ペレス戦に備えてのことだった。五二戦無敗の円熟味が増したペレスは、矢尾板の一二歳年上であったにもかかわらず、スピードが衰える気配がなく、その王座は不動と思われていた。突如、世界王座奪還の使命が下された若き挑戦者は、上半身にバネがあるペレスの強打をいかにかいくぐるか、その攻略に一計を案じたのである。

スピードのある選手は、速いボクシングを嫌がるんですよ。だから、ペレスよりも速く動いたら勝てるだろうという案が出るわけです。そうすると、ロードワークを一生懸命やらなきゃいけない。私は走るのが好きな方だったから、別に苦にもならなかった。それから毎朝、一三キロ、一五キロと走り込むわけですよね。四角いリングを自由に動けるように、ジグザグに走ったり、前へ行ったり、後ろへ行ったり、横へ行ったり。自分が攻められても、自在に動けるような動作を練習するわけです。［同上］

ボクサーがトレーニングの一環として走り込みを行うことは、当時においても珍しくはなかった。むしろ、距離だけで言えば、「一三キロ、一五キロ」のロードワークは、今日の選手と比べてもそれほど長いとは言えない。しかし、フットワークを重視するボクサーにとって脚力を強化する目的は、攻守において優位な間合いを保つためにこそある。ここに、白井義男以降、日本で定着したアウトボクシングの血脈が見てとれる。いわば、近代ボクシングの理想である「打たせずに打つ」とは、体格で劣る〝小兵〟がタフネスやパワー、スピードに優れた海外の選手と互角に渡り合う戦術として理解されたのであった。

ペレスを凌ぐため実践的なトレーニングを積み重ねた矢尾板であったが、この方法も、さしものエデル・ジョフレには通用しなかった。ジョフレ戦の計量に臨んだ矢尾板は、これから闘おうという相手を前にして、ただただその迫力に気圧《けお》されたという。減量後の適正ウェイトがバンタム級、もしくはフェザー級の世界王者は、フライ級の矢尾板よりも身体がひと回りもふた回りも立派で大きかったのである。ノンタイトル戦ながら挑戦者を呑み込む力強さは、まるで試合結果を暗示したかのようであった。

ジョフレとやったときは、計量の時点で「ああ、これはかなわない」という印象が強かったです。同じ日本人の強い選手とやっても、そんなことは一度も感じなかった。一九六二(昭和三七)年一月四日に闘ったジュニア・フェザー級の東洋チャンピオン坂本春夫は、私より二階級も重いんですよ。この選手と今から戦うんだと顔を見ても、これは強そうだという感じは全然なかった。[同上]

しかしながら、ジョフレに一〇回KOで敗れた南米での武者修行は、矢尾板が彼の十八番《おはこ》であったアウトボクシングから脱却する転機となった。距離をとり手数の多さで勝利するファイティング・スタイルは、身体的優位さの上に高度なテクニックを誇る世界王者の前に転換を迫られたのである。詰まるところ、白井とカーンの活躍も相まって浸透したアウトボクシング信仰は、日本人の身体コンプレックスの裏返しであった。そして、自らの身体に対して抱く劣等感はそのまま、敗戦後に身をすくめて生きてきた国内外の日本人の心性と重なるものがあった。

南米からの帰国後、執拗にKO勝利にこだわり試合に凄みが増した姿を、『報知新聞』は「たしかに二、三年前までの〝うまい〟矢尾板とはくらべものにならない力強さが出ている。サンドバッグにたたきつける左右のパンチは破壊力が増した」と報じた[71]。前述の氷室、石橋、坂本を全く寄せ付けず、東洋フライ級タイトルマッチで挑戦者のリトル・ルーフ（Little Rufe　生没年不詳）を軽く一蹴する成長ぶりに、日本国内のみならず、異郷の地で彼の活躍を見守るファンはノックアウト勝利の熱に浮かされた。結果として、矢尾板のボクシング人生において集大成となったジョー・メデル戦では、小差の判定でその堅城を崩せなかったものの、メデルが得意とするカウンター・パンチを完璧に封じ込めた。A・C・ニールセンの調査によれば、「東洋チャンピオン・スカウト」として放送された試合は視聴率五一・九％を記録した〔日本放送協会編 一九七七b：五九二〕。「無冠の帝王」と呼ばれた強豪に十分な仕事をさせなかったことは、後に続くファイティング原田や藤猛が活躍するための確かな〝道標〟を用意したのである。

四　勝又行雄——植民地文化の基層へ

勝又行雄（一九三四〜）。元東洋ジュニア・ライト級チャンピオン。七八戦五四勝一七敗四分三エキシビションの生涯戦績のうち、二六度ものKO、TKOを奪った豪腕ボクサーである。一九六三（昭和三八）年に、同門の先輩にあたる故ピストン堀口の一三回忌追悼試合[72]で、帝拳の高山一夫を右フック一発で逆転KOにした試合は、日本ボクシング史に残る名勝負として名高い。まともに打たれたら致命傷を負いかねない強打は、当時日の出の勢いだった極東ジムの実力者、小高伊和夫《いわお》（一九〇九ないしは一九一〇～七九）ですらなかなか国内でカードを組むことができなかったほどであった。

そんな折、勝又は来日していたオーストラリア人プロモーターの目にとまり一九六〇（昭和三五）年五月、日本人ボクサーとして初めて彼の地を踏んだ。豪州フェザー級チャンピオン、ジョニイ・ジャレット（Johnny Jarrett　一九三六～）をノンタイトルで八ラウンドTKOに下し、次いで豪州フェザー級前チャンピオン、ディック・ホワイト（Dick White　一九三二～）と一二ラウンドを二試合行ったが二敗している。

今でこそ当たり前になっている国外への渡航も、当時は大変な出費を要する投資であった。一人一年一回、外貨持ち出し五〇〇ドルまでという制限の下、海外渡航が自由化されたのは、東京オリンピックが開催された一九六四（昭和三九）年のことである。大学卒の初任給でも二万三千円程度であった時代に、勝又らは当時の金で片道四〇万円もする航空券を与えられた。

遠征の一団はオーストラリアからの帰途、マニラに立ち寄り一カ月ほど滞在する。一九五六（昭和三一）年の国交回復後間もないフィリピンとの間で、どのようにしてマッチメイクの交渉が行われたのかは、勝又にも分からないという。だが、彼が所属した不二拳ジムの岡本不二は、一九二八（昭和三）年に人見絹枝が女子八〇〇メートルで銀メダルを取ったアムステルダム五輪にバンタム級選手として出場するなど、国際的にもよく知られた往年の名選手だった。また、全日本プロボクシングプロモーター協会の相談役という地位にあるばかりでなく、一九五二（昭和二七）年に行われた東洋選手権大会をロッペ・サリエルと共同で開催した経験があった。察するに、その実績を生かして、各方面に個人的な人脈を広げていったものと思われる。

戦後、対日感情の悪さで群を抜いていたフィリピンだったが、勝又は日本で聞かされた危険をそれほど感じなかったという。しかし、一度だけ、戦争中に家族を失ったというファンが刃物を手に、彼らの元へ飛び込んできたことがあった。勝又が渡比した一九六〇（昭和三五）年と言えば、モンテンルパのニュー・ビリビット刑務所から日本人戦犯が釈放されて既に七年が経過していた。日本人の海外渡航が一般的でなかった時代に、フィリピンで経験した苦労を尋ねると、意外にも勝又は以下のように語った。

ホテルの前に二四時間、警備が立っていたぐらいで、危ないのかなと思った程度だった。マニラでは特に怖いと思ったことはなかったよ。ただ、ボホールに戦後初めての日本人として訪れた時、親父を日本兵に殺されたって言って、試合終了後ナタを持ってきたやつがいたなぁ。それでも、そんなことがあったのはあの時だけだったがね。少なくとも、僕らのことをよく知るフィリピン人が、日本人ボクサーに対して激しい反日感情を抱いていたとは思わないね。［二〇〇四年九月二五日、勝又行雄氏より筆者聞き取り］

写真42　日本人ボクサーとして戦後初めてボホール島を訪れた勝又行雄（前列左から２人目）と七尾芳弘（前列右から２人目）。勝又の左側には、日本人選手を警護する警察官の姿がある＝勝又行雄氏提供

しかしながらこの回想は、勝又らを歓迎するムードの中にも、日本人に対する憎悪が一部で持続していたことを物語っている。彼が遠征中に撮った写真には、身辺警護のため、一行に付き添う警官の姿が認められる（写真42）。戦後の復興が進み、街中から戦争を想起させる何事かが一掃されても、近親者の死によっていまだ〝過去〟を生きざるを得ない人間が存在していたのである。勝又が経験した一九六〇（昭和三五）年のフィリピンは、いわば友好的な雰囲気と、解消されることのない不信感が混在した空間であった。

フィリピン・フェザー級王者リトル・セサール（Little Cezar　一九三五～）との対戦を迎えたのは、そのような雰囲気の中であった。保守的な論調で知られる『マニラ・ブレティン』紙は、「リサール州ビーナンのアイドルであるリトル・セサールは、多数の地元ファンを抱えているだけでなく、幾つかの身体的利点もまた持つことになるだろう」と、セサール有利の下馬評を掲載した。[73] 結果的に、六回TKOによって地元ホープを打ち破るという快挙を成し遂げた勝又だったが、試合に備えてリサール公園でトレーニングしていた時、地元の人たちから激励を受けたという。勝又にとっては思いもしないことだった。

試合の前に、リサール公園をロードワークしている時、沿道の人たちが盛んに声援を送ってくれた。新聞や広告に試合の記事が掲載されるから、僕が日本から来たボクサーだってのは、みんな知っているんだよ。それで、試合後には、滞在していたシェラトン・ホテルのマネージャーが上機嫌で一杯おごってくれると言うの。後でわかったんだけど、彼は僕に賭けて大もうけしたんだね。東洋フェザー級チャンピオンの小林久雄をやぶったリトル・セサールが、無名の僕に負けるなんて誰も思っていないわけ。当時セサールは、フィリピンでもエロルデと一、二位を争うくらい人気の選手だったから。当然、賭け率も僕が高い。試合に勝った翌日には、ホテルの前にこんな人が何人もいたね。〔同上〕

勝又が筆者に思い出深く語ったリサール公園は、フィリピン独立運動の闘士として知られる国民的英雄ホセ・リサール（José Rizal）が一八九六（明治二九）年一二月三〇日にこの地で処刑された歴史に由来する。医者や詩人、小説家と様々な顔を持つリサールは、『ノリ・メ・タンヘレ（*Noli*

Me Tangere)』や『エル・フィリブステリスモ（*El Filibusterismo*）』などの優れた小説で、スペインのフィリピン統治における不正義・抑圧を糾弾し、非暴力による平和的改革を訴えた。しかし、武力によって独立を達成しようとしていた秘密結社カティプナンとの繋がりや反乱関与の嫌疑をかけられ、公園の一角にあたるバグンバヤンの刑場で銃殺刑に処せられた。リサール公園北側のイントラムロス地区には、彼が拘留生活を送ったサンチャゴ要塞が残されている。

さらに要塞は、スペイン統治時代には牢獄、アメリカ統治時代には米国陸軍本部、日本統治時代には憲兵隊本部や牢獄として使用された。第二次世界大戦が終戦を迎える間近、日本軍の残虐行為によって収容されていたフィリピン人・アメリカ人併せて約六〇〇人が死亡したと言われる。今でも牢獄前には「日本軍の残虐行為による身元不明の全犠牲者の記憶は、フィリピン国民の心と精神に永遠に生き続けるだろう」と刻み込まれた碑文が残されており、その側《そば》には大理石で作られた白亜の十字架が静かに死者を弔っている（写真43）。

戦後一五年経っているとはいえ、フィリピン国民としての屈辱の歴史を否が応でも意識させられるかような場所で、地元の人々が日本人選手に声援を送ったのは驚くべきことである。一方で、マニラの市民が懸賞試合を通して、賠償問題で戦後長らく敵対していた日本人選手の活躍に歓喜したというのも大変興味深い。大戦末期のマニラ市街戦が、日本人にとっての広島や長崎への原爆投下、沖縄地上戦に相当する国民的記憶としてフィリピン人に語り継がれてきたことからも、これらのエピソードは特別な意味を持つだろう。

この試合で高い評価を得た勝又は、日本人でありながら、同一九六〇（昭和三五）年の一二月

写真43　サンチャゴ要塞(旧日本軍・憲兵隊本部)に建立された戦没記念碑。台座の奥には、地下へ続く牢獄の入り口がある＝筆者撮影

二日にフィリピン・ジュニア・ライト級チャンピオン決定戦に出場した。結果としてベルト奪取には至らなかったが、国外のジムに所属する外国人がフィリピン王座に挑戦することは、当時でも極めて稀なケースであった。国内から海外へ貴重な王座が持ち去られるリスクを抱えても、両国選手の対戦が組まれた点に、フィリピン人ファンの日本人ボクサーに対する並々ならぬ関心の高さが窺える。

　しかし残念なことに、戦後初期の日比関係を著した幾つかの研究において、勝又が経験したような交流の実相は記されてはいない。彼がインタビューの中で語ったフィリピンの人々は、先行研究からイメージされる国民像とは異なっている。ボクシングを通したこの出会いは、日本の選手がどのようにフィリピン庶民に受け入れられたのかという点において、貴重な視座を提供するものである。

　戦後いち早く海外遠征を果たした勝又は厳しい練習やタイトな試合スケジュールの合間を縫っ

て現地の人々と接し、彼らの暮らしぶりを知るように努めた。滞在中撮影された写真には、一行がアロハシャツを着てボホール島の市長と肩を並べる姿や、スウェット姿で地元の女子高生たちとソフトボールに興じる風景が残されている（写真44、45）。アルバムのページをめくる度に、撮影場所が市民の生活圏に近くなり、日本人ボクサーを一目見たいと群がった雑踏に勝又の姿はまぎれてしまっている。勝又によれば、日本では一部の人間しか嗜《たしな》むことができなかったコカ・コーラの味や、教会で熱心に祈りを捧げる人々の姿が、今でも鮮明な記憶として残っているという。異国情緒の雰囲気も相まって、それらは魅力あふれるものとして映った。特に、敬虔なカソリック教徒と共にクリスマスの飾り付けを楽しみ、教会や自宅でキリストの生誕を祝ったことは、庶民の信仰心を知るまたとない機会になったという。

だが翻ってみると、彼の心を摑んだものは、占領期の日本軍政が「非アジア的」なものとして抑圧した欧米文化であった。第三七師団長（中将）を務めた佐藤賢了は、日本側上層部内で「比島人は東洋人にして東洋人にあらず、西洋人にして西洋人にあらず、もっとも始末の悪い民族」［佐藤賢了 一九六六：三一三］という定評があったことを書き残している。また、一九四二（昭和一七）年五月二九日には、参謀総長から天皇に対して「比律賓《フィリピン》将来ノ統治上最モ考慮ヲ要シマスル点ハ比律賓人特ニ青年層ニ軽薄ナ亜米利加《アメリカ》文化ノ相当浸潤」［防衛庁防衛研究所・戦史部編 一九八五：三三二］しているという上奏がなされた。

しかし、有馬学［二〇〇七：一三一―二五二］が戦前の国策映画『東洋の凱歌』の分析を通して日本人の複雑な胸中を明らかにしたように、社会制度やライフスタイルにおいて西洋化著しい

写真44　ボホールの市長(左から３人目)との記念写真に収まる勝又行雄(左から４人目)と七尾芳弘(左端)。1960年撮影＝勝又行雄氏提供

写真45　試合の合間を縫って、ボホール島の女子高生とソフトボールに興じる勝又行雄(後列右から５人目)と七尾芳弘(前列右から３人目)。1960年撮影＝勝又行雄氏提供

フィリピンは、近代化を推し進める日本にとってアンビバレントな感情を抱かしめる存在であった。アメリカ支配からの解放を謳ってマニラに入城した日本軍がまず目にしたものは、高級住宅や自動車を所有し、複数のヨーロッパ言語を操り文化的な暮らしを享受する庶民の姿であった。植民地時代に根を下ろした欧米文化は、アジア諸国の指導的立場を自認する帝国日本を少なからず苛立《いらだ》たせた。その一方で、スペインやアメリカとの混血文化が覆いがたく浸透したフィリピン人に〝アジア人としての自覚〟を喚起させることが、いかに非現実的な試みであるかを日本人に突きつけたのであった。

勝又の経験が何よりも重要なのは、フィリピンを取り込もうとした帝国の論理とは異なる方法で、日比間に交流の礎を作ったことである。四〇〇年にも亘る植民地時代に培われた〝混血性〟や〝雑種性〟を前にして、日本のインテリ層はアジア諸国の解放を謳った大東亜共栄圏の理想をフィリピン人に納得させることができなかった。合理的な説明を欠いたまま、南方に侵攻した日本軍は、アメリカナイズされた生活を堕落の象徴と描くことでしか、フィリピン人を理解する術《すべ》を見出せなかったのである。

それに対して、勝又のような〝一介のスポーツ選手〟が、戦前の指導者もなし得なかった恒常的な両国関係の構築に寄与したのは注目に値する。より意味を際立たせるのは、彼が殴り合いを生業《なりわい》とするボクサーだったという事実である。フィリピン人の憤りと欧米文化の残り香が交錯する時代に大衆の支持を得たのは、学歴・職歴といった肩書きや政治的権威に何ら依存することなく、身体だけを頼りに強豪と渡り合ったボクサーならではの実績である。かつて、帝国の名の下にアジア諸国を再編しようとした日本人の思惑や葛藤を易々《やすやす》と飛び越えて、その身一つで交流の架け橋を築いたボクサーの存在は、知られざる戦後史の扉を開くと共に、ある種の爽快感を私たちに感じさせるのである。

＊

スポーツの理想的側面は友好であると言われる。北京オリンピック開会式でも、中国五六民族の伝統衣装をまとった子供たちが登場し、チベット動乱が起こっている最中で民族間の融和が演出されたのは記憶に新しい。開会式に登場した子供達が、実際に各地域の出身者だったのかはともかく、我々はスポーツを通した多文化主義の実現に諸手《もろて》を挙げて肯定しがちだ。マジョリティとマイノリティの差異を不問に付した上で、個人の絶対的な平等性を強調するあまり、多文化主義が植民地支配の歴史を隠蔽しがちであるにもかかわらず。

そもそもボクシングの世界において、「友好」など、競技が成立するための本質的な条件ではなかった。

ボクシング評論家であった石川輝が秩父宮記念スポーツ博物館・図書館に寄贈した史料[74]によれば、「日本ボクシング界の父」と呼ばれた渡辺勇次郎がアメリカに渡ったとき、彼にボクシングの手ほどきをしたのは黒人のルーフ・ターナー（Rufe Turner　一八七七〜一九三七）であった。

当時、アメリカ社会は排日主義の真っ直中にあり、渡辺は白人の経営するジムに入門することが許されなかった。人種的な不和が、米国社会で周縁化していた黒人との出会いをもたらしたのである。渡辺に関する史料が物語っているのは、人種間や国家間に横たわる境界線が、良くも悪くもボクサーたちの交わりを形作ってきた逆説だ。

言うまでもなく興行としてのボクシングは、社会における矛盾や対立、大衆の欲望を浮き彫りにし、それらを集客の原動力としてきた。ノーベル文学賞候補の呼び声高い作家ジョイス・キャロル・オーツはその作品『オン・ボクシング（*On Boxing*）』の中で次のように語る。


ボクシングの最も直接的な魅力は、スペクタクルとしての魅力——言葉を持たず、言語を欠くがゆえに、他者がそれを定義し、言祝《ことほ》ぎ、完結することを要求するスペクタクルとしての魅力だ。過激だが永続することのない人間の行為すべてと同様に、ボクシングは、作家の想像力だけではなく、証言したいという本能をも刺激する。［Oates 一九八七＝一九九六：七〇—一］

ボクシングがスポーツである以上、競技者の国籍や人種が勝負の結果に直接影響を及ぼすことはない。ボクサーは、同じ階級に所属するということ以外、何ものにも束縛されないはずだからである。競技の中で見どころとされるのは、対戦相手の技術や身体能力、策略をいかに凌ぐかである。にもかかわらず、ボクシングを観戦する我々はそこにある種の「物語」を読み取ろうとする。戦後初期の東洋選手権試合で興行の仕掛け人たちが必要としたのは、敗戦によって傷ついた共同体を再構成するための物語を物語たらしめる「他者」であった。

しかし、そのような物語においても、肝心の「他者」が、戦後の瓦礫の中からどうにか作り上げた日本人の矜持《きょうじ》を傷つけてしまう場合もあった。白井義男と世界選手権を争ったフィリピンの元東洋王者タニー・カンポは、きわどい判定で王座を逃した後、「白井のパンチは蝿も殺せない」と発言して、日本のファンの怒りを買った。ボクシングという現実離れした世界においてさえ、カンポは日本人の面子を保証してくれる従順な「他者」ではなかった。〝鏡に映った像〟を媒介としながら、自己の統一性を想像的に演出する物語はいつでも脆く崩れ去る危険を秘めている。

本来、ボクシングに予定調和の筋書きは存在しない。たった一発のパンチで形勢が逆転してしまう戦いは、誰が最後まで勝ち残るか分からないからこそ、そのスリリングな展開が魅力となるのだ。ただし、そうしたボクシングの本質はややもすれば、愛国心やアイデンティティの回復という、興行の仕掛け人たちが東洋選手権に託した思惑それ自体を傷づけてしまいかねない。おそらく、そのことを肌身で感じていたのが、他ならぬボクサーたちであったろう。

したがって、東洋選手権を支えていた選手の存在を、仕掛け人たちの理想を叶える手駒として単純に捉えることはできない。彼らがボクシングを通して得た知見は、テクニックのみならず、宗教を通した相互理解や、民族的な身体コンプレックスの克服、戦争で傷ついた関係回復への難しさなどであった。彼らの語りに見られる深い内省は、戦後社会の再建に邁進する日本の「内向き」の歴史観を離れ、フィリピン人や日系移民が占領や戦争という過去とどう向き合ってきたのかを思い起こさせると共に、復興の名の下に忘れ去られつつある過去を浮き彫りにしてくれる。

(56) 『朝日新聞』一九五八年一二月二日朝刊。

(57) 東洋選手権の仕掛け人たちが構想していた愛国心の構築に、ボクサーがどのような認識をもっていたのかについて知るため、一九五〇〜六〇年代に活躍した元東洋王者に聞き取りを行った。彼らが現役選手として試合に関わった時代から既に半世紀が経ていることから、証言の中に思い違いや事実との乖離が予想された。そこで、聞き取りにあたっては、彼らが所有する備忘録や写真、刊行された出版物など、可能な限り史資料を収集・参照しながら、発言内容と照らし合わせて実証的に調査を行った。

(58) 『報知新聞』一九五五年七月八日朝刊。

(59) サンディ・サドラーの生涯戦績は、一六二戦一四四勝一六敗二分。一四四勝のうち、一〇三試合もＫＯ・ＴＫＯを重ねた元世界王者は、一九九〇（平成二）年に世界ボクシング殿堂入りを果たした。

(60) 『報知新聞』一九五五年七月七日朝刊。

(61) 『金子繁治物語』は、ボクシングの映像収集家として知られる香川大学・末永慶寛教授から提供を受けた。

(62) 『報知新聞』一九五五（昭和三〇）年一〇月四日朝刊。

(63) 『報知新聞』一九五五（昭和三〇）年九月三〇日朝刊。

(64) 大石繁治はたまたま金子と同名であるが、読み方が違うことに留意されたい。

(65) ホーリネス教会弾圧とは、第二次世界大戦下に生じた近代日本で最大規模のキリスト教迫害事件である。一九一七（大正六）年に創立したホーリネス教会はメソヂスト派の流れを汲み、聖書信仰とその恩恵としての福音を教義とする宗教組織であった［山崎鷲夫 一九八三：三―八］。しかし、ホーリネス教会は特高によって治安維持法第七条の「国体否定」を目的とする結社としての嫌疑をかけられた。一九四二（昭和一七）年六月号の『特高月報』には、教会に対する治安当局の露骨なまでの嫌悪感が表れている。「一般基督教会等が大東亜戦争を契機として日本的性格を具現すべく旧来の思想信仰を転換すべく策しつゝあるに対し、斯る態度は神の目的を無視冒涜する非基督的態度なりとて之を誹謗するの外、日本基督教団の部制解消問題に関しても他の一般基督教会と根本的に相違する旧来の思想信仰、伝統等其の特異性を飽迄固執すべく狂奔する等其の不逞邪悪性頓に顕著となり来れる」[内務省警保局保安課 一九四二：二五]

一九四三(昭和一八)年四月七日には文部省が、ホーリネス教会三分派である日本基督教団第六部(旧日本聖教会)及び、同教団第九部(旧きよめ教会)、東洋宣教会きよめ教会(旧きよめ教会正統派)に対して、宗教団体法第一六条による設立認可の取消処分を命じた。また内務省は、治安警察法第八条二項による結社禁止処分を行った[柏井 一九八三：七三五―四〇]。

一九四二(昭和一七)年六月の逮捕に始まったホーリネス教会への弾圧は三年余りも続き、検挙されたキリスト者は戦後「免訴」されるまで獄舎につながれたり、刑事被告人としての汚名を着せられたという[小池 一九八三：七一九―三二]。この弾圧の結果、ホーリネス教会からは一三四名にも及ぶ牧師が検挙され、七名が獄死、あるいは出獄後に死亡した。

(66) 一九五九、「殊勲矢尾板貞雄ノンタイトル・マッチで世界フライ級チャンピオンパスカル・ペレスを降す」『ボクシング・ガゼット』ボクシングガゼット社、(三五)二。

(67) 『東京大空襲・戦災誌』編集委員会、一九七三、『東京大空襲・戦災誌 第三巻 軍・政府(日米)公式記録集』東京空襲を記録する会、二九八―三〇六。

(68) 『東京大空襲・戦災誌』編集委員会、一九七三、『東京大空襲・戦災誌 第三巻 軍・政府(日米)公式記録集』東京空襲を記録する会、七八〇―一。

(69) 『東京大空襲・戦災誌』編集委員会、一九七四、『東京大空襲・戦災誌 第五巻 空襲下の都民生活に関する記録集』東京空襲を記録する会、四三五。

(70) 『報知新聞』一九六一(昭和三六)年一一月二七日朝刊。

(71) 『報知新聞』一九六一(昭和三六)年一二月六日朝刊。

(72) 「拳聖」とまで謳われたピストン堀口の一三回忌追悼試合には、ボクシング・コミッショナーや一流評論家、堀口が所属した不二拳斗倶楽部（不二拳ジム）はもちろん、政界の重鎮が発起人として名前を連ねた。追悼試合の入場者に配布された公式パンフレットには、自民党副総裁・大野伴睦を筆頭に、衆議院議員で大蔵政務次官を務めた原田憲、同院議員の寿原正一の名前が認められる。

さらに、これら政界やボクシング界の名士に混じって、山口組三代目組長・田岡一雄と住吉一家三代目総長・阿部重作が並んでいることは、この時代の興行のあり方を考える上で大変興味深い。田岡については、既に本文で取り上げたので割愛するが、阿部は港区を中心として、中央、千代田、墨田の四区にまたがって縄張りを仕切った博徒の総元締めであった。

暴力団の徹底的な排除が進む今日の日本社会からはおよそ考えられないが、田岡や阿部ほどの「大親分」が身分を隠し立てすることなく、堂々と表舞台に登場した背景には、興行界とヤクザの因縁浅からぬ関係があった。暴力団の大規模化に対抗するため、全国警察が一体となって中枢幹部等の検挙に的を絞った「第一次頂上作戦」が開始されたのは、この試合の翌年のことである。

(73) *MANILA BULLETIN*, BULLETIN Pub. Corp., Septemver 1, 1960.

(74) 渡邊勇次郎、?.、「米国の悪少年になぐられて思ひ立つた私の拳闘修養」『The Asahi Sports』朝日新聞社（秩父宮記念スポーツ博物館・図書館所蔵）。

第七章……………戦後ボクシングと大衆ナショナリズムの変容

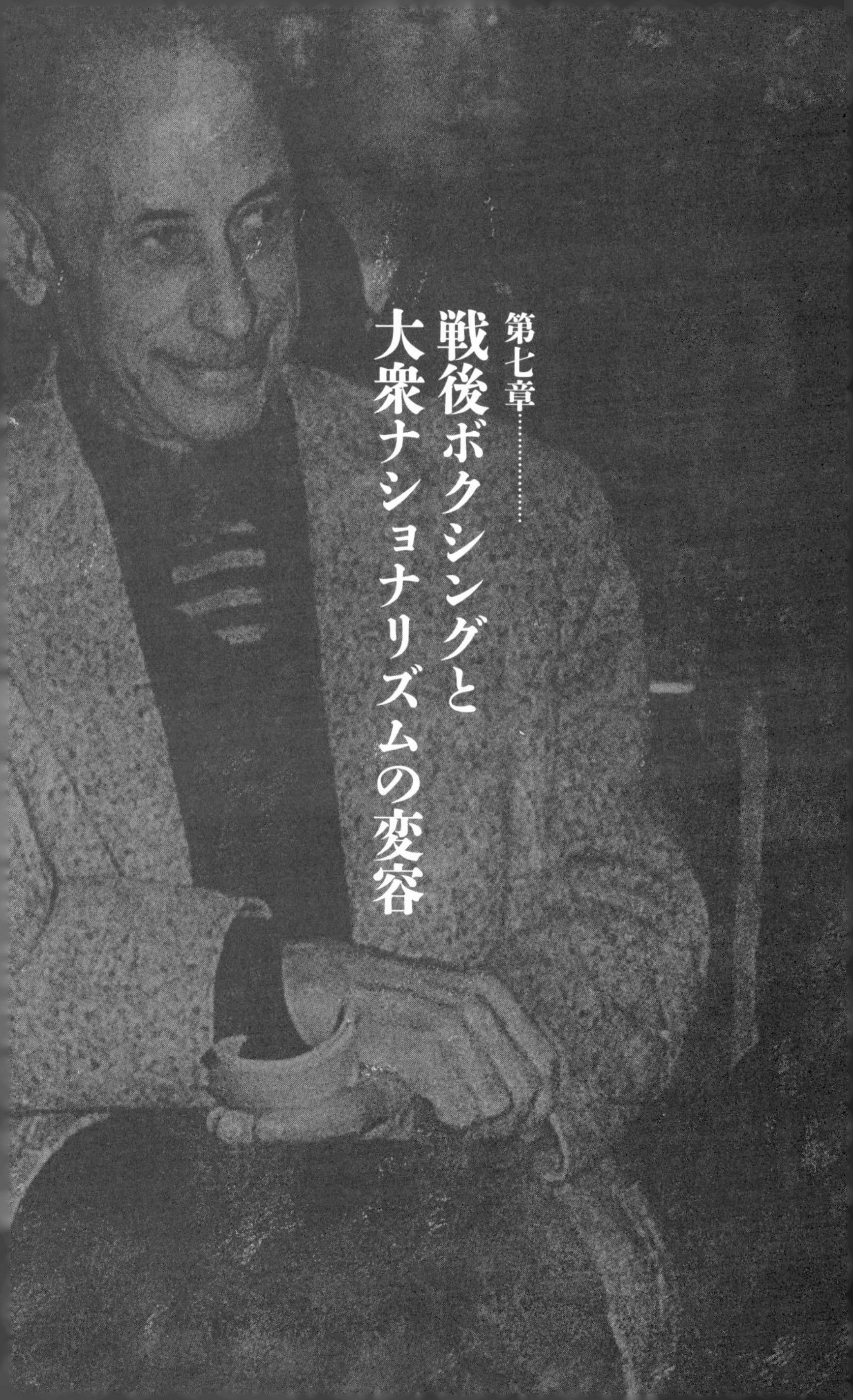

一　科学技術と戦後日本

東洋選手権は、アジアへの覇権を夢見る仕掛け人たちの思惑に大きく突き動かされてきた。しかし、実際にファンがボクシングに見出したものは、「玉砕戦法」に代表されるような精神性の表現ではなかった。ここでは、仕掛け人たちが喚起しようとしたナショナリズムが、戦後日本の思潮の中でどのようにその文脈を変えていったのか、「科学」をキーワードにしながら、当時の新聞のコラムやボクシング専門誌の投稿欄を通して検証したい。

文化人類学者のベフ〔一九九七〕は、一九四五（昭和二〇）年から七〇年代中盤にかけて、欧米との比較を前提とした日本人論や日本文化論が論壇を活気づけた歴史に注目し、このような「文化論」の流行がアイデンティティの危機に陥った日本人の不安感に支えられていたことを論じた。その背景として、終戦まで日本のアイデンティティを規定していた〝日の丸〟や〝君が代〟、〝天皇〟、〝靖国神社〟などが、戦争によってその正当性や神聖さ、不可侵性を傷つけられたことを挙げる。そして、国家を統合する求心力を失った日本人にとってひとつの拠り所となったのが、科学技術に対する信奉であった。吉見〔一九九八：一三三―七四〕は、家庭電化製品をめぐる社会的イメージの変遷を分析し、科学に関する言説が高度経済成長以降、日本人が自らのアイデンティティを語る「常套句」になったことを指摘する。

吉見によれば、一九五〇年代まで海外で質の悪い二流品として扱われてきた日本製の家電は、一九六〇年代以降に技術が向上していくことで、「テクノロジー」を介した肯定的な自己意識を日本人に芽生えさせた。実際には、日本製電化製品がグローバルな流通力を持つのは一九七〇年代後半を待たねばならないが、一九六〇年代にはすでに国内向け広告において、世界に認められる優秀な日本の技術という、〝テクノ・ナショナリスティック〟なイメージが生み出されていった。吉見は、国産家電の発達がアイデンティティ・クライシスに悩む戦後の日本人に、自分たちの技術的能力と経済的成功を確認させるひとつの指標を提示したと論じる。

また、一九七〇年代までの新聞広告を調査した伊東〔二〇〇三：九一―一一四〕も、戦後日本で最も強力なナショナル・アイデンティティとして科学技術が語られてきたことを示している。戦時動員体制における「合理性」が戦後の高度経済成長を作り上げたと主張する山之内〔二〇一五〕と同様、科学への信奉が実は戦前から存在していたとする伊東の指摘は大変貴重である。

戦時下の日本社会において、総力戦体制を合理的に推進するためには、科学に関する国民の理解が必要不可欠であった。伊東は、一九三〇年代後半には既に資源の確保と生産力の拡充を目指す「科学動員」が強化されていたと主張する。軍部は産業統制の必要性を訴え、第二次近衛内閣において東京帝国大学出身で内務省土木技師の宮本武之輔らがまとめた「科学技術新体制確立要綱」が発表された。技術官僚や科学者の積極的な協力を得て進められた、この科学技術振興策は、日本が戦後いち早く「科学技術立国」というプロジェクトを再始動させる土台となった。工業製品の安定的な輸出と工業開発が可能になれば、日本がもう一度アジアのリーダーシップを握ることも夢ではない。言うなれば、戦後の科学は、敗戦によって破綻したはずの膨張志向を一部、内在させたまま、再び日本の重要な分野として設定されてゆくのである。

つまり、戦後の日本社会が完全にナショナリスティックなものへの希求から自由であったわけではなく、対外的に「他者」の承認を求めることで、初めて「自己」を規定していったのである。その際、指標のひとつとなったのが、科学の深化を示す度合いであり、それはスポーツの分野でも例外ではなかった。

戦後における一〇大ニュースを、第二次世界大戦が終結した一九四五（昭和二〇）年から対日講和条約・日米安全保障条約が発効した一九五二（昭和二七）年まで紐解けば、一九四九（昭和二四）年の湯川秀樹博士のノーベル物理学賞受賞と並んで、一九四七（昭和二二）年から四九（昭和二四）年にかけて古橋廣之進《ひろのしん》が成し遂げた水泳世界記録や、日本にとって戦後初となる一九五二（昭和二七）年のオリンピック参加、同年に白井義男が果たしたボクシング世界フライ級王座奪取などスポーツに関する記事があることに気がつく。(75) これらのニュースは、主権回復後の見通しさえままならなかった時代に、日本人に「誇れる」自己像を提示した。例えば、古橋が世界記録をマークした翌日の『朝日新聞』には、次のような社説が掲載されている。

神宮プールにおける古橋、橋爪君の千五百世界記録の偉業は感嘆の外ない。何一つ世界に誇るものゝない今の日本にとって、世界より一歩先を歩いているのはこれだけで胸のすく思いである。［『朝日新聞』一九四八年八月八日「天声人語」より］

敗戦国であった日本は、対日感情の悪さのために、戦後初めて行われたロンドン・オリンピックに参加を認められなかった。そこで日本水泳連盟は、オリンピックと同じ日程で日本選手権を行い、記録面で世界と競うことを計画した。そして見事、古橋が四〇〇メートルと一五〇〇メートルで世界記録を更新したことで、多くの日本人は溜飲を下げたのである［池井 一九九二］。そこで次節では、ボクシング先進国であったフィリピンとの対戦を通して、肯定的な日本の自己像がいかに回復されていったのかを明らかにしてみたい。

二　白井義男――「日米の合作」によって生まれた日本初の世界王者

現存する『The Boxing』誌を見る限り、戦後の復刊以降、ボクシングと科学が関係づけて言及されたのは、次の投稿が初めてであった。

我々地方ファンにとってはラジオ放送もないので貴誌ボクシングを読むことを何よりも楽しみにして居ります。ボクシングのラジオ放送はなぜないのでしょうか、選手権試合の放送もないとはどうしたのでせう。スポーツ中最も科学的なスポーツであるボクシングなのに……なぜこのボクシングを社会化しようとしないのでせう。［『The Boxing』一九四九年六月号投稿欄より］

ボクシングの科学性を訴えるこの意見は、一見、ラジオ放送が未整備だったことに対する不満を申し立てているだけに見える。たしかに当時、『青春賭博』（隅田朝二監督）や『エノケンの拳闘狂一代記』（渡辺邦男監督）、『お嬢さん乾杯』（木下恵介監督）など、ボクシングを題材にした作品が次々に封切られた。しかし、ラジオ解説者のリテラシーはまだ低く、既に知名度を獲得していた野球と違って、手探りでボクシング中継を進めねばならなかった。

また、この投稿者の「科学的なスポーツ」であるというボクシング観に反し、戦後も長らく、相手の懐に飛び込むインファイトのラッシュを得意とするピストン堀口の「玉砕戦法」が根強い人気を博していた。戦前から終戦直後にかけて一世を風靡したピストン堀口について、日本のスポーツ史に関して多くの著作がある山本茂は次のように彼を評する。

堀口のボクシング・スタイルはこの国粋主義の風潮にあまりにも符合していた。大和魂という空無な精神主義の中に堀口をおくと、そのノーガードで打ちかかる無謀なボクシングが見事にマッチしていたのだ。ピストン堀口の存在はすでにスポーツの域を超え時代に深く象嵌《ぞうがん》されていたのである。［山本茂 一九八八：六八］

ピストン堀口は終戦を迎えた後も「拳聖」と呼ばれ、日本ボクシング界の伝説として人々の記憶に深く刻み込まれていた。ボクシングといえば、ピストン堀口流の肉を斬らせて骨を断つ〝拳闘〟であり、力量の上でも人気の上でも彼を凌駕する者は長らく現れなかった。

しかし、GHQ軍属として来日したユダヤ系アメリカ人、アルビン・R・カーン博士の指導の下、一九五二（昭和二七）年五月一九日に日本人ボクサーとして初めて白井義男が世界王座を奪取すると、状況は一転する。白井がチャンピオンになった翌日の『朝日新聞』には、「科学的な技術　白井選手の横顔」という記事が掲載された。

アップライト（上体を真直ぐにした）スタイルを鮮やかなフットワークに乗せ左右のストレート、フック、アッパーカットとタイミングのよい的確なブローを繰り出すアウト・ボクシングをするボクサー白井のテクニックはその強打とともにホープとして期待されていた。戦前戦後を支配した堀口兄弟の〝ピストン戦法〟を打破して日本のボクシング界に新しく〝科学的ボクシング〟を打ち立てた。［『朝日新聞』一九五二年五月二〇日記事より］

このような記事が寄せられる背景には、カーン博士が白井を通して証明した〝科学的トレーニング〟に対して、当時の日本人が感じた驚きが見て取れる。一般的に、白井が登場する以前には、乱打戦を制する者がボクシングの王道を極めると考えられていた。

写真46　「拳聖」と呼ばれたピストン堀口。彼のボクシング・スタイルは「玉砕戦法」と呼ばれ、軍国主義時代の日本を彷彿させるボクサーとして記憶された＝金子繁治氏提供

写真47　GHQ軍属であるカーン博士の指導によって、世界フライ級王座を獲得した白井義男は、科学的ボクシングの寵児となった＝ラウラ・エロルデ氏提供

現役時代には「ノックアウト・アーティスト」と呼ばれ、引退後は新聞記者となって健筆をふるった中村金雄は、この試合からさかのぼること三年前の一九四九（昭和二四）年一月二八日に、白井がカーンとの二人三脚によって、日本フライ級チャンピオン花田陽一郎を破ったときのことを次のように記している。

この結果は科学ボクシングの勝利であり、この経過をたどって近代アメリカの最もすぐれたスタンダードなボクシングを身につけた白井が、第一戦にクローズアップされたことは、ちょうどアメリカで、あのジム・コーベットがジョン・エル・サリバンを科学的戦法と技術で倒し、近代ボクシング術をもたらした歴史をしのばせるものがある。日本のボクサーが、これまでの体当たり式ボクシングの面目を白井の影響で革新するに至るであろうことを期待する。(76)

ボクシング・ファンにはお馴染みだが、ジョン・エル・サリバンは「スタンド・アンド・ファイト（Stand and Fight）」、すなわち地に足をべったりとつけたまま殴り合い、最後まで耐え抜いた者が勝利者となる、荒々しい時代のヘビー級ボクサーであった。かたやジム・コーベットは、パンチをよけることが男らしさに反する行為とされた一九世紀のボクシング界に、ジャブやフットワークを持ち込み、近代的なアウトボクシングの基礎を作り上げた人物として名高い。

そのコーベットになぞらえられた白井の勝利は、ボクシングに対して全くの素人であったカーンが、「博士」と呼び称される所以となった。二枚貝の調査をするために日本へ招聘されたこの老動物生理学者は、わずか数年のうちに一介の研究者からマッカーサーと並ぶ有名人になったのである。それと同時に彼らの成功は、アメリカ式のトレーニング術が一躍注目を浴びるきっかけともなった。カーンの死後、白井が書き残した回想録には故人への追慕が次のように綴られている。

カーン博士こそは、私のボクシングのかけがえのない恩人である。それだけでなく、私を見いだし、育て、そして引退後も終生を共にした、忘れ得ぬ人生の師であった。思えば、徒手空拳の貧しい日本人ボクサーと出会ってからのカーン博士の後半生は、そのまま私の人生に通じている。そして、皮膚の色、国籍を超え、言語、習慣の差を克服して、互いに心底から尊敬し合う人間としての信頼をかち得たことが、私の人生でたった一つの、しかしながら大いなる誇りなのである。［白井 一九九一：一二］

選手として最も活躍できる時期を戦争に奪われ、復員後も持病の腰痛に苦しんだ白井は、カーンによる物心両面の援助がなければ、戦後のスターダムにのし上がることができなかった。白井にとってカーンは、あらゆる万難から身を挺して息子を守る父親のような存在であったに違いない。ボクシングにおける科学的トレーニングや合理的な戦術を介して生み出された二人の信頼関係は、勝負を積み重ねる中で一層深まった。相手を殴り倒すことを使命とする職業のボ

写真48　リラックスした面持ちでゴールデングローブ戦を観覧する白井義男(前列左)とカーン博士(前列右)。中央は、二人に挟まれて緊張した面持ちの金子繁治。1954(昭和29)年3月頃、神田体育館にて＝金子繁治氏提供

クサーが、意外なほど内省的で人との結び付きを重視することに、我々は驚きを禁じ得ない。

白井とカーンの幸運な出会いの物語は、絶対的な権威によって敗戦国日本を改革したアメリカを、多くの日本人が感情的に受け入れることを容易にした。日本初の世界チャンピオンは占領下、いわば「日米の合作」として世に現れたのである。

ただし、当然のことながら、白井義男という新たなスポーツヒーローが誕生する一方で、日本のボクシング界はいまだ前近代的な設備やトレーニング技術しか持たなかった。そのギャップを目の当たりにしたのが、一九五一（昭和二六）年にダド・マリノのトレーナーとして来日したスタンレー・イトウで

ある。

ハワイの日系二世であるイトウは、マリノが白井や堀口宏、後藤秀夫（一九二三〜九一）とノンタイトル戦を行う間、プロやアマチュア選手を観察する機会に恵まれた。弱冠二七歳で世界王者に帯同した若きトレーナーの目に映ったのは、戦後もなお日本のボクシングが精神主義で成り立っている実状であったという。イトウが指導を続けるカカアコ・ボクシングジム（ホノルル）を訪れた筆者に、彼は半世紀以上前の状況を語ってくれた。

僕が初めて日本に行ったとき、みんな下手だったね。もう、打ち合うばっかり。まだ、根性ばっかりでやっていて、テクニックがあまりなかったね。［二〇一〇年二月六日、スタンレー・イトウ氏より筆者聞き取り］

イトウは、第二次世界大戦前後にハワイを訪れたトレーナー、レイ・アーセル（Ray Arcel 一八九九〜一九九四）に指導者としての資質を見出され、直接トレーニング技術の手ほどきを受けた［田川 二〇一四］。レイ・アーセルと言えば、大恐慌時代のアメリカ人に勇気を与えた「シンデレラマン」ことジム・ブラドック（Jim Braddock 一九〇五〜七四）や、一九七〇年代に小林弘やガッツ石松（一九四九〜）と死闘を繰り広げた「石の拳」ロベルト・デュラン（Roberto Duran 一九五一〜）など、生涯で一九人もの世界王者を育成した伝説の指導者である。(77) アーセルは、三カ月で三九ポンド（およそ一七・六九キログラム）を減量せねばならないチャーリー・フィル・ローゼンバーグ（Charley Phil Rosenberg　一九〇二～七六）のために、トレーニングはおろか寝食までも共にし、うがいにさえ目を光らせた。ボクサーの体調管理に対する異様なまでの固執ぶりは、世間から厳格な「ヘブライ学校の教師」と揶揄《やゆ》されたほどであった。「知力は腕力に勝る（Brains over Brawn）」を信条とするアーセルは、一九四一（昭和一六）年の『Look』誌の取材に応じて、止血剤や凝固剤、消毒液、気付け薬、塗り薬など一三種類もの薬剤をボクサーのために持ち歩いていたことを明かした［Dewey 二〇一二］。

そのアーセルに師事したイトウは、技術や健康管理よりも試合の派手さに気を取られる日本の若手ボクサーの意識改革に取り組んだ。彼は、体格の違いがもたらすパンチの強さやリーチの長さによって、闘い方が全く異なることを示した。

白井の世界戦によって祖国日本に「発見」されたイトウはその後、日本アマチュア・ボクシング連盟の副会長だった柴田勝治《かつじ》（一九一一～九四）の依頼を受けて、一九六四（昭和三九）年の東京オリンピックの特別コーチに就任する。柴田の期待に応え、桜井孝雄（一九四一～二〇一二）の金メダル獲得に貢献したイトウは、ＡＯボクシングクラブを経て、一九六五（昭和四〇）年頃には協栄ボクシングジムで指導を行うようになった。後年、イトウはハワイを訪れたファイティング原田に、上半身を波のように揺らしパンチをかわす「ボビング・アンド・ウィービング（Bobbing and Weaving）」がいかにインファイト型の選手にとって欠かせない技術かを説いたという。白井とカーンが二人三脚でその有効性を証明した科学的トレーニングは一九六〇年代半ば、アメリカの近代合理性を身に付けた日系人トレーナーによって指導の現場で実践されたのであった。

三　アメリカの代理人としてのフィリピン

カーンは、長期に亘って精神主義に呪縛されていた日本ボクシング界に、新風を巻き起こした。しかし、彼が国際試合で伸び悩む日本選手の救世主となった後も、現実には試合会場の未整備や選手のコンディション調整すらもままならない状態が続いた。次に紹介する投稿者は、自らを「スポーツ医療の専門家」と称し、健康管理に対する当時の意識の低さを指摘している。

ボクシングの専用試合場がなく、いつでも特設リングで、転々として試合が行われている。このためか選手の控室は全然考えられていない。風通しのわるい物置きのような処があてられる場合もあり、夏はむしあつく、冬はさむさにたえないところもある。手洗い水はおろか、シャワーの用意もなく、所によっては選手のかける椅子さえもおいてないこともある。手当を必要としても寝台もない有様、むしろや、古新聞をしいてやっている様はまことにみぢめである。よい試合をさせるには、もっと選手たちに対してもいたわりの心がほしい。［『The Boxing』一九五四年一〇月号投稿欄より］

一九五〇（昭和二五）年に始まった朝鮮戦争の〝特需〟によって経済復興の糸口を摑んだ日本だったが、その恩恵が民衆レベルにまで還元されるのにはかなりの時間を要した。特需景気が国内経済を戦前の水準へ回復させた反面、日本はかつて最大の貿易相手国であった中国市場と遮断され、通常貿易もアメリカやアメリカの援助に依存する東南アジア諸国に傾斜を深めねばならなかった。

その結果、国内の物価が高騰し、輸出減・輸入増の外貨危機に陥ってしまう。一九五四（昭和二九）年八月には、完全失業者が七一万人を超えるデフレが訪れ、企業経営のゆきづまりや倒産が相次いだ［経済企画庁 一九五五：二八―九、一九九―二二八］。経済学上は、高度経済成長の入り口と言われる時期を迎えても、国民が豊かさを実感するようになるのは、池田勇人内閣の所得倍増計画を経た一九六〇年代後期を待たねばならなかった。このような時代に、試合会場の充実や選手のコンディションにまで気を配ることができなかったのは、致し方ないことであった。

そのため、オーストラリアから世界王者の来日が計画されても、日本側にはそれに見合うだけの選手を用意することができなかった。実際には実現しなかったが、一九五四（昭和二九）年に世界バンタム級チャンピオン、ジミー・カルザース（Jimmy Carruthers 一九二九～九〇）の来日話が持ち上がった。一九五四年と言えば、対日講和条約（サンフランシスコ平和条約）の発効によりGHQが廃止され、占領が終わったわずか二年後のことである。何か特別な国務でもなければ渡航などできなかった時代に、海外から世界王者がやってくるというのは、それだけでも多くの日本人にとって胸躍るビック・イベントであった。したがって、日本人選手が最終的に選考からもれたことについて、あるファンが次のような落胆を示しても、その心情はあながち彼一人に限られたことではなかった。

このワールド・チャムピオン来日の絶好機に、その相手が比島人のみに占められて居ると云うのはどういう訳か。日本人にその人なきであろうか。たとえプロモーター関係で障害があっても全力を上げて日本選手との対戦を実現させるべきである。その相手、それは我等のホープ金子繁治をおいて他にはない。勿論《もちろん》勝算吾にありとは云わない。時に負けるもよし、だがその試合内容により世界進出の足がゝりとすべきである。［『The Boxing』一九五四年二月号投稿欄より］

ここには、是が非でも世界から認めて貰いたい日本のファン全体の心境が代弁されている。というのも、白井義男のフライ級に続いて、バンタム級の王座を獲得することができれば、日本はスポーツを通して世界にその権威を示すことができるからである。

しかし、彼らが望むほど現実は甘くなかった。日本国内で行われる試合にもかかわらず、対戦候補にはフィリピン人選手の名前が挙がっていた。当時の彼らの世界的実力と知名度の差をよく指し示していると言ってよいだろう。国際社会へ復帰を望む日本が、新たな一歩を踏み出そうとしたとき、そこに大きな壁として立ちはだかったのは、かつて日本が軍事占領していたフィリピンだったのである。

この一件は、ボクシング界における日比の勢力図をそのまま反映したものであった。これまでも述べた通り、フィリピンにおけるボクシングは、アメリカによる植民地主義の進展と軌を一にしていた。

例えば、ジョセフ・スビンスは、フィリピン人とボクシングが地下興行の流行によって結びついた点を指摘する[78]。元々、兵士の教育のためにボクシングを取り入れたアメリカ軍は、軍人が民間人と対戦したり、掛け金や入場料の徴集によって試合が利益優先になるのを嫌っていた。しかし、一九一〇（明治四三）年には、コレヒドール島の陸軍基地やルソン島中西部スービック湾の海軍基地の近くで、三千から一万人を動員しての地下興行が盛んになった。

当初少数派だったフィリピン人選手は、一九一六（大正五）年にアメリカが第一次世界大戦へ参戦すると、従軍する兵士に代わって出場機会が増加する。特にイロイロ島出身のパンチョ・ビラは、黎明期のフィリピン・ボクシング界で突出した技術を持っていた。序章で述べたとおり、彼は一九二三（大正一二）年に早くも、ニューヨークで初代世界フライ級王者である英国のジミー・ワイルドを七回ＫＯで倒し、アジア人初の世界チャンピオンに輝いた選手である。また、一九二一（大正一〇）年にはフィリピンでボクシングが合法化し、同時期のハワイにおいても非合法のプライズ・ファイト（懸賞試合）が流行するなど、数多くのフィリピン人ボクサーが競い合い、腕を磨いた。

ハワイに農業移民として移住したフィリピン人は、米西戦争によって輸入困難になった砂糖をアメリカのテリトリー内で大量生産する傍ら、厳しい労働の慰みとしてボクシングを楽しんでいた[79]。フランクス［Franks 二〇〇二］によれば、農場経営者も労働者の抱える不満のガス抜きやモラルの向上にスポーツが役に立つことを確信し、プランテーション内に施設を作るなど、積極的に農業移民の余暇活動を支援したという（写真49）。

写真49　1937(昭和12)年にオアフ・シュガー・カンパニーの代表に就任したハンス・ロレンジ――Hans L'orange(後列右)は、フィリピンや日本、ポルトガルなどから集められた農業移民のために、ボクシングジムの整備や興行の実施に関わった＝キャリー・ヤスイ・カワモト氏提供

一方で、エスパーニャ＝マラム[Espana-Maram 二〇〇六：七三―一〇四]によれば、アメリカは、教育やスポーツを通して、植民地に「善意」に基づく同化を広めようとした。中でもボクシングは、フィリピンの土地に根ざした文化を否定し、彼らを良き植民地人に教化する手段のひとつとして、軍人や教師、宣教師らの手によって導入された。そこでは、フィリピン人はギャンブルや闘鶏といったふとどきな悪習に耽溺《たんでき》した民族と見なされ、民主主義や勤勉、正直、倹約、良きスポーツマンシップ、愛国心に価値を置く建設的な性格の重要性が説かれた。しかし、一九二〇～三〇年代に上述のパンチョ・ビ

ラやセフェリノ・ガルシア（Ceferino Garcia　一九〇六〜八一）ら優秀なフィリピン人選手が台頭してくると、彼らは支配者から発せられる「幼い褐色の兄弟」や「褐色の猿」というステレオタイプな呼称に対して異議申し立てを行うようになった。また、フィリピン人の男性ファンは、試合を見ること自体が自らの「男らしさ（masculinity）」を向上させるとでもいうように、熱心に選手を応援するようになった。

このように、脱フィリピン化の一環として奨励されたボクシングは、その意図とは裏腹に、リングの上ならば宗主国アメリカと対等に渡り合えるという自信をフィリピン人にもたらした。スポーツを通したこのナショナリズムの萌芽は、優れたエスニック集団としての自意識をフィリピン社会に与え、ボクシングが早くから地元民衆の間で人気を博する要因となったのである。

フィリピンは本場アメリカ式の科学的ボクシングの正当な嫡子だった。

『報知新聞』を紐解けば、戦後、東洋選手権のため来日したフィリピン人ボクサーのほとんどが、寒冷な日本でのコンディショニングに異常なほど注意を払っていたことがわかる。ラリー・バターンやトニー・アルデゲール（Tony Aldeguer　?〜）、ダニー・キッド、レオ・エスピノサ、ジェット・バリー（Jet Bally　一九三四〜）、フラッシュ・エロルデなど、日本の気候に頭を悩ませていた選手を挙げれば、枚挙にいとまがない。

「筋肉を冷やしてはいけない」というコンディショニング方法は、前述のカーン博士のトレーニング理論の重要なポイントでもあった。彼は、寒さによって筋肉が萎縮することで、本来の身体能力が失われることを極度に恐れた。カーンは、白井をベスト・コンディションでリングに上げるため、事前に試合会場を下見し、毛布や電気ストーブを持ち込んだほどである〔山本茂 一九八六：九三〕。ここからも、フィリピン人ボクサーがアメリカ流の合理的なボクシングをいち早く体得していたことがわかる。国際舞台復帰を目指す日本にとって、フィリピンが大きな目標になるのはごく自然なことであった。

さらに、当時の日本は今日と違って、スポーツの世界戦が極端に少なかった。それは前述したとおり、世界のトップクラスに拮抗する選手の数も、彼らを取り巻く環境も不十分だったためである。一九五〇年代に行われた世界戦はわずか九試合で、白井以外に挑戦資格を得ることができた幸運な日本人は米倉健志（一九三四〜）と矢尾板貞雄だけであった。それに対して、東洋選手権は一九五〇年代から六〇年代にかけて数多くの試合が開催されており、中でも日比選手間の対戦は人気のカードだった。日本でトレーニングを積んだ選手がまだ世界のレベルに届かなかったこともあって、国際戦といえば東洋選手権が代名詞という時代だったのである。

その当時、アメリカの植民地主義の影響を深く受けたフィリピンの選手は、アメリカ式の科学的合理主義ボクシングの申し子として、日本のリングで大活躍をした。実力で劣る日本は、先んずるフィリピンに就《つ》いて習うことで、その近代的な技術を盗み、その壁を越えようと苦心した。

四 「科学的ボクシング」への道

一九五〇年代の東洋選手権における戦術面の特徴を端的に述べれば、それは「科学的ボクシング」に対する戸惑いであったと言える。

日本では、フィリピン人ボクサーが持つ高度なテクニックに称賛の声が集まりつつも、豪快さを売りにするボクシング・スタイルがいまだ人気を博していた。

それが最もよく表れたのが、金子繁治とフラッシュ・エロルデ戦であった。一九五四（昭和二九）年六月二九日に開催された東洋選手権で、後の世界チャンピオンとなるフラッシュ・エロルデに勝利した金子繁治の試合を観戦したあるファンは、日本人とフィリピン人の特徴を次のように評価している。

この試合は第一ラウンドから金子の超人的ラッシュとそれに対するエロルデのたくみなボクシングは終始息詰まる思いでした。……最後には反対に金子をグロッキイ気味にしたのにはおどろかされた。流れるようなフットワーク、柔軟な身体からヒットする矢のようなワン・ツウ・ストレィトは全くボクシングのだいご味を充分に味あわせてくれた。来年のアジアのホープこそは金子とエロルデだと思う。［『The Boxing』一九五五年一月号投稿欄より］

当時、金子とエロルデは実力が拮抗し、ファンの人気を二分していたために、事あるごとにライバルとして取りあげられた。ここで興味深いのは、何の前触れもなく、金子とエロルデのスタイルが、強打と技術の闘いとして形容されていることである。前置きもなしにそうした形容がなされるのは、当時、そのような認識が一般的にあったことの証左である。そして、ついには「今後日本のボクサーもフィリピン人の柔軟なボディ・ワーク並びにスピード、テクニックを見習うべきであると痛感しました」(80)と主張するファンが現れるほど、高いボクシング技術とフィリピン人ボクサーはセットで語られるようになる。金子―エロルデの闘いは、科学的トレーニングの導入期に、強打力が日本人特有のものとして、また体の柔軟性や技巧の完成度がフィリピン人の特質として対照的に語られる素地を生んだ。

奇しくも、カーン博士の登場によってボクシングにおける科学性が注目された一九五〇年代前半、日本では原子力の平和利用がにわかに叫ばれ始めていた。一九五三(昭和二八)年一二月八日、アイゼンハワーがソ連に対抗する目的で原子力の平和利用に関する政策、「アトムズ・フォー・ピース」を打ち出すや否や、真っ先に触手を伸ばしたのは、後に初代原子力委員長に就任する正力松太郎であった。民主党と自民党が合同して保守安定政権を作る以前の不安定な政局において、原子力導入は政治キャリアのない正力に国政へ打って出る千載一遇のチャンスを与えた。

終戦から一〇年と経っていないにもかかわらず、正力はあの手この手でアメリカの政策に好意的な世論を作り出すことに腐心した。しかし、一九五四(昭和二九)年三月一日に南太平洋ビキニ環礁で行われたアメリカの水爆実験によって第五福竜丸の乗組員が被曝すると、日本全国で原水爆反対の平和運動が起こり、戦後最大の反米的機運が生じた。早期に反米世論を沈静化したいアメリカは、メディア王・正力の協力を取り付けて、原子力平和利用推進キャンペーンを図った。合衆国情報局協力の下、「原子力平和利用博覧会」を読売新聞が開催できたのも、原子力潜水艦ノーチラス号の建造に関わったジョン・J・ホプキンスら「原子力平和利用使節団」が訪日できたのも、その蔭にはアメリカの世界戦略と正力の政治的野心の奇妙な一致があった。政界への進出に固執する正力の猛烈な働きかけもあって、「永遠のエネルギー」を約束する原子力は、資源を持たない島国の日本にとって新たな科学振興の象徴となっていく〔有馬哲夫 二〇一二〕。

やがて一九五〇年代も中盤になると、早くもボクシング界では科学的なトレーニングが一般的なものとして定着するようになる。一九五五（昭和三〇）年一一月には、「近代スポーツに要求される要素はスピード、タイミング及びリラックスであるが、我が国では従来、この第三の要素〝リラックス〟を等閑視する傾きがあったようだ」[81]というコメントが寄せられる。また、翌年の二月には、「近代ボクシングが科学的な見地から人間の力というものへの解釈をしている今日、ボクシングは既に一昔前のナグリ合いとか血ダルマとかいう言葉から脱皮したはずです」[82]という投稿が誌面を飾っている。

この発言がなされた背景には、当時主たる国際戦であった東洋選手権で、かろうじて拮抗していたフィリピンに日本側が再び全く太刀打ちできなくなったという事情があった。一九五四（昭和二九）年七月八日のレオ・エスピノサ―田口進戦から一九五八（昭和三三）年三月二日のフラッシュ・エロルデ―大川寛戦までのおよそ三年半、二一試合行われた日比間の東洋選手権で、日本人が勝利したのはわずか四試合であった。ちなみに、このうち日本があげた白星は、ポスト・

写真50　子供達からのサインの求めに応じる東洋王者・三迫仁志（右から２人目）と郡司信夫（右端）。郡司は、1930年代から80年代にかけてボクシング評論家として活躍した。子供達の真剣なまなざしから、ボクシング人気が盤石であった時代がうかがい知れる＝三迫仁志氏提供

白井を期待された二人のホープ、金子繁治と三迫仁志によるものである。いち早く西洋式の洗練されたボクシングを身につけたフィリピン人選手の強さが改めて台頭するようになると、誌面上でもはや科学的トレーニングに異議を唱えるものはいなくなった。

この意識の変化は同時に、一般社会における認識とも繋がっていた。時期を同じくして、国政レベルでもスポーツにおける科学が重視されるようになる。一九五〇（昭和二五）年には、文部大臣の諮問機関として、保健体育及びレクリエーションの振興方策の審議を行う「文部省保健体育審議会」が設立されている。審議会では、経済復興優先の政策によっ

てなおざりにされている国民の健康や体力の増進を、国力充実の基礎として国策に位置づけることが決定された。そして、スポーツ振興のために必要な立法措置が検討された翌年の一九五九（昭和三四）年には、審議会から文部大臣・松田竹千代に向けて次のような答申が提出されている。

国は、スポーツに関する系統的総合的研究機関として、国立のスポーツ科学研究所（仮称）を設置するとともに、大学とくに教員養成大学におけるスポーツに関する講座を実験講座として整備充実し、あわせて関係科学部門への研究を委託すること等により、スポーツ技術水準向上のための科学的研究を積極的に促進すること。(83)

この答申は、国政レベルの認識においても「科学技術立国」としての自我が芽生え始めたことを物語っている。主権回復前夜から懸案となっていた「科学健康増進」は、一九五〇年代も末になって行政機関がスポーツを科学的に制度化し始めることで、次第にリアリティを持って社会に浸透していくのである。言うなれば、スポーツにとっての一九五〇年代は、日本社会が科学によって自己を再生しようとする準備期間として捉えることができる。

五　沼田義明と藤猛――「国産」チャンピオンの誕生

やがて、科学への認識が国民の間に広く普及していくのと並行して、ある社会的変化が日本に訪れる。一九五〇年代の末まで、スポーツは日本人が肯定的な自己意識を回復できる数少ない手段であった。そのため、国際戦は東洋選手権であろうと、国を挙げての応援がなされた。だが、次に示す投稿文は、旧来型の戦後ナショナリズムの意識から一線を画する主張として注目に値する。

国際試合を観戦する時、私は常に試合前は選手二人について、日本人名と外国人名という固有名詞にすぎない人命を便宜上記憶し、試合中においては、いいファイティング・スピリットを発揮した選手に拍手を送り、劣勢の選手には激励の声援を送り、終了してみて外国人が勝てば賞讃し、日本人が勝てば、そこではじめて、日本人として良かったとうれしく思い喜悦する。私はこの程度の観点が真の意味の愛国心にも、同胞愛にも通じると信じている。度を超した異常なまでもの愛国心、同胞愛は危険至極なファッシズムやテロリズムと脈を同じくしている。［『The Boxing』一九六一年六月号投稿欄より］

この、「国粋主義的観察を排除しよう」と題した投稿がなされたのは、国民が貧しいながらも落ちついた生活を取り戻した一九六〇年代に入ってのことであった。

日本経済の軌跡を振り返れば、一九六〇（昭和三五）年に最盛期を迎えた「岩戸景気」が、一九五四（昭和二九）年末から一九五七年前半にかけての「神武景気」を大きく上回ったことが分かる。神武景気における所得の伸び率（名目）が一九五五（昭和三〇）年五・八％、一九五六（昭和三一）年七・〇％だったのに対して、岩戸景気のそれは一九五九（昭和三四）年一三・二％、一九六〇（昭和三五）年一二・六％、一九六一（昭和三六）年一三・〇％を記録した［経済企画庁編 一九六五：二七〇］。

これらはいずれも名目上の成長率に過ぎないが、NHK放送世論調査所は、一九六〇年代初めから「経済の成長・発展とともに日本人の性格、日本の国の経済力、日本の文化のそれぞれについて肯定的、積極的な評価が高まり、日本人はすぐれているという民族としての自信が強まってきた」［NHK放送世論調査所編 一九八二：二〇六］と分析した。

そして、経済の回復と共に自尊心を取り戻した日本人は、徐々に国際的な知名度を上げる日本製電化製品の躍進とも相まって、「科学技術立国」としての意識を先取りしていく。このような認識の変化は、日比のボクサーに対する描き方にも影響を及ぼした。

一九五五（昭和三〇）年に、三迫と東洋フライ級タイトルマッチを闘い、見事ベルトを腰に巻いたダニー・キッドは試合翌日の新聞で、「カモシカのような細い足をスライドさせながらグングン迫って行く」(84)と形容された。対する三迫は、当時南海ホークスのエースとして知らぬ者はいない宅和本司に「リーチの長いキッドの思い切りのびた腕の下をアッという間にくぐり抜けて逃げる三迫は白ネズミのように敏しょうであった」(85)と評された。

また、その三迫本人も、沢田二郎(一九三八〜)との間で東洋ライト級選手権を闘ったレオ・アロンゾ(Leo Alonzo　?〜二〇一三)を観戦記の中で次のように描いている。


アロンゾは動物にたとえれば、〝山猫〟というところだ。比国選手特有の上体の柔らかさ、眼のよさ、チャンスとみた時の追込みの鋭さなどタイプからいえば私のやったダニー・キッドに似ていた。試合中フット・ワークをみせないで両足のカカトをつけてやっていたのもやはり上体が十分柔らかいからこそで、われわれなどとてもマネのできない点だ。［『報知新聞』一九五六年五月三一日記事より］

比喩表現として動物を用いるのは珍しいことではない。スポーツ選手をしなやかで俊敏な能力を持つ野生の獣に例える文章は時に、読み手の興味を喚起して想像力を刺激する。実際、モハメド・アリ(Muhammad Ali　一九四二〜二〇一六)が自らのスタイルを「蝶のように舞い、蜂のように刺す」と言ったのは、彼の美的な感性に裏付けられての発言であった。一九五〇年代には、日本もフィリピンの選手も共に、その躍動感を示すべく、動物になぞらえられることが多かった。

やがて、日本のボクサーが世界の檜舞台で中軽量級を制覇する一九六〇年代末になると、自分たちこそがフィリピンに代わって科学に裏付けられた技術を思いのままに使いこなしているのだ、という認識に変わってゆく。それが決定的に表れたのが、一九六七(昭和四二)年六月一

写真51　東洋フライ級選手権を争ったダニー・キッド（左から２人目）と三迫仁志（右）。２人の間には、玄洋社の末永節に師事し“田辺宗英の懐刀”と呼ばれた日本ボクシング・コミッション事務局長、菊池弘泰の姿もある＝三迫仁志氏提供

五日に行われた世界ジュニア・ライト級選手権、フラッシュ・エロルデ―沼田義明の闘いであった。七年にも亘って世界の王座を守り続けたエロルデを一五回判定で下した沼田は、「精密機械」と形容された。ここで沼田は、科学の恩恵によって機械と人間の境界を越えたハイブリッドな身体を持つ存在として、極めて近未来的に描かれている。

しかし実際のところ、沼田と彼が所属した極東ジムの面々は、先行するこうしたイメージを追いかけるのに必死であった。二〇〇五（平成一七）年四月六日、取材に訪れた筆者に、沼田の技術を手ほどきした元トレーナーの杉崎昭俊は次のように語った。同席した沼田本人も認めた以下の言葉を読めば、

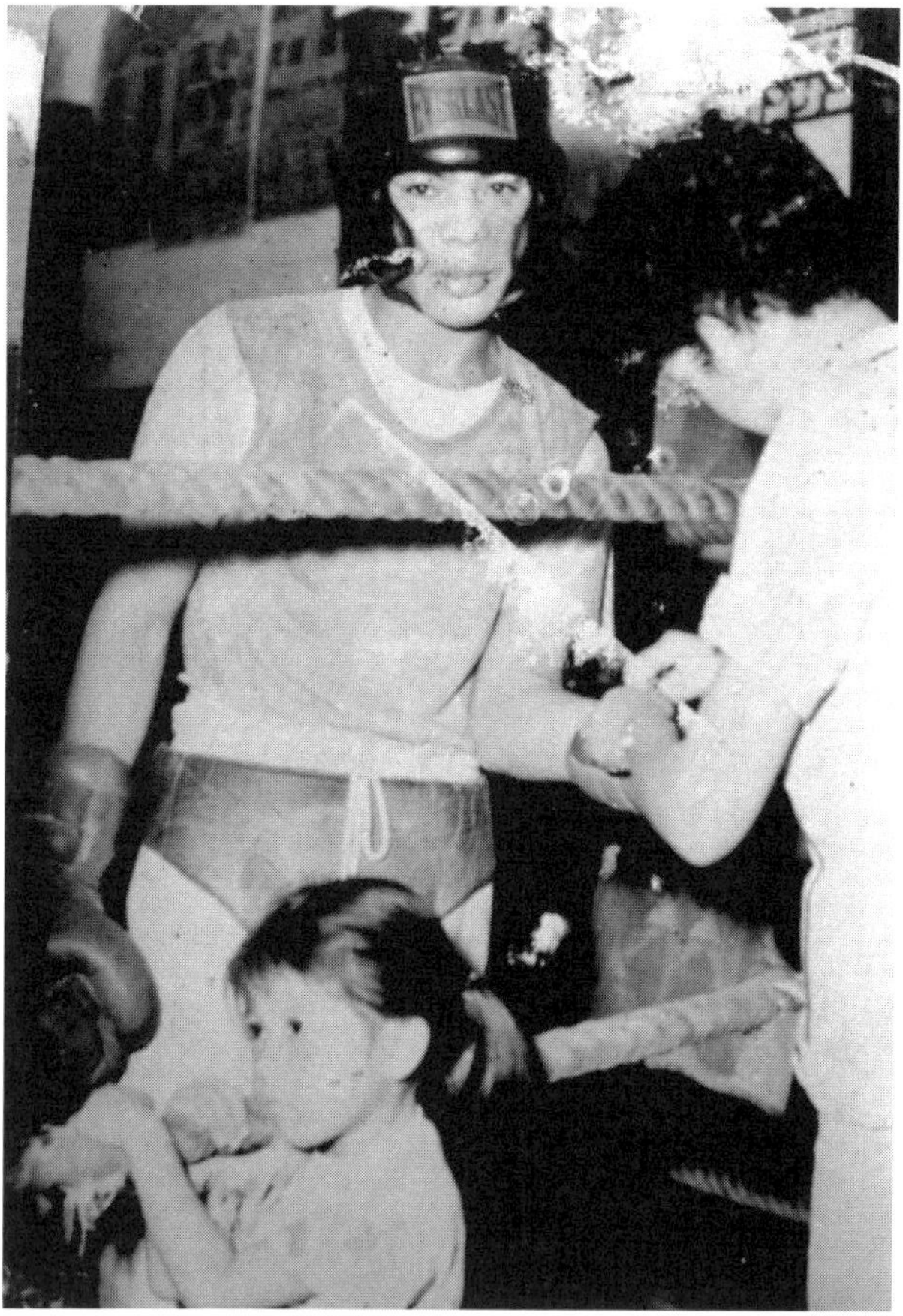

写真52　フィリピンの英雄、フラッシュ・エロルデは20年近くの現役生活を通して、多くの日本人選手と拳を交えた＝ラウラ・エロルデ氏提供

ボクサーの努力に加えトレーナーの懸命な指導が、ボクシングにおける「近代性」をかろうじて保っていたことが分かるだろう。

「精密機械」と呼ばれる程の技術を教えるのには苦労したよ。沼田は元々、野性味のあるボクサーだったからね。「精密機械」とは違う一面があった。だから、ウエイト管理に朝のロードワーク、毎日つきっきりで指導せねばならなかった。トレーナーが他にもいたから交替できたけど、一人じゃ続かなかった。どれくらい走るかまで計画書を作る程だったよ。［二〇〇五年四月六日、杉崎昭俊氏より筆者聞き取り］

この言葉は、華やかな興行の舞台裏でいかにボクサーのイメージづくりがなされていったかを物語っている。沼田が実際に一ミリの狂いもなくステップを踏み、的確なクリーン・ヒットを打てたかどうかが問題ではない。重要なのは、毎日どこかの局でボクシングが放映されていた全盛期に、彼の名前が日本ボクシング界の新時代を象徴する代名詞となったことである。

その証拠に、沼田は早くから、極東ジムがタイアップし東京放送（現ＴＢＳ）の人気番組となった「東洋チャンピオン・スカウト」（午後八時から九時半放送）の看板選手であった。番組のメイン・スポンサーは東洋工業（現マツダ）。奇しくも、東洋工業が世界で初めて実用・量産型ロータリー・エンジンを搭載した、その名も「コスモスポーツ」を発売したのは、日本人ボクサーが世界の実力選手と肩を並べる一九六七（昭和四二）年のことであった。「東洋チャンピオン・スカウト」

は、戦後の基幹産業の一つである自動車メーカーの企業イメージと、日々「科学的進歩」を遂げる日本人選手の活躍をだぶらせながら、全国へ番組を発信したのである。

そして、ファイティング原田が一九六五（昭和四〇）年にバンタム級を、藤猛が一九六七（昭和四二）年にジュニア・ウエルター級を、さらには沼田義明が同年にジュニア・ライト級のベルトを獲得し、一一ある世界タイトルのうち日本が三つを手に入れたとき、希求すべきモデルとしてのフィリピンの役割は完全に終わった。(86)

藤にいたっては、業師《わざし》との呼び声が高いイタリアの世界王者、サンドロ・ロポポロをわずか二ラウンドでノックアウトし、ファンの度肝を抜いた。些細な動きも見切る視力や抜群のフットワークを兼ね備えた世界王者に勝ち目がない藤は、名トレーナー、エディ・タウンゼント（一九一四〜八八）の指導を得て、生涯戦績にして八五パーセントものKO率を生み出すハンマーパンチを完成させた。足を使ってこそポイントを稼ぐと海外のボクサーから批判された日本人選手が、プロ・アマ通じて一二年間、ただの一度すらダウンしたことがない世界王者を三度もリングに叩きのめしたのである。軽量級でしか世界を狙えない日本人選手が中量級でもその真価を発揮した事実に、何より驚いたのは当の日本人であったろう。当たればどんな相手でもその昏倒するパンチが魅せる爽快感は、高度経済成長を実感し始めた日本人の心性に実によくフィットした。

「誇るボクシング王国・日本」と銘打たれた『報知新聞』の記事には、日本が「一等国」の仲間入りを果たしたことを高らかに宣言している。(87) 次に紹介するボクシング・コミッション事務局長・菊池弘泰の言葉は、国際社会でますます活躍せんとする日本人の心情を代弁している。

これからいよいよ日本の力を行動に移す時代にはいるのです。いままでは、アメリカも日本のことを素質のあるむすこぐらいに思っていたでしょう。しかし、こんどは完全に一人前の男として堂々と意見を出し、けん引車の役目をつとめねばならない。いま世界のボクシング界は分裂状態にありますが、ヨーロッパやメキシコに呼びかけてひとつにまとめる。われわれの目的は、〝世界はひとつ〟ということです。［『報知新聞』一九六七年六月一六日記事より］

菊池の発言には、当時の日本人がそれまでずっと抱いていた劣等感がにじみ出ている。特に、「素質のあるむすこ」という表現は、GHQ最高司令官の任を解かれたマッカーサーが、一九五一（昭和二六）年に米議会上院軍事・外交合同委員会で述べた日本観に由来している。彼は、共和党のロング委員からドイツ占領と日本占領の違いを聞かれ、次のように答えたという。

科学、美術、宗教、文化などの発展の上からみて、アングロ・サクソンが四十五歳の壮年に達しているとすれば、ドイツ人もそれとほぼ同年齢である。しかし日本人はまだ生徒の時代で、まず十二歳の少年である。ドイツ人が現在の道徳や国際道義を怠けたのは、それを意識してやったものである。国際情勢に関する無知識の故ではなく、その失敗は日本人の犯した失敗とは少し趣《おもむき》を異にする。ドイツ人は自分がこれと信ずることに再び向かって

いくだろう。日本人はこのドイツ人とは違うのである。［『朝日新聞』一九五一年五月一六日記事より］

よく知られているように、この発言は、あくまでマッカーサーが日本人の果たした革命的な変貌を称賛するために用いられたものである。しかし、「文化程度は〝少年〟」と題して、マッカーサーの日本観を報じる記事を読んだ多くの日本人は、自分たちがどれほど甘い考えを持っていたかを突きつけられた。

たしかに、マッカーサーこそ強烈な個性で指導力を発揮し、今日まで続く戦後日本の枠組みを作った「創造主」だった。彼が関わった政策を並べるだけでも、農地改革や婦人解放、公職追放、財閥解体、財政制度、教育制度、公衆衛生、警察制度、地方自治、国家神道の廃止、労働改革など多岐にわたる。天皇や日本政府すら意のままに統御したマッカーサーは「超越的支配者」でありながら、戦禍を長らく被った庶民にとって民主主義を下賜する「解放者」でもあった。日本人からGHQに寄せられた手紙は五〇万通に達し、そのほとんどは占領を好意的に受けとめるファンレターだったという［袖井二〇一五］。

そして、独立による主権の回復を果たした後も、日本は政治や経済、軍事の面において、アメリカへの依存と従属を強めた。菊池の発言には、そうしたアメリカの家父長的権威から独立し、経済のみならず、スポーツ文化においても世界を凌駕しリードしていくのだ、というボクシング界の意志が象徴的に表されているのである。世界チャンピオンの「国産化」が進んだ一九六〇年代はまさに、アジアから世界へと認識が大きく変化していく時代であった。

＊

一九五〇年代初頭、アジアにおいて「科学的」なボクシング技術を有していたのは、専《もっぱ》らフィリピン人ボクサーであった。その背景には、フィリピンが一九世紀後半から二〇世紀前半にかけて、アメリカの植民地下に置かれることで、いち早く近代的で合理的なトレーニング方法を修得していった歴史があった。それゆえ、フィリピン人ボクサーは一九五〇年代後半まで、日本の選手やファンから乗り越えるべき東洋最強の壁として想定された。

今日、注目度やファイトマネーの額において、世界選手権と東洋選手権は比較しようもない。しかし、当時はまだ東洋の王者になることが決定的に重要で、日本人の血をたぎらせた時代があったのである。

例えば、金子繁治氏が作成した『金子繁治　一九五〇—一九五八　試合レコード表』によれば、彼が日本ランキング入りしたばかりの一九五二（昭和二七）年五月一九日の田中昇戦において、一試合当たりの報酬は八千円に過ぎなかった。その後、一三もの戦いを重ね、極東ジムの看板選手であった秋山政司と日本ライト級選手権を競う頃になると、一二万円の報酬を得るようになった。そして、初めて迎えた東洋王座防衛戦、彼はフィリピンのラリー・バターンとの闘い（一九五四年一月二八日）で二二万円もの大金を獲得する。最終的に、現役最後の東洋王座防衛となった中西清明戦（一九五七年六月一四日）では、八六万円のファイトマネーを手にすることができた。

これを当時のサラリーマンの給与と比べてみると、東洋王者がいかに破格の報酬を得ていたかが分かる。例えば、国家公務員上級試験に合格した大卒者の初任給は、一九五二（昭和二七）年が九七五〇円、一九五四（昭和二九）年が一万七四〇〇円、一九五七（昭和三二）年が二万三四六〇円であった［週刊朝日編 一九八八：七二］。記録が残っている中で一番古い田中戦では、金子のファイトマネーは公務員初任給にも満たなかった。しかし、東洋王座を三年半に亘って守り続け、アジアでまごうかたなきトップの称号を不動のものにした一九五七（昭和三二）年には、ファイトマネーが一〇〇倍近い金額に跳ね上がっていた。最もファイトマネーが高かった一九五五（昭和三〇）年一二月七日のエミール・ビル・ティンデ戦（第五回東洋王座防衛戦）に至っては、わずか一二ラウンドで国家公務員が五年間働いてもまだ足りない程のファイトマネーを稼いでいる。

プロボクシングが興行である以上、主催者側は木戸銭を支払う観客を少しでも多く集めねばならない。そのため、大衆の関心をそそる対戦カードにはそれだけ高い付加価値が付けられ、当然のことながらファイトマネーも高額になる。そのファイトマネーを大衆支持のバロメーターと仮定すれば、東洋選手権が一九五〇年代に想像を超える高い人気を博していたことを物語っている。

だが、一五年の時を経て「国産」の世界チャンピオンが揃ったとき、日本は声高らかに「一等国」を宣言した[88]。ここで大切なのは、日本人が本当に「一等国」の仲間入りを果たしたかどうかではない。注目すべき点は、日本が中軽量級を制覇し、世界のボクシング界をリードしていたフィリピンをうち破ったとき、彼らの関心がアジアから世界へと移っていったことである。

確かにフィリピンは戦後のある時期まで、日本の重要なモデルであった。しかし、日比戦が加熱した背景には、別の影響を見いだすことも可能である。すなわち、日本はフィリピン人ボクサーと闘いながら、実はその向こうに羨望する「西洋」を意識していたのではないか。

先にも取り上げたとおり、GHQの占領が終了する前夜、当時の日本人はマッカーサーの日本観を通して、自分たちを統治していたアメリカ人の本音を知った。また冷戦下、アジアにおける反共の砦として西側陣営に取り込まれることで、政治や経済、軍事などあらゆる領域において、アメリカへの依存や従属を強いられた。いわば、欧米先進諸国に対する日本人のコンプレックスは、アメリカに対する憧れを伴いながら、一九五〇〜六〇年代を通して徐々に大きくなっていったのである。フィリピンは、そうしたアメリカ文化の体現者として戦後、日本の前に立ち現れたのだ。

スポーツと大衆ナショナリズムを語る文脈において、支配者たるアメリカからやってきた大男を正義の空手チョップでなぎ倒す力道山が、ひとつの「神話」として語り継がれてきた。プロレス創成期を歴史に位置づける試みは往々にして、単純な占領史観を前提としている。しかし、本書で明らかにしたように、フィリピン人ボクサーの手を借りねば、引き裂かれた日本のナショナル・アイデンティティを取り繕うこともままならない時代があった。自己の分裂と内面の葛藤を抱え込んだ日本は、敗戦直後からアジアと密な関係を取り結び、彼らを「鏡」とすることで、そこに映ったイメージを自己像としていった。アジア主義の帰結としての対外膨張主義と反日感情の歴史に収斂《しゅうれん》しがちな近代アジアとの関わりに今一度、目を向けることは、戦後七〇年を経て再び息を吹き返しつつあるわが国のナショナリズムを考察する上で有益な視座を与えてくれるのではないだろうか。

(75) 「広告景気年表 国内一〇大ニュース」『Trend Box』（http://org.cc.dentsu.dmap.jp/books/ad_nenpyo/ 二〇一四年一〇月一〇日）。

(76) 中村金雄、一九四九、『ボクシング・ガゼット』ボクシング・ガゼット社、二五（二）：?。

(77) ロシアのユダヤ系移民であったレイ・アーセルは、ボクシングの階級はおろか、人種や民族も異なる様々な選手を育て上げた。彼の指導によって、イザード・チャールズ（Ezzard Charles）やジム・ブラドック（Jim Braddock）、ボブ・オーリン（Bob Olin）、トニー・ゼール（Tony Zale）、バーニー・ロス（Barney Ross）、ビリー・スーズ（Billy Soose）、セフェリノ・ガルシア（Ceferino Garcia）、ルー・ブロイラード（Lou Brouillard）、テディ・ヤローズ（Teddy Yarosz）、フレディ・スティール（Freddie Steele）、ジャッキー・〝キッド〟・バーグ（Jackie "Kid" Berg）、アルフォンソ・〝ペパーミント〟・フレイザー（Alfonso "Peppermint" Frazer）、エイブ・ゴールドスタイン（Abe Goldstein）、フランキー・ジェナロ（Frankie Genaro）、シクスト・エスコバル（Sixto Escobar）、チャーリー・フィル・ローゼンバーグ（Charley Phil Rosenberg）、ロベルト・デュラン（Roberto Duran）、ラリー・ホームズ（Larry Holmes）、ベニー・レナード（Benny Leonard）が世界チャンピオンとなっている［Berger 一九九四］。

(78) Svinth, Joseph R., 2001, "The Origins of Philippines Boxing, 1899-1929", *Journal of Combative Sport* (http://ejmas.com/jcs/jcsart_svinth_0701.htm, December 20, 2006).

(79) 中村金雄やラッシュ・マヨとも闘ったジョニー・ヤスイ（後列左から二人目）の姪、キャリー・ヤスイ・カワモト氏が保管していた写真49を見ても、大戦間期にこれだけのボクサーがいたことにただただ驚かされる。

(80) 芋川生、一九五四、「大衆料金を低廉に、学生優待も」『The Boxing』拳闘社、一六（一〇）：二九。

(81) 田中漸・田原ひかる、一九五五、「ボクシングをエンジョイせよ」『The Boxing』拳闘社、一七（一一）：二三。

(82) 枝倒子、一九五六、「がっちり基本のマスターを」『The Boxing』拳闘社、一八(二):二七。

(83) 足立正、「スポーツ技術の水準向上について(答申)」一九五九年九月一二日付、文部省保健体育審議会(http://www.mext.go.jp/b_menu/shingi/12/hoken/toushin/030212.pdf、二〇〇六年一〇月一〇日)。

(84) 『報知新聞』一九五五年六月二五日朝刊。

(85) 宅和本司、「観戦記〝無死満塁〟の息苦しさ　キッドの空振りにゾッとする恐怖」『報知新聞』一九五五年六月二五日朝刊。

(86) ファイティング原田や藤猛、沼田義明は、WBA・WBC両団体からタイトルフォルダーとして認定されており、世界のボクシング団体が分裂した時代にあっても、一一しか存在しない階級の「統一チャンピオン」として君臨した。

(87) 『報知新聞』一九六七年六月一六日朝刊。

(88) 厳密に言えば、藤猛は日本国籍を有した世界王者ではない。ハワイで生まれた日系三世の藤は、名トレーナー、エディ・タウンゼントに見いだされて、ボクシングの道を歩み始めた。しかし当時の日本人は、藤のボクシング・スタイルを和魂洋才の精神として捉えた。彼が技巧に優れたイタリアの世界ジュニア・ウエルター級王者サンドロ・ロポポロをKOに葬った戦評には、「ハワイで生まれ、祖国を知らずに育った二六歳のアメリカ国籍の〝日本人〟の勝利と報じられている。藤が、リング上で「バンザイ、バンザイ」と絶叫する時、また、辿々しい日本語で「カッテ・カブッテ・オヲシメロ(勝って兜の緒を締めよ)」と言い放つとき、マス・メディアや多くの日本人はある種のほほえましさを感じながら、彼を「ヤマトダマシイ(大和魂)」を持った日本人として扱った。そうした意味で、本書では藤を「国産王者」の一人に位置づけた。ただし、彼のボクシングは、豪腕で相手をなぎ払うファイト・スタイルであった。同じインファイターでも、一撃必殺のパンチを得意とする藤が、接近戦で左右のフックをたたみかけるピストン堀口の単純な焼き直しではないことに注意を払う必要がある。

終章　「大東亜」の夢は実現したか

戦後の飢餓状態の中、世界記録を次々と塗り替えた「フジヤマのトビウオ」こと、水泳の古橋廣之進。姑息な反則技に満ちたアメリカ人レスラーに正義の空手チョップを浴びせる力道山。そして、回転レシーブや時間差攻撃を駆使し、体格で勝る欧米チームから「東洋の魔女」と畏《おそ》れられた日紡貝塚女子バレー部。人々の願望を部分的に反映したスポーツ文化は、歴史を語り直す際に有益な示唆を我々に与えてくれる。なかでも、「東洋一」を錦の御旗に掲げたプロボクシング東洋選手権は、国際舞台への復帰を目前にした日本の大衆の話題をさらった。

これまで見てきたとおり、ロッペ・サリエルや瓦井孝房、田辺宗英、真鍋八千代といった興行師や実業家が中心となって一九五二（昭和二七）年に設立されたこの国際大会は、戦争によって活躍の場を失った日本人選手が再度、大舞台に立つきっかけとなった。さらに、周辺諸国で反日感情が最も厳しい一九五〇年代から六〇年代にかけて、この大会は日本とフィリピン間における外交の膠着状態を解消する突破口となった。その意味において、東洋選手権は占領や戦争といった過去を乗り越え、未来に開かれた対話の一プロセスであったと捉えることができるかもしれない。

ただし、ここでいう「東洋」が単なる地理用語以上の意味を持ち、過去の歴史的経緯を伏線にしたものであったという点には注意を払う必要があるだろう。戦後、日本に進駐したGHQによって、「大東亜」や「東亜」などの言葉は、戦争を正当化するイデオロギーと見なされ、使用を禁止された。これらに代わって戦後、再び使用されるようになった「東洋」は、政治的意図を脱色したような、極めて戦後的な概念として命を吹き込まれた。二章で示したように、東洋選手権は、フィリピン側の被害を含む戦時期の体験と連合国軍占領下、完全には否定しきれない日本人のアジア回帰への思いが絡み合って成立したのである。

一方、戦前の一九三五（昭和一〇）年に開催された旧制度下の東洋選手権を振り返れば、その目的は日本人ボクサーが強豪フィリピン勢に腕試しすることであった。にもかかわらず、同じ日比戦から始まった一九五二（昭和二七年）年以降の東洋選手権においては、国際的な枠組みが次々に整備され、加盟国の数も増加していった。戦後になって、東洋選手権が掲げる「東洋一」の称号にスポーツ界以外からも期待が寄せられたのは、ボクシングによるアジア進出がまずもって純然たる競技上の戦いであり、周辺国から「大東亜」の焼き直しと見なされなかったことにも起因している。

さらに、ボクシングにおける「東洋」が主催者の意向に併せて変化する恣意的な枠組みであったことも、興行上の成功を収める要素となった。賠償交渉に先立って成立した選手権は、東洋ボクシング連盟が設立された一九五四（昭和二九）年当初、日本とフィリピン、タイのわずか三カ国に過ぎなかった。加盟数に応じてその範囲が自在に伸び縮みする「東洋」に、誰一人として意義を差し挟む者がいなかったのは、今日ほど世界戦を目にすることができなかったという事情がある。いわば、ボクシングにおける「東洋一」とは、興行の付加価値や集客効果を上げる仮構のキャッチコピーであった。

このボクシング・ブームを牽引したのは、登場したばかりの民放テレビ放送であった。日本テレビの正力松太郎は、番組広告による収入事業を軌道に乗せるため、有望なコンテンツとしてのボクシングに注目した。ただし、日本テレビがスポーツ競技の放映権を優先的に獲得した背景には、後楽園スタヂアムを取り仕切る田辺宗英の協力が不可欠であった。田辺七六や小林一三といった政財界の実力者を兄に持ち、自身も近代スポーツ普及に一役買った田辺は、ボクシングの敢闘精神を通して敗戦国民のナショナルな意識の涵養に努めた。日本テレビと後楽園スタヂアム提携の背景には、勤皇・愛国主義の再生にかけた田辺の執念があり、彼の思想は戦前の愛国社をはじめとした政治団体にまで溯ることができる。やがてその機運は、愛国社同人であった野口進がフィリピン大統領ラモン・マグサイサイと会見を果たすことで最高潮に達する。

さらに東洋選手権は、フィリピンとの間で難航する外交交渉の場にも登場した。戦後復興の兆しとともにスポーツが興隆し始めた一九五〇年代後半、岸信介は賠償問題の解決と海外市場への進出に注力した。しかし、フィリピンやインドネシアなど、激戦を経験した各国の反日感情は依然として根強く、日本が国際社会の理解を取り付けることは容易ではなかった。アメリカの後ろ盾を得た岸でさえ、政権時代はアジア諸国からの冷ややかな視線にさらされる日々が続いた。そうした中、有識者からひとつの打開策として、スポーツをはじめとする文化外交を対アジア政策の新機軸に据える方針が提案された。外貨の使用を厳しく制限されていた時代に開催されたビッグ・イベント「東洋チャンピオン・カーニバル」は、この願ってもない好機をものにするために、アジアとの「国際親善」や「友好」を強調し日本政府の支援を得ることに成功した。

このように、興行の仕掛け人たちはそれぞれ、ボクシングの国際試合に自らの思想や野望を投影していた。たしかに、日本は一九四五（昭和二〇）年のポツダム宣言受諾によって植民地や占領地の全てを放棄したが、敗戦を認めることとアジア進出の夢をどこまで手放すのかは別問題だったと考えるべきであろう。東洋選手権はそうした三者三様の思惑が重なるところで実現した競技大会であった。

それに対して、いち早く海外渡航を果たした選手には、国際社会で日本の友好的態度を示すような役回りが期待された。しかし、元東洋王者が海外選手やファンとの関わりの中で見出したのは、戦争によって傷ついた人々の姿だった。日本国内で東洋選手権が盛り上がる中、彼らは復興から高度経済成長へと向かう文脈を離れ、先の大戦が幾つかの地域で社会統合に深い影を落としている様を目撃するのである。

その一方、東洋選手権を征することは、それを見守る日本の人々に肯定的な自画像を描く一助となった。アメリカ植民地時代に近代化が進み、早くから世界的なボクサーを輩出していたフィリピンは、日本のスポーツ界の発展を測るものさしとして機能した。ファンが最終的に重要視したのは、日本人選手が科学的なトレーニングや合理的なファイト・スタイルを習得していく過程であった。打たせずに打つアウトボクサーの隆盛や海外選手との体格差を乗り越えようとしたノックアウトボクサーの登場など、「殴り合い」の中に科学を見出そうとした時代の影には、試行錯誤を重ねた成長の歴史があった。かたや、戦中まで日本のボクシング界が「玉砕戦法」と呼ばれた力任せの乱打戦を良しとしており、向こう見ずな精神主義の風潮を牽引する傾向があったことは前章までに記したとおりである。アメリカ文化の体現者であるフィリピンは、戦後の復興期において日本の格好の好敵手であり、同時にボクシング界を根底から変える存在として期待されたのであった[89]。

当然のことながら、東洋選手権において、日本以外の参加国に帝国の名残を感じさせるものはあらかじめ排除されていた。これまで述べてきたとおり、日本は戦争の当事国として、アジア諸国から恨みを買っていたからである。フィリピンを例に挙げても、一一一万人もの国民が死亡したことが何より、戦後のスポーツ交流の障壁となる可能性があった。しかし、占領地であったフィリピンのボクサーが日本人よりも圧倒的に高い技術を持っていたことは、占領時代の支配関係を転倒させるものとして人々の関心を集めたのであった。そこで、主催者はアジアの覇権を争うことの政治的意味を巧みに脱色し、「大東亜」の復活と見られない形でボクシングの「東洋」を演出して見せたのである。

やがて、日本人選手がフィリピンを王座の数で凌ぎ、アジア諸国からライバルが一掃される頃になると、「東洋一」の価値は次第に失われていく。それは、世界中に日本製品が溢れ、科学技術立国としての自負が日本社会を覆うのと時期を同じくしていた。戦後復興から高度経済成長へ。東洋選手権も、一九七七（昭和五二）年にはオーストラリアやニュージーランドを加えて、新たに「東洋太平洋ボクシング連盟（ＯＰＢＦ）」へと改組されていく。敗戦後の虚無感をスポーツによって埋め合わせしようとした東洋選手権は、日本が戦争の記憶を洗い流し新たな自尊心を獲得する頃、静かにその歴史的役割を終えたのである。

(89)　日本のスポーツ・ファンが最終的に重視したのは、技術力に富んだボクシングのあり方であって、日本人が外国人選手をねじ伏せて勝つことではなかった。スポーツにおける科学性が信奉され始めた時代、勝ったら勝ったなりに、負けたら負けたなりに、国民意識は高揚したであろう。スポーツを語る新たなパースペクティブの登場によって、勝ち負けの意味は相対的に低下したと考えられる。この問題を翻って考えれば、日本ボクシング界の技術力を検証する「舞台」を作ることができさえすれば、肯定的な自画像を描くという目的はいかようにも達成されたと推測することができる。

＊読者の読みやすさに配慮して、引用文の旧字体を一部、新字体に書き改め、適宜ルビを付した。
また、引用資料において、明らかな誤字・誤植等はこれを訂正した。

あとがき

日本国民を存亡の危機に陥れ、アジアの国々に多大な損害を与えた戦争が終結して七一年の月日が流れようとしている。今年（二〇一六年）は日本とフィリピンの国交正常化六〇年という記念の年を迎える。この節目にあたり、明仁天皇、美智子皇后は一月二六日から五日間の日程で、フィリピンを公式に訪れた。日比の友好親善と戦没者慰霊を掲げた訪問は、皇太子夫妻時代の一九六二（昭和三七）年以来、実に五四年ぶりとなった。

東京国際空港で見送りの安倍晋三首相らを前に述べた天皇の「おことば」は、フィリピンとのパートナーシップを強化していく上で、日本が向き合うべき過去を端的に示している。

フィリピンでは、先の戦争において、フィリピン人、米国人、日本人の多くの命が失われました。中でもマニラの市街戦においては、膨大な数に及ぶ無辜《むこ》のフィリピン市民が犠牲になりました。私どもはこのことを常に心に置き、この度の訪問を果たしていきたいと思っています。*

歴代天皇として唯一フィリピンの地を踏んだ今上天皇は、各地で精力的に公務を果たした。建国の父を顕彰した「ホセ・リサール記念碑」や日本政府が一九七三（昭和四八）年に建立したカリラヤの「比島戦没者の碑」への供花、フィリピン人の戦没者を悼む「無名戦士の墓」への拝礼、戦後母国へ戻れなかった在留邦人との懇談など、日本とフィリピンの間にある縁《えにし》の糸をなぞり歩くその姿は、両国のメディアを通して大きく報じられた。この報道によって、少なくとも、かつて「東洋の真珠」と謳われた首都マニラが東京大空襲に匹敵する死者数を出したことを初めて知った日本の若い世代もあったであろう。戦争体験と記憶の風化が著しいわが国において、今回の訪問が投げかけた意味は決して小さくない。

その一方で、大統領であるベニグノ・アキノ三世やフィリピン国民が示した歓迎ぶりは、中国や韓国との間で歴史認識の問題に揺れる日本人を安堵させた。日本が国際社会に復帰しようとする際、フィリピンから理解を取り付けることが容易ならぬ努力を要したことは、本文でも触れたとおりである。このフィリピン社会の〝変容〟は、一九七〇年代までの反日感情を知る人々にとって隔世の感すらあったに違いない。

しかし、フィリピン人が示した好意的態度だけで、過去が既に「清算」されたと考えるのは、戦地訪問の意義を見誤らせることになるだろう。歓迎ムードの蔭には、日本政府に補償と謝罪を求める元慰安婦や、報復を恐れて身元を隠さざるを得なかった日系二世の存在がある。さらに、国民レベルで、いかにして両国関係が雪解けへの糸口を摑んだのか、そのプロセスは十分に語り尽くされてはいない。

戦後賠償や戦犯裁判と同時期に行われたアジアとのボクシング交流はこれまで、まともに光が当てられてこなかった。外務省が自ら作成、あるいは省外から授受した文書記録を大切に保管する外交史料館でさえ、こうした大衆文化に関する記録は意外に所蔵が少ない。オリンピック・パラリンピック招致に対する政財官の盲信的な期待を見てもわかるように、今やスポーツと政治、経済、政策を切り離して考えることは困難であろう。莫大な資本が投下され、重要な外交カードと目されている国際競技大会は、今日になってようやく研究対象としてその地位を確立しつつある。

ただ、逆説的ながら、スポーツを語る＝批評するためのまとまった史料は、秩父宮記念スポーツ博物館・図書館、あるいは日本体育大学図書館といった一部の施設で所蔵されているのみで、国内で十分な整備がなされているとは言いがたい。スポーツを通して歴史を紐解く手がかりの多くは目録化されることもなく、限られた個人の手に委ねられている。やがてその個人もこの世を去れば、貴重な史料が散逸することも免れないだろう。デザインを巡ってあれほど紛糾した国立競技場の立て替えにおいても、同じ施設に併設された秩父宮記念スポーツ博物館・図書館の将来構想は目立った議論をされることなく、いつの間にか人々の関心は雲散霧消してしまった。

困難な時代にあえて挑戦し続けた選手らの軌跡を振り返らずに、どうしてスポーツから何か新しい知見を得ることができるのだろうか。少なくとも、戦争の当事国である日本とフィリピンの選手がリングの上で殴り合うという、「宿縁」じみた歴史の因果を理解するには、未だ日の目をみない一次資料を渉猟《しょうりょう》する地道なアプローチが必要なはずである。何気ない選手の一挙手一投足に託された意味を説き明かす上で、時代考証的正確さを欠いた検証はあまりにも味気ない。

ボクサーたちの活躍については、スタジアムに足を運ばない人々もテレビやラジオ、新聞、専門誌、ポスターなどを通して耳目に触れた。本場アメリカ仕込みの技術を習得したフィリピン人ボクサーに勝つことは、敗戦や占領を経験した日本人にとって特別な意味を持っていたのである。戦後のボクシングは、今日のように多様化したスポーツの一種目ではなく、日本の国際社会復帰を実感させる貴重な舞台装置だった。

それでもなお、ほとんどの研究者がプロボクシング東洋選手権に「競技性」を超えた歴史的価値を見出せなかったのは、スポーツと政治の緊張関係に無関心だったことの表れである。我々が慣れ親しんだ歴史は全ての出来事を記録したアーカイブではなく、何を次の世代に語り継いでいくかについて取捨選択した結果なのである。

筆者は、そのような問題意識に基づいて、一次資料や関係者の証言を集めてきた。これまで東京や福岡、沖縄、マニラ、ホノルルなどでフィールドワークを行い、半世紀も前に活躍した関係者をひとりひとり訪ね歩いた。無論、全ての調査が順調だったわけではなく、瓦井孝房氏のように一度はお目にかかりながら、再会を前に急逝された方も少なくなかった。一から人間関係を築き上げ、対話を通して自らの人生を再評価してもらう聞き取りは、まさに時間との勝負であったと言える。私が調査の過程で直面したこの難問は、人の営みを歴史に位置付けようとする者ならば誰しも経験する道のりであったのかもしれない。

反対に、数多くの貴重な史料と共に、当時の心証を語ってくれた金子繁治氏や勝又行雄氏、三迫仁志氏、矢尾板貞雄氏、ラウラ・エロルデ氏らと知遇を得たことは、研究を大きく前進させた。驚くことに、東洋選手権から幾年月が過ぎたにもかかわらず、彼らは日付や場所に至るまで正確に事実関係を語ることができた。ただ、個人の解釈に基づいて過去を再検証する試みは、教科書の上で歴史を学ぶこと以上に難しい。聞き取りの最中には全く分からなかったが、私自身が歳を重ねることで「ああ、そういう意味だったのか」と初めて気づかされることもあった。さらに、どれほど困難な時代においても、何かを好きであり続けるという姿勢は、一生の中で唯一無二の価値をもたらすことも教えられた。他者の人生の一部を描くことでさえ、それを扱う者の生き様《よう》が鋭く反映されている。

本書は奇しくも、フィリピンとの国交正常化六〇年という節目に出版される運びとなった。さらにボクシング界では、元東洋フェザー級王者、金子繁治氏が召天したのも、本年一月二日であった。彼のライバルであった世界ジュニア・ライト級王者、フラッシュ・エロルデの命日と同じ日に金子氏が神の御元へ旅立ったことに、我々は不思議な巡り合わせを感じないではいられない。

そもそも、大衆文化としてのボクシングを通して戦後史を読み直すという着想を得たのは、私が宮崎ワールドボクシングジム（宮崎市）でつぎはぎだらけのサンドバッグを打っていた時のことである。シャッター街が目立ち、若者にとって何の刺激も感じられない一地方都市の片隅で、何の取り柄もない筆者が、それでも何か自分の人生を変えることができるかも知れないと、恐る恐るジムの門を叩いたことが全ての始まりであった。

練習の中でふと思い浮かんだ素朴な疑問――なぜ、数あるスポーツの中でもボクシングが、戦争によって深く傷ついた日本とフィリピンの関係を修復することができたのか――が「戦後」という大きなテーマを語るきっかけになろうとは、全く思いも及ばなかった。これまで幾度となく触れてきたように、東洋選手権は友好や親善だけを目的にした当たり障りのないスポーツ・イベントではない。政治的な文脈の中で大衆文化を読み解く思考がなければ、東洋選手権が存在した意味は決して見えてこないだろう。ただ、史料の多くが欠落している上に、私自身が舌足らずなこともあり、記述がかなり遠回しな表現になってしまったことを今さらながら反省している。ボクシングによって得られた世界観を通して歴史のひだに分け入るという、本書のテーマがはたして成功したのかについては、読者の判断に委ねたいと思う。

＊「フィリピンご訪問ご出発に当たっての天皇陛下のおことば（東京国際空港）」二〇一六年一月二六日、宮内庁（http://www.kunaicho.go.jp/okotoba/01/speech/speech-h28e-philippines.html#280127、二〇一六年三月一日）。

謝辞

本書の調査や執筆に関して、実に多くの方々から温かいご支援を頂戴した。これらの人たちのお力添えがなければ、私がこれほど大きなテーマに取り組み、本書を書き上げることはできなかっただろう。スポーツという捉えどころのない身体活動から社会的な意味を「発掘」することができたのも、たくさんの方々と巡り会い、歴史の世界へといざなわれた結果の賜物である。感謝をしてもしきれない。また、秩父宮記念スポーツ博物館・図書館を初め、個人の手元に大切に保管されていた史料があって初めて、私の研究が日の目をみることができた。ここでお世話になった方々を列記し、ささやかながらお礼の言葉を述べたい（氏名順）。

●取材や史資料調査でお世話になった方々

安部譲二先生。スタンレー・イトウ氏（カカアコ・ボクシングジム）。ジャニー・エロルデ氏、マーティ・エロルデ氏、ラウラ・エロルデ氏（エロルデ・ボクシングジム）。ポール円福氏（ハワイ報知）。大石陽子氏（日本基督教団 碑文谷教会）。勝又洋氏（勝又ボクシングジム会長）。勝又行雄氏（勝又ボクシングジム名誉会長）。金元孝男氏（ジャパンスポーツボクシングクラブマネージャー）。金子賢司氏（金子ボクシングジム マネージャー）。金子健太郎氏（金子ボクシングジム会長）。金子繁治氏（金子ボクシングジム名誉会長）。菊地萬藏氏（キクチボクシングジム初代会長）。キャリー・ヤスイ・カワモト氏。

金城眞吉先生。ジョー小泉氏（リング・ジャパン社長）。ジュン・サリエル氏。ラエ・シラキ氏（ILWU LOCAL 142）。アルベルト・シルバ氏（Waipahu A.A. Boxing Team）。杉崎昭俊氏。須藤順子氏（秩父宮記念スポーツ博物館・図書館）。関博之氏（関ボクシングジム会長）。高尾啓介氏（オフィスタカオ）。竹元秀光氏（宮崎ワールドボクシングジム会長）。ジョージ・ナカオカ氏、マサ・ナカオカ氏（カカアコ・ボクシングジム）。沼田義明氏（沼田ボクシングジム会長）。野口修氏（野口プロモーション社長）。ロバート・ボビー・ハヤシダ氏。レネ・バリエントス氏（元世界ジュニア・ライト級チャンピオン）。ツネシ・マルオ氏（元ＡＡＵバンタム級チャンピオン）。三上孝道氏（秩父宮記念スポーツ博物館主幹）。三迫貴志氏（三迫ボクシングジム会長）。三迫仁志氏（三迫ボクシングジム名誉会長）。三橋高夫氏（博多協栄ボクシングジム会長）。矢尾板貞雄氏（元東洋フライ級チャンピオン）。安河内剛氏。安原昭雄氏。山田操氏（医師）。和田登志子氏。

●研究・執筆を進める上でご指導を頂戴した方々

新井克弥先生（関東学院大学）。荒木正見先生。有馬学先生（福岡市博物館館長）。有元健先生（国際基督教大学）。井口幸久氏（西日本新聞社）。太田好信先生（九州大学）。岡本真佐子先生。河部裕子先生。川村正氏（福岡・フィリピン友好協会会長）。坂上康博先生（一橋大学）。澤井睦美先生。清水麗先生。清水論先生（筑波大学）。清水展先生（京都大学）。末永慶寛先生（香川大学）。菅谷成子先生（愛媛大学）。杉山あかし先生（九州大学）。高田和夫先生（九州大学）。高畑幸先生（静岡県立大学）。角替弘規先生。時本識資先生。福元満治氏（石風社代表）。見市健先生（岩手県立大学）。

三隅一人先生（九州大学）。山口素明氏（フリーター全般労働組合共同代表）。山下高行先生（立命館大学）。佳留謙介氏。

また、忘羊社の藤村興晴氏にはお世話になり続けた。私が学生だった頃から今日に至るまで、彼からはずいぶん貴重な助言をいただいた。海のものとも山のものともつかぬ研究が日の目を見ることができたのも、藤村氏が私の問題意識と関心に価値を見いだしてくれたおかげである。なかなか筆が進まず、書いては消しを繰り返した私を陰から静かに支えてくださった藤村氏には、心より感謝の言葉を申し上げたい。

さらに、筆者の大学院時代の指導教官であり、現在福岡市博物館館長を務める有馬学先生には、長きに亘って史料の扱い方や歴史の解釈について貴重な教えを受けた。本書の執筆中、時と場所を選ばず、膝をつき合わせて濃密な個人ゼミナールのお時間を頂戴したことは、日本近代史に関する理解と洞察が欠かせない本研究の要諦であった。大学院を修了してもなお、出来の悪い学生そのままの私に、懇切丁寧な指導をしていただいた先生にお礼の言葉をお伝えしたい。

最後に、博士号を取得しても研究を続けることが困難なこの時代に、物心両面で支えてくれた父と母に本書を捧げたいと思う。

二〇一六年三月一二日　日本初の世界王者、白井義男を生んだ東京・荒川にて

乗松　優

関連年表

一五二一年	三月	フェルディナンド・マゼランによるフィリピンの「発見」。
一五二九年	四月	スペインとポルトガル間でサラゴサ条約が結ばれ、スペインのフィリピン領有が始まる。
一五七一年	五月	植民地首府マニラ市の設置により、スペインによる本格的なフィリピン支配が開始される。
一八九六（明治二九）年		秘密結社カティプーナンの反乱やホセ・リサール処刑によって、フィリピン全土に近代国民国家建設に向けた「フィリピン革命」が起こる。
一八九七（明治三〇）年	一二月	カティプーナン指導者、エミリオ・アギナルドが香港に亡命。
一八九八（明治三一）年	四月	アメリカがスペインに宣戦を布告（米西戦争）。
	六月	アメリカの支援を受けたアギナルドがフィリピン・カビテ州カウィットで、「フィリピン独立」を宣言する。
	八月	艦船やマニラ市、各地の基地を失ったスペインが降伏する。
	一二月	パリ条約調印。アメリカが、スペインから二千万ドルでフィリピンの領有権を獲得する。
一八九九（明治三二）年	一月	マロロス憲法の公布、フィリピン第一共和国（一八九九～一九〇一年）の建国。
	二月	マニラのサン・フアン橋での衝突を皮切りに、フィリピン各地で米比間の戦闘（米比戦争）が開始される。
	七月	フィリピン独立運動を支援するために、武器弾薬などが積み込まれた布引丸が沈没。日米のスキャンダルに発展する。

一九〇二（明治三五）年	七月	アメリカ大統領セオドア・ルーズベルトが、米比戦争の終結を宣言。アメリカによるフィリピン統治が始まる。
一九〇六（明治三九）年	一一月	渡辺勇次郎が単身渡米。黒人ボクサーのルーフ・ターナーに師事。
一九一〇（明治四三）年		フィリピン・コレヒドール島の陸軍基地やスービック湾の海軍基地の周辺で、ボクシングの地下興行が流行する。
一九二一（大正一〇）年		フィリピンでボクシングが合法化。同時期のハワイでも非合法の懸賞試合が流行する。
	一二月	アメリカから帰国した渡辺勇次郎が、東京目黒区に「日本拳闘倶楽部（日倶）」を設立。
一九二二（大正一一）年	五月	渡辺勇次郎が「国際純拳闘試合」と銘打ち、九段靖国神社境内角力場でボクシングの国際試合を開催。アメリカからスパイダー・ローチやヤング・ケッチェル、郡山幸吉を招請。
一九二三（大正一二）年	二月	渡辺勇次郎が、九段靖国神社境内角力場でボクシング興行を開催。二万人もの観客を集める。
	六月	フィリピン・イロイロ島出身のパンチョ・ビラが、イギリスのジミー・ワイルドを倒して、東洋初の世界チャンピオンになる。
一九二六（大正一五）年	八月	渡辺勇次郎に引率されて、中村金雄ら日本人選手がアメリカへ遠征。
一九二六（昭和元）年	七月	荻野貞行、田辺宗英が新橋の土橋に「帝国拳闘協会拳道社（後の帝拳ボクシングジム）」を開設。
一九二七（昭和二）年	一〇月	第四回明治神宮体育大会でボクシングが正式競技として実施される。
一九二八（昭和三）年	八月	渡辺勇次郎が、岡本不二と臼田金太郎を伴ってオランダ・アムステルダム五輪に出場。
		岩田愛之助が愛国社を設立。野口進、愛国社へ入社。
一九三〇（昭和五）年	八月	日本ライト級王者、小林信夫が、大日本拳闘会の招きで来日したボビー・ウィルス（比）と対戦。再三ダウンされた小林は、頸動脈を損傷し、日本ボクシング史で最初の犠牲者となる。
	一一月	愛国者同人佐郷屋留雄が、ロンドン海軍軍縮条約をめぐって濱口雄幸首相を狙撃、重傷を負わせる。

一九三二（昭和七）年	四月	東洋拳闘会が、ファイティング・ヤバ（比）を招請。
一九三三（昭和八）年	六月	読売新聞の招きで、フランスから元世界フライ級王者、エミール・プラドネル来日。ピストン堀口ら日本人選手を相手に五戦行う。
	一一月	野口進が統帥権干犯問題をめぐって、若槻礼次郎を襲撃する。
一九三四（昭和九）年	三月	フィリピン独立を一〇年後に認めるタイディングス・マクダフィー法が、アメリカ議会とフィリピン議会を通過。
一九三五（昭和一〇）年	一月	日本とフィリピンの間で第一回東洋選手権が開催される。
	二月	読売新聞社長だった正力松太郎が、国粋主義団体に属する青年から切りつけられ、重傷を負う。
	一一月	マニュエル・ケソンが大統領に就任。フィリピン・コモンウェルス（独立準備政府）の発足。
一九三六（昭和一一）年	五月	ピストン堀口がB・D・グスマン（比）から東洋フェザー級王座を獲得。
一九三七（昭和一二）年	一月	山口組二代目組長、山口登がピストン堀口対ジョー・イーグル（比）の興行に関与。
一九四一（昭和一六）年	四月	岩田愛之助と菊池武夫が興亜協会を設立し、南方要員を養成するための教育機関、興亜専門学校（後の亜細亜大学）を開設する。
	七月	在比アメリカ陸軍にフィリピン軍を編入したユサッフェ（アメリカ極東陸軍）が発足。
	一二月	日本軍のフィリピン進攻。マニラのオープン・シティ（非武装都市）が宣言され、アメリカ全軍がバターン半島に撤退、司令部がコレヒドール島に移される。
一九四二（昭和一七）年	一月	第一四軍がマニラ占領、日本軍政が始まる。
	三月	ダグラス・マッカーサーがケソンらと共にコレヒドールを脱出。抗日人民軍フクバラハップ（通称、フク団）が結成される。
	四月	バターン半島陥落。
	五月	コレヒドール島陥落。

	一二月	フィリピン版大政翼賛会である新比島建設奉仕団カリバピが発足。
一九四三（昭和一八）年	五月	東條英機が訪比、フィリピン独立を約束する。
	一〇月	日本軍政のお膳立てによって、ホセ・ラウレルを大統領とする「フィリピン第二共和国（一九四三～四五年）」が建国。
一九四四（昭和一九）年	三月	時局の悪化に伴い、大日本拳闘協会主催で行われた国防献金試合を最後に、ボクシングの試合が中止される。
	七月	日本帝国陸軍の第一四軍が第一四方面軍に改編昇格され、来たるべき決戦に備えられる。
	一〇月	アメリカ軍レイテ島再上陸。日米の激しい戦闘で、フィリピン全土が焦土と化す。大戦期間中、フィリピン側一一一万人、日本側五〇万人が戦没。
一九四五（昭和二〇）年	二月	米軍がマニラに侵攻。日米間で激しい市街戦が展開される。一〇万以上のマニラ市民が戦闘で命を失う。
	八月	日本の無条件降伏により終戦。
	一二月	GHQから神道指令が発表。
		野口進、上海から愛媛県新居浜市に引き揚げ。後に東洋フライ級王者となる三迫仁志を指導する。
一九四六（昭和二一）年	一月	GHQより公職追放の命令が下る。
	六月	米比間の無関税・免税制度の延長、アメリカ市民やアメリカ企業に対する優遇を認めたベル通商法、フィリピン復興法が、フィリピン議会で承認。
	七月	フィリピン第三共和国（一九四六～七二年）が建国され、マニュエル・ロハスが大統領に就任。
一九四七（昭和二二）年	三月	クラーク空軍基地やスービック海軍基地の九九カ年無償提供を定めた米比軍事基地協定が結ばれる。
	六月	アルビン・R・カーン博士が調査・研究のため、GHQの要請で来日。

一九五〇（昭和二五）年		野口進、東京・目黒区に野口ボクシングジム創立。
一九五一（昭和二六）年	二月	フィリピンの対日平和条約専門委員会が、約八〇億ドルの賠償請求額を発表。
	五月	世界フライ級王者、ダド・マリノが、サム一ノ瀬やスタンレー・イトウと共に来日。白井義男とのノンタイトル戦を行う。ロッペ・サリエルが、日本滞在中のサム一ノ瀬と知遇を得る。
	八月	GHQの政策転換により、田辺宗英が公職追放解除となる。
	九月	サンフランシスコ講和会議開催。フィリピン駐米委員のカルロス・ロムロが日本の戦争責任を追及。
一九五二（昭和二七）年	一月から二月	マニラで日比賠償会議開催。
	四月	サンフランシスコ平和条約が発効。日本が主権を回復する。ボクシング団体を統制する日本ボクシング・コミッション設立。初代コミッショナーに田辺宗英就任。
	五月	白井義男がハワイのダド・マリノを下して日本人初の世界王者になる。
	七月	ロッキー・モンタノとベビー・ジャクソンが戦後初のフィリピン人選手として来日。
	一〇月	ロッペ・サリエルによって、東京蔵前国技館で戦後日本で初となる新制度下の東洋選手権が開かれる。日本バンタム級王者堀口宏と比国同級王者フラッシュ・エロルデとの間で、東洋バンタム級選手権が争われた。
一九五三（昭和二八）年	四月	アメリカ市場への優先的参入を認める日米友好通商航海条約が締結。
	五月	タニー・カンポ（比）を相手に、白井義男が二度目の世界王座タイトル防衛に成功する。NHK（同年二月本放送開始）が試合を撮影し、テレビで放映。
	六月	エルピディオ・キリノ大統領が、モンテンルパ・ニュービリビット刑務所に収監されていた日本人戦犯を特赦・釈放する恩赦令を発布。

	八月	兵庫・甲子園プールにおいて、比国戦犯釈放感謝試合が開催される。金子繁治やフラッシュ・エロルデなどが参加。
	九月	NHKが、日本で最初のボクシング中継として、白井対レオ・エスピノサのノンタイトル戦を実況放送。
	一二月	金子繁治が、東洋フェザー級王者ラリー・バターン（比）から王座を獲得。
		アイゼンハワー大統領が、原子力の平和利用を目的とした「アトムズ・フォー・ピース」プランを発表。
一九五四（昭和二九）年	二月	NHK大阪が、全日本プロレス協会の興行を地域限定で試験放送。NHKと日本テレビが共同で、力道山・木村政彦組とシャープ兄弟の試合を本放送。
	三月	アメリカの水爆実験により第五福竜丸の乗組員が被曝。日本全国で反原水爆運動が起こる。
	四月	フィリピン滞在中の野口進やジョー・イーグル、三迫仁志ら日本のトップ選手が、フィリピン大統領のラモン・マグサイサイと会見を果たす。
		日比両政府、総額四億ドル期間一〇年の対比賠償に関する覚書に署名。
	五月	白井義男が世界フライ級タイトルマッチで、レオ・エスピノサ（比）を下す（興行師の瓦井孝房が関与）。
	六月	東洋フェザー級王者、金子繁治がフラッシュ・エロルデを判定で破る。
	一〇月	日本・フィリピン・タイによる東洋ボクシング連盟が正式発足。
	一一月	白井義男が世界フライ級タイトルマッチでパスカル・ペレス（アルゼンチン）に敗れる。以後、八年間日本人選手は世界王座から遠ざかる。
	一二月	日本テレビ（一九五三年八月開局）が「報知ダイナミックグローブ」を放送開始。
一九五五（昭和三〇）年	三月	日本フライ級王者三迫仁志が東洋フライ級王者タニー・カンポを破り、東洋王座を獲得。
		東京で賠償に関する技術専門家会議が開催される（五月まで）。

	五月	日本テレビの中継による白井義男対パスカル・ペレスの世界フライ級リターンマッチが、国内テレビ史上最高視聴率九六・一%を記録。
	六月	ラジオ東京テレビ（同年四月開局）が「東洋チャンピオン・スカウト」を放送開始。
	七月	世界フェザー級王者サンディ・サドラーがアメリカから来日。東洋フェザー級チャンピオン、金子繁治とノンタイトル戦を行う（興行師の瓦井孝房が関与）。
	一二月	「第一回東洋チャンピオン・カーニバル」、マニラで開催。金子をはじめ、選手役員が大挙遠征。
一九五六（昭和三一）年	七月	日比賠償協定と対日平和条約が批准発効（日本とフィリピンが国交回復）。
	一二月	「第二回東洋チャンピオン・カーニバル」がタイで開催。
一九五七（昭和三二）年	一月	ジラード事件（相馬ヶ原事件）発生。在日アメリカ兵の地位協定を巡って日米間の国際問題に発展する。
	三月	田辺宗英死去。
	四月	第一回文化外交懇談会開催。
		真鍋八千代が、日本ボクシング・コミッショナーに就任。
	五月	第二回文化外交懇談会開催。
	六月	岸信介―アイゼンハワーによる日米首脳会談。
	一一月	「第三回東洋チャンピオン・カーニバル」が東京で開催。韓国が東洋ボクシング連盟に加盟。
	一二月	岸首相、二度目の東南アジア歴訪。岸―ガルシアによる日比首脳会談。
一九五八（昭和三三）年	九月	矢尾板貞雄が東洋フライ級選手権で、レオ・スルエタ（比）に勝利。
	一二月	カルロス・ガルシア比国大統領が来日、外国元首として初めて日本の国会で演説をする。
		金子繁治が網膜剥離によって現役引退。

一九五九（昭和三四）年	一月	矢尾板貞雄がノンタイトル戦で世界フライ級王者パスカル・ペレスを破る。
	三月	矢尾板貞雄が東洋フライ級選手権でラリイ・ピネダ（比）に勝利。
		フジテレビ（同年三月開局）が「ダイヤモンドグローブ」を放送開始。
	六月	後楽園スタヂアム真鍋八千代と日本テレビ正力松太郎が、後楽園スタヂアムにおいてプロ野球天覧試合を運営。
	一〇月	日本教育テレビ（現テレビ朝日、同年二月開局）が「くろがねサンデーボクシング」を放送開始。
一九六〇（昭和三五）年	四月	東京で日比友好通商航海条約の締結交渉。
	五月	岡本不二、勝又行雄らボクサー一団を率いて、オーストラリア、フィリピンに遠征。
	九月	勝又行雄、フィリピン・フェザー級王者リトル・セサールにノンタイトル戦で勝利。
	一二月	勝又行雄、フィリピン・ジュニア・ライト級選手権で王者ヤング・テルロルに判定負け。
一九六一（昭和三六）年	七月	東洋フライ級王者、矢尾板貞雄がベネズエラ、ブラジルに遠征。世界バンタム級王者、エデル・ジョフレとノンタイトル戦を行い、KO負けを喫す。
一九六二（昭和三七）年	四月、八月	フラッシュ・エロルデが、東洋ライト級選手権で小坂照男と闘う（興行師の瓦井孝房が関与）。
	一〇月	ファイティング原田がポーン・キングピッチ（タイ）から世界フライ級王座を獲得。
一九六三（昭和三八）年	一月	ファイティング原田がポーン・キングピッチとの世界フライ級選手権（リターンマッチ）に敗れ、王座を失う。
	三月	拳聖ピストン堀口の一三回忌追悼試合が開催される。
一九六四（昭和三九）年	四月	一人あたり一年一回、持ち出し金五〇〇ドルまでという制限の下、海外渡航が自由化される。
一九六五（昭和四〇）年	五月	ファイティング原田が、世界バンタム級選手権でエデル・ジョフレ（ブラジル）を判定で破り、世界王座獲得。

一九六七（昭和四二）年	四月	藤猛が、世界J・ウェルター級選手権でサンドロ・ロポポロ（伊）をKOで破り、世界王座獲得（興行師の瓦井孝房が関与）。
	六月	沼田義明が、世界J・ライト級選手権で王者フラッシュ・エロルデを判定で破る（興行師の瓦井孝房が関与）。
一九六八（昭和四三）年	三月	王者小林弘が、世界J・ライト級選手権でレネ・バリエントス（比）と闘い、引き分けによる防衛を果たす（興行師の瓦井孝房が関与）。

引用文献

安部譲二、一九八七、『殴り殴られ』集英社

阿部潔、二〇〇三、『彷徨えるナショナリズム――オリエンタリズム／ジャパン／グローバリゼーション』世界思想社、四六―七

足立伸子、二〇〇八、「日系ブラジル人アイデンティティ――農業移民から都市ホワイトカラーまで」足立伸子編『ジャパニーズ・ディアスポラ』新泉社、一八六―二一六

Agoncillo, Teodoro A., 1974, *Introduction to Filipino History*, Quezon city: R.P. Garcia Publishing, 211-22.

芥川龍之介、一九七七、「上海游記」『芥川龍之介全集 第五巻』岩波書店、二〇

安藤昇、一九九八、『激動――血塗られた半生』双葉社

有馬学、二〇〇七、「戦後日本における忘却と想起の中のアジア」三谷博・金泰昌編『東アジア歴史対話――国境と世代を越えて』東京大学出版、一三一―一五二

有馬哲夫、二〇〇六、『日本テレビとCIA――発掘された「正力ファイル」』新潮社

――、二〇一一、『原発・正力・CIA――機密文書で読む昭和裏面史』新潮社

葦津珍彦、一九六三、「明治思想史における右翼と左翼の源流」維新史研究会編『新勢力――明治維新研究第三集』新勢力社、二一―四八

ベフ・ハルミ、一九九七、『増補新版　イデオロギーとしての日本文化論』思想の科学社

Berger, Phil, "Ray Arcel, Trainer Who Handled Many Boxing Stars, Is Dead at 94", *The New York Times*, March 8, 1994.

Black, Jonathan, 2010, "Jose P. Laurel and Jorge B. Vargas: Issues of Collaboration and Loyalty during the Japanese Occupation of the Philippines", *CMC Senior Theses*, California: Claremont Colleges, 69: 1-53.

防衛庁防衛研究所・戦史部編、一九八五、『史料集　南方の軍政』朝雲新聞社、三三一

BoxRec Boxing Records（http://boxrec.com/、二〇一四年一二月一三日）

中部日本放送編、一九五九、『民間放送史』四季社、二五〇

Constantino, Renato, & Constantino, Letizia R., 1978, *The Philippines: the Continuing Past*, Quezon city: The Foundation for Nationalist Studies.（＝一九九三、鶴見良行ほか訳『フィリピン民衆の歴史Ⅳ』勁草書房、一一六）

Dawson, Michael, 2006, "Acting Global, Thinking Local: 'Liquid imperialism' and the Multiple Meanings of the 1954 British Empire & Commonwealth Games", *The International Journal of the History of Sport*, London: Routledge, 23(1): 3-27.

Dewey, Donald, 2012, *Ray Arcel: A Boxing Biography*, North Carolina: McFarland & Company.

Duus, Peter, 1991, *Imperialism without Colonies: The Vision of a Greater East Asian Co-Prosperity Sphere, Diplomacy & Statecraft*, London: Routledge, 7(1): 54-72（＝一九九二、藤原帰一訳「植民地なき帝国主義――『大東亜共栄圏』の構想」『思想』岩波書店、八一四（四）：一〇五―一二一）

Espana-Maram, Linda, 2006, *Creating Masculinity in Los Angeles's Little Manilla: Working-class Filipinos and Popular Culture 1920-1950*, New York : Columbia University Press, 73-104.

Franks, Joel Stephen., 2002, *Hawaiian Sports in the Twentieth Century*, New York: The Edwin Mellen Press.

藤平芳紀、一九九九、『視聴率の謎にせまる――デジタル放送時代を迎えて』ニュートンプレス、三一

藤井陽介、二〇〇七、「大伯父と戦争」大石嗣郎編『八十路のあゆみ』自費出版、三五―六五

藤原博達・岩田幸雄、一九七一、「対談――爽快なる男の人生」ＩＮ通信社編『人物評論』、ＩＮ通信社、九二―七

藤田五郎、一九八〇、『任侠百年史』笠倉出版

古矢旬、二〇〇二、『アメリカニズム――「普遍国家」のナショナリズム』東京大学出版局

外務省、一九五一、『サン・フランシスコ会議議事録』外務省、三五四―五

――――、一九五七a、『わが外交の近況 第一号』大蔵省印刷局、一六二、一六四

――――、一九五七b、『わが外交の近況 特集二――岸総理の米国訪問』大蔵省印刷局、三―四

――――、一九五八、『わが外交の近況 第二号』大蔵省印刷局、一―五、一九、六三―四、一七一

外務省情報文化局、一九五七、外務省記録「第一回文化外交懇談会議事録」第一四回公開マイクロフィルム、I'-0011: 二、六

外務省情報文化局長・大蔵省為替局長、一九六三、外務省記録「国際スポーツ行事の際の特別両替手続に関する件」『体

育並びに運動競技関係雑件』第一四回公開マイクロフィルム、I'-0114

Goodman, Grant K., 1967, "Japan and Philippine Radicalism: The Case of Benigno Ramos", *Four Aspects of Philippine-Japanese Relations, 1930-1940*, New Haven: Southeast Asia Studies, Yale University, 133-94.

後藤秀夫、一九五七、「難航した東洋の祭典」『プロレス&ボクシング』ベースボール・マガジン社、三（一六）：一〇六—七

後藤乾一、一九八二、「大亜細亜協会と南方問題——『アジア主義』者の南方観をめぐる一考察」早稲田大学社会科学研究所編『社会科学討究』早稲田大学アジア太平洋研究センター、二七（二）：五九一—六一二

後藤正治、二〇〇〇、「黄金の一九六〇年代 ファイティング原田とボクシング・デイズ」『Sports Graphic Number PLUS January 2000』文藝春秋、一〇八—一三

郡司信夫、一九七六、『改訂新版 ボクシング百年』時事通信社、一〇六—七、一二七—九、一五〇—一、一六二、一六五—六、一七四、一七八—九、二七六—七、二九四、三四八—九、三五六、四〇六—七、五二七

———、一九九〇、『リングサイド五〇年』ベースボール・マガジン社、二四

原彬久編、二〇〇三、『岸信介証言録』毎日新聞社、一四三

———、二〇〇六、『岸信介——権勢の政治家』岩波書店

橋本一夫、一九九二、『日本スポーツ放送史』大修館書店、二一八

波多野澄雄、一九九四、「『東南アジア開発』をめぐる日・米・英関係——日本のコロンボプラン加入（一九五四年）を中心に」近代日本研究会編『戦後外交の形成』山川出版社、二一五—四二

早瀬晋三、一九九九、「対日賠償交渉」池端雪浦編『東南アジア史Ⅱ』山川出版社、三九六—四〇五

林茂・辻清明編、一九八一、『日本内閣史録5』第一法規、三八九—九八

平沢雪村、一九五七、『The Boxing』拳闘社、一九（一二）：二—五

平沢雪村、一九七二a、『The Boxing』拳闘社、三四（一）：一二—四

———、一九七二b、『The Boxing』拳闘社、三四（二）：八

———、一九七二c、『The Boxing』拳闘社、三四（三）：七—九

――――、一九七二d、『The Boxing』拳闘社、三四（四）：一四
――――、一九七二e、『The Boxing』拳闘社、三四（五）：一八―九
――――、一九七二f、『The Boxing』拳闘社、三四（六）：一〇―二
細谷千博、二〇〇五、『日本外交の軌跡』日本放送出版協会、一二三―三四、一二八
不戦兵士・市民の会編、二〇〇五、『不戦――ブックレット第1集』不戦兵士・市民の会
池井優、一九九二、『オリンピックの政治学』丸善ライブラリー
――――、二〇〇三、「戦後日本外交の展開とスポーツ」『青山国際政経論集』、六一：四九―七五
猪野健治、二〇〇四、『興行界の顔役』筑摩書房
石川輝、一九五六、「マニラ覚書帳から」『ボクシング』拳闘社、一〇―一
石瀧豊美、二〇一〇、『玄洋社・封印された実像』海鳥社
伊東章子、二〇〇三、「戦後日本社会におけるナショナル・アイデンティティの表象と科学技術――新聞広告を手がかりに」中谷猛・川上勉・高橋秀寿編『ナショナル・アイデンティティ論の現在――現代世界を読み解くために』晃洋書房、九一―一一四
伊藤裕子、二〇〇四、「戦後アメリカの対フィリピン軍事政策と日本要因 一九四五～一九五一年」池端雪浦／リディア・N・ホセ編『近現代日本・フィリピン関係史』岩波書店、三四八
岩川隆、一九七七、「『上海人脈』児玉誉士夫・ロッキード疑獄」『宝石』光文社、一六二―八七
岩田幸雄、一九七六、「特別インタビュー――初めて明かす児玉機関の知られざる部分」週刊サンケイ編集部編『週刊サンケイ緊急増刊――ロッキード献金事件の詳細記録』産経新聞出版局、二四―五
Jose, Ricardo T., 2003, "Test of Wills: Diplomacy between Japan and the Laurel Government", Ikehata Setsuho and Yu Jose, Lydia N. ed., *Philippines-Japan Relations*, Quezon city: Ateneo de Manila University Press, 185-222.（=二〇〇四、中野聡訳「信念の対決――『ラウレル』共和国と日本の戦時外交関係　一九四三～一九四五」『近現代日本・フィリピン関係史』岩波書店、一九九―二四三）
城島充、二〇〇三、『拳の漂流――「神様」と呼ばれた男 ベビー・ゴステロの生涯』講談社、七七、一一九

株式会社後楽園スタヂアム社史編纂委員会、一九六三、『後楽園の二五年』株式会社後楽園スタヂアム、二二五
――――、一九九〇、『後楽園スタヂアム五〇年史』株式会社後楽園スタヂアム、七五
神松一三、二〇〇五、『「日本テレビ放送網構想」と正力松太郎』三重大学出版会
鹿島平和研究所編、一九七二、『日本外交史 三〇』鹿島研究所出版会、二三八
柏井創、一九八三、「ホーリネス弾圧と日本基督教団」ホーリネス・バンド弾圧史刊行会編『ホーリネス・バンドの軌跡――リバイバルとキリスト教弾圧』新教出版社、七三五―四〇
経済企画庁編、一九五五、『経済白書――前進への道』至誠堂、二八―九、一九九―二二八
――――、一九五八、『経済白書――景気循環の復活』至誠堂、七―一二
――――、一九六五、『経済白書――安定成長の課題』大蔵省印刷局、二七〇
岸信介、一九五七、外務省記録「昭和三二年一一月フィリピン大統領との会談要領 極秘」第一二回公開マイクロフィルム、A'-0151: 二六七
――――、一九八三、『岸信介回顧録――保守合同と安保改定』廣済堂出版、三〇九
岸野雄三・成田十次郎・大場一義・稲垣正浩編、一九九九、『近代体育スポーツ年表』大修館書店、二〇〇
金学俊、二〇〇七、『朝鮮戦争 原因・過程・休戦・影響』論創社、二〇二
栗原彬、一九八八、『歴史とアイデンティティ――近代日本の心理=歴史研究』新曜社、二一一―四六
小林英夫・成田龍一、二〇〇七、「岸信介とは誰か」『現代思想』青土社、三五（一）: 三二―四八
小池健治、一九八三、「ホーリネスに対する治安維持法免訴判決――その意味と今日的課題」ホーリネス・バンド弾圧史刊行会編『ホーリネス・バンドの軌跡――リバイバルとキリスト教弾圧』新教出版社、七一九―三一
厚生省援護局、一九九七、『援護五〇年史』ぎょうせい、一一八、一二九―三〇
子安宣邦、二〇〇三、『「アジア」はどう語られてきたか――近代日本のオリエンタリズム』藤原書店
前田百基、二〇〇三、『日本のチャンピオン五〇年』日本スポーツ出版社、七三―四
牧久、二〇一〇、『特務機関長許斐氏利――風淅瀝として流水寒し』ウエッジ
真鍋八千代、一九五七、『公報――昭和三二年度』日本ボクシング・コミッション

——、一九六七、『衆は愚にあらず』ダイヤモンド社
丸山浩明、二〇一〇、「ブラジル日本移民の軌跡——百年の『大きな物語』」丸山浩明編『ブラジル日本移民——百年の軌跡』明石書店、一一三—九一
増田弘編、一九九六、『GHQ日本占領史 第六巻 公職追放』日本図書センター、一四四—五五、一六一—九七
増田俊也、二〇一一、『木村政彦はなぜ力道山を殺さなかったのか』新潮社、五〇〇
松永喜久、一九九二、『リングサイド・マザー』河出書房新社、一二九—三五
明治神宮体育会編、一九三〇、『第四回明治神宮体育大会報告書』明治神宮体育会、一五—八
三田千代子、二〇〇九、『「出稼ぎ」から「デカセギ」へ——ブラジル移民一〇〇年にみる人と文化のダイナミズム』不二出版、九三—一四三
宮尾進、二〇〇三、『臣道聯盟 移民空白時代と同胞社会の混乱——臣道聯盟事件を中心に』サンパウロ人文科学研究所、七二
宮崎学、二〇〇七、『近代ヤクザ肯定論——山口組の九〇年』筑摩書房
宮崎滔天、島田虔次・近藤秀樹校注、一九九三、『三十三年の夢』岩波文庫、二五二
Moore, Katharine, 1989, "'The Warmth of Comradeship': The First British Empire Games and Imperial Solidarity", *The International Journal of the History of Sport*, London: Routledge, 6(2): 242-51.
村松梢風、二〇〇二、竹松良明監修『文化人の見た近代アジア9 魔都』ゆまに書房、一、一〇—一
永井均、二〇一〇、『フィリピンと対日戦犯裁判——一九四五—一九五三』岩波書店、三八—四四、二二四—五、二五八—六〇
内務省衛生局編、一九二五、『第一回明治神宮競技大会報告書』内務省衛生局、一
内務省警保局保安課、一九四二、『特高月報——昭和十七年六月分』内務省警保局保安課、二五
中野聡、一九九七、「フィリピン戦後体制の形成」細谷千博・入江昭・後藤乾一・波多野澄雄編『太平洋戦争の終結——アジア・太平洋の戦後形成』柏書房、三四三—七三
——、二〇〇四、「追悼の政治——戦没者慰霊をめぐる第二次世界大戦後の日本・フィリピン関係史」池端雪浦・リディ

ア・N・ユー・ホセ編『近現代・フィリピン関係史』岩波書店、三六七―四〇八

――――、二〇〇五、「フィリピンが見た戦後日本――和解と忘却」『思想』岩波書店、九八〇（一二）：五〇

――――、二〇〇七、『歴史経験としてのアメリカ帝国』岩波書店、一四五―六〇

中谷武世、一九五七、外務省記録「第一回文化外交懇談会議事録（秘）」『文化外交に関する懇談会関係』第一四回公開マイクロフィルム、I'-1008：二四

日本キリスト教団創立六〇年史編集委員会、一九九六、『碑文谷教会六十年史』日本キリスト教団碑文谷教会

NHK放送世論調査所編、一九八二、『図説 戦後世論史 第二版』日本放送出版協会、二〇六

日本放送協会編、一九七七a、『放送五十年史』日本放送協会、三八九―九〇

――――、一九七七b、『放送五十年史 資料編』日本放送出版協会、二一六、五九〇―二、六二七―八

日本テレビ放送網株式会社社史編纂室、一九七八、『大衆とともに二五年〈沿革史〉』日本テレビ放送網株式会社、三一―二、四三―四、四六、五〇―一、六五

野口務、一九六四、「フランチャイズとは何か」野口務編『プロ野球読本』プレス東京、二七四―九二

Norman, Herbert, 1977, *The Complete Writings of E. Herbert Norman*, Vol. II, Tokyo: Iwanami shoten.（＝一九八九、大窪愿二訳『ハーバート・ノーマン全集第二巻増補』岩波書店）

Oates, Joyce Carol, 1987, *On Boxing*, New York: Dolphin/Doubleday.（＝北代美和子訳、一九九六、『オン・ボクシング』中央公論社、七〇―一。）

小木新造ほか編、一九九一、『江戸東京学事典』三省堂、二二六―七、八〇三―六

荻野貞行、一九五七、「東洋チャンピオンカーニバルについて」『ボクシングガゼット』ボクシングガゼット社、三三（一二）：四―五

岡部長景、一九五七、外務省記録「第二回文化外交懇談会議事録（秘）」『文化外交に関する懇談会関係』第一四回公開マイクロフィルム、I'-1008：三―四、一二

大蔵省、一九五四、国立公文書館記録「昭和二九年度外国の芸能人、スポーツ人の招聘等に関する方針について」一九五四年一月二九日、マイクロフィルム 108100-0888

大野拓司・寺田勇文編、二〇〇一、『現代フィリピンを知るための六〇章』明石書店、二六九―七一
大谷敬二郎、一九七二、『天皇の軍隊』図書出版社
小澤考人、二〇〇九、「アジアのオリンピック・東亜競技大会――紀元二千六百年の祭典」坂上康博・高岡裕之編『幻の東京オリンピックとその時代――戦時期のスポーツ・都市・身体』青弓社、一六二―九七
Romulo, Carlos P., 1975, *I see the Philippines rise*, New York: Doubleday, 223-8.
――、外務省訳、一九五一、『サン・フランシスコ会議議事録』外務省、二三六
最高検察庁、一九五七、「密貿易と闇ドル 下」『官報 第九二〇八号付録』国立印刷局、一三
斎藤憐、一九八三、『昭和のバンスキングたち――ジャズ・港・放蕩』ミュージック・マガジン、一一六
佐野眞一、二〇〇〇a、『巨怪伝――正力松太郎と影武者達の一世紀 上巻』文藝春秋、四〇九
――、二〇〇〇b、『巨怪伝――正力松太郎と影武者達の一世紀 下巻』文藝春秋、三一六―六〇
佐瀬稔、一九九二、『彼らの誇りと勇気について』世界文化社、二七〇
佐藤賢了、一九六六、『大東亜戦争回顧録』徳間書店、三一三
佐藤晋、二〇〇三、「戦後日本の東南アジア政策（一九五五～一九五八年）」中村隆英・宮崎正康編『岸信介政権と高度成長』東洋経済新報社、二四三―六八
佐藤隆夫、一九八二、『プロ野球協約論』一粒者、五五
佐藤虎男、一九九四、『フィリピンと日本――交流五〇〇年の軌跡』サイマル出版会、一二六、一三一
瀬川昌久、一九八一、「日本のジャズ・黎明期」『音楽の手帖 ジャズ』青土社、二〇六―七
――、一九八三、『舶来音楽芸能史――ジャズで踊って』サイマル出版会、五一、五四、三一二
瀬戸健寿、一九九九、「カリバピ――フィリピンの対日協力」『日本語・日本文化』大阪大学、二五：六三―八二
柴田秀利、一九八五、『戦後マスコミ回遊記』中央公論社、二九一、二九四
司法省調査課、一九三五、『司法研究 第十九輯 報告書集十』司法省調査課、六四四
白井義男、一九九一、『ザ・チャンピオン』東京新聞出版局、一二
袖井林二郎、二〇一五、『マッカーサーの二千日』中央公論新社

総理庁官房監査課編、一九四八、『公職追放に関する覚書該当者名簿』日比谷政経会、六四七

Stoddart, Brian, 1986, "Sport, Culture, and Postcolonial Relations: A Preliminary Analysis of the Commonwealth Games", *Sport and Politics*, Illinois: Human Kinetics Publishers, 7: 123-32.

Suehiro Akira, 1999, "The Road to Economic Reentry: Japan's Policy toward Southeast Asian Development in the 1950s and 1960s", *Social Science Japan Journal*, London: Oxford University Press, 2(1): 85-105.

スリーライト編、一九九九、『千葉ロッテマリーンズ球団五〇年史』スリーライト

週刊朝日編、一九八八、『値段史年表 明治・大正・昭和』朝日新聞社、七二

田川アイク、二〇一四、『ハワイからの使者――スタンレー・イトウ』文芸社

高橋亨、一九六九、田辺宗英伝刊行委員会編『人間田辺宗英』後楽園スタヂアム、七七、一〇三―七、一一〇―六、一三五―四三、一五三、二三一―五

高野善英、一九七八、『リロアンの挽歌』みずほ社

高嶋航、二〇一二、『帝国日本とスポーツ』塙書房

武見太郎、一九六八、『武見太郎回想録』日本経済新聞社

竹内好、一九七一、「アジア主義の展望」『アジア主義』筑摩書房、一二―三

田辺宗英、一九三五、『神政主義』学芸社、九四

――、一九三七、『日英はもう戦つて居る』日本書房、二一、二六

――、一九四〇、『勤皇運動に就て 山梨勤皇會パンフレット其一』山梨勤皇會、二―三

――、一九六九、田辺宗英伝刊行委員会編、一九六九、『人間田辺宗英』後楽園スタヂアム、一六六―七、二五六―七

谷川榮彦・木村宏恒、一九七七、『現代フィリピンの政治構造』アジア経済研究所、六九、七四

Taussig, Moose, 1922, "Boxing Rapidly Displacing Jiu Jitsu As Popular Sport Among the Japanese", *The Boxing Blade*, Minneapolis: The Boxing Blade, 11-2.

寺沢正晴、二〇〇四、「戦後日本のナショナリズム」『日本人の精神構造――伝統と現在』晃洋書房、一九五―二二七

東京百年史編集委員会、一九七九、『東京百年史 第六巻』ぎょうせい、一二二四

東京読売巨人軍五〇年史編集委員室、一九八五、『東京読売巨人軍五〇年史』東京読売巨人軍、一五〇―二
東谷護、二〇〇五、『進駐軍クラブから歌謡曲へ――戦後日本ポピュラー音楽の黎明期』みすず書房
東洋経済新報社、一九九一、『完結 昭和国勢総覧 第二巻』東洋経済新報社
豊田穣、一九九〇、『宰相・若槻礼次郎――ロンドン軍縮会議首席全権』講談社、三一四―七七
津森立巳、一九八九、「カミギン島民の対日感情」比島文庫編『ルソン』比島文庫、一七：一九三―七
通商産業省、一九六一、『昭和三六年通商白書 各論』通商産業調査会、五五九
Vigarello, Georges, 1992, "Le Tour de France", Pierre Nora eds., *Les Lieux de mémoire*, Paris: Gallimard, 885-925.（＝二〇〇三、杉本淑彦訳「ツール・ド・フランス」谷川稔監訳『記憶の場――フランス国民意識の文化＝社会史』岩波書店、三四五―八七）
若槻礼次郎、一九六九、「満州事変――古風庵回想録」今井清一編『現代日本記録全集二〇――昭和の動乱』筑摩書房、八七
渡辺正人、一九八九、比島文庫編「ジャパン・パタイ」『ルソン』比島文庫、一七：一九八―二〇〇
渡辺勇次郎、一九三〇a、「拳闘の座談會」『アスレチックス』大日本体育協会、八（一）：八七
――、一九三〇b、「極東大會拳闘に就て」『アスレチックス』大日本体育協会、八（五）：五〇―一
――、?、『日本陰乃拳闘史』秩父宮記念スポーツ博物館・図書館所蔵
――、一九四七、「廿五年の回顧」島本禎一編『ノックアウト』拳闘世界社、一（五）：三―八
Whiting, Robert, 1999, *Tokyo Underworld: The Fast Times and Hard Life of an American Gangster in Japan*, New York: Vintage.（＝二〇〇二、松井みどり訳『東京アンダーワールド』角川書店）
Wilson, Woodrow, 1972, "The Ideals of America", Arthur S. Link eds., *Papers of Woodrow Wilson*, New Jersey: Princeton University Press, 222
山田浩・北西允・市川太一・高田和夫、一九九〇、『戦後政治のあゆみ』法律文化社
山本茂、一九八六、『カーン博士の肖像』ベースボール・マガジン社、九三、一七三―四
――、一九八八、『ピストン堀口の風景』ベースボール・マガジン社、六八
山本信太郎、二〇〇七、『東京アンダーナイト――〝夜の昭和史〟ニューラテンクォーター・ストーリー』廣済堂出版

山室信一、二〇〇四、『思想課題としてのアジア　基軸・連鎖・投企』岩波書店、四

山之内靖、二〇一五、『総力戦体制』筑摩書房

山崎静雄、一九九八、『史実で語る朝鮮戦争協力の全容』本の泉社、二一一

山崎鷲夫、一九八三、「ホーリネスが辿った道」ホーリネス・バンド弾圧史刊行会編『ホーリネス・バンドの軌跡――リバイバルとキリスト教弾圧』新教出版社、三―八

山下重定、一九七二、『大いなる終焉』日藝出版、二四八―五七

矢野暢、一九九三、『「南進」の系譜』中央公論社、一七八―九

吉田友美、一九七六、『虹の戦記――中村信一伝』編集センター、二〇

吉原公一郎、一九七六、「ブラック・ロッキード――児玉はＣＩＡへの協力を条件にＡ級戦犯からはずされた」『週刊読売』読売新聞社、四二―五

吉川洋子、一九九一、『日比賠償外交交渉の研究　一九四九―一九五六』勁草書房、三一、六五、三八八

吉見俊哉、一九九八、「メイド・イン・ジャパン――戦後日本における『電子立国』神話の起源」嶋田厚・柏木博・吉見俊哉編『情報社会の文化3　デザイン、テクノロジー、市場』東京大学出版会、一三三―七四

Yu-Jose, Lydia N., 2002, "Filipino Musicians and Boxers in Japan", *Filipinos in Japan and Okinawa, Research Institute for the Languages and Cultures of Asia and Africa*, Tokyo: Tokyo University of Foreign Studies, 49-67.

湯川盛夫、一九五七、外務省記録「岸総理訪比に関する件」第一二回公開マイクロフィルム、A'-0150: 三七〇―五

――、一九六五、「フィリピンの四年」土屋直敏編『山ゆかば草むす屍』、九一

Yu-Rivera, Helen, 2005, *Patterns of Continuity and Change: Imaging the Japanese in Philippine Editorial Cartoons, 1930-1941 and 1946-1956*, Quezon city: Ateneo de Manila University Press.

Zaide, Gregorio F., & Zaide, Sonia M., 2004, *Philippine History and Government*, Sixth Edition., Quezon city: All-Nations Publishing, 154-60.

巻末資料

渡辺勇次郎遺稿「廿五年の回顧」

明治三十九年。時の天長節の日、語学研究の目的で十九歳のヤングボーイであつた僕は横浜を出帆した。

処《ところ》が或《あ》る動機で拳闘家に転向し、滞米十五カ年。日本人に尤《もっと》も有望である之《この》スポーツを一日も早く日本へ輸入し之《こ》れが普及発展を計るべく大正十年正月帰国し直ちに選手養成や普及の爲《た》めの道場建設準備にかゝつた。

帰国三四年前の選手の第一線を退いて時としては舌一枚で或《あるい》は又炭坑夫として邦人からも亦《また》白人からも『金儲けの神様』とまでタイトルを付けられる程働いたのだが帰国の時は友人から船賃を拝借してやつとの事で横浜に着いた位だから自力で道場など建設出来る筈がない。

幸ひ親の遺産であつた現金四千円也と水田一町余反歩が僕を後援してくれるかのやうに待つて居《お》つてくれたのを原動力としてスタートを切つては見たがとてもそれでは道場にはならない。

御承知の方もあると思ひますが当時の柔道対拳闘の対抗試合は頗《すこぶ》る隆盛であつたので本物の拳闘なら必ず経済的にも打倒される事はないと実家や姉の嫁入先などを納得させて合計一万円也の調達

が出来た。

早速上京本郷の某旅館に陣取つて新聞広告や土地周旋屋などを相手に六カ月に亘るフットワークを続けたが当時は第一欧洲大戦の黄金の余波が未だ残つて居るので一坪の貸地も一軒の空家も見付からない。偶々《たまたま》あるのはベラボーに高い住宅位であつた。或日の事当時米国飛行家アート・スミス氏を招聘して一躍成金となつた国際プロモーター櫛引弓人氏の事務所を訪ねた処そこへ出入りする一人が目黒に百坪位の貸地があると案内してくれた。

行つて見ると土地と云《い》ふよりも寧《むし》ろ所々に水溜《たま》りのある沼だ。雑草の中には去年あたり苅り取られたらしい稲株が点々と残つて居り、今では堂々たる都の一角だが当時はあたりには遠く離れて二三軒の人家が存在するのみだ。しかし目黒が拳闘に不可分の関係にある英語ブラックアイである爲か尠《すく》なからず僕の気に入つた。幾町か離れた材木屋で一枚の荒板を買ひ求めて『日本拳闘倶楽部敷地』とボケた字を大書きして土地の中央へ打ち立てゝから地主へ交渉して取りきめた。拳闘試合なら打たれた後で受け止めるやうなやり方だ。因《ちなみ》に地代は一坪八銭であつた。

僕が大工をコーチしながら設計図を書いたのが道場は十八坪其《その》他が三十六坪合計四十四坪。急ぎだから割高だと云ふので坪百五十円で請合はせて直《す》ぐ建築にかゝらせたのが六月末であつた。急行で出来上つたのが十二月上旬。造作や家具などを入れてやつと多年の宿望である拳闘普及の道場がゴングを鳴らすばかりに漕ぎ付ける事が出来た。

ワンタンの道場開き

そこで十二月二十日米国からの友人室田譲君とどうして知つて来たか久しい以前からの内弟子志願者横山金三郎青年と三人でチャルメラを吹いて畔《あぜ》道を通り行くワンタン屋を呼び止め心ばかりの

道場開きの祝宴を張つた。

各新聞社などへ通知はしたがそれ程の報道の資料にはならなかつた。然し学校などへ夫《そ》れぐ口頭宣伝だけでもやれば十八坪の道場は入会者を断るのが一仕事であらうと最初の予想は全く裏切られ正月になつても入会者は五六名に過ぎない。

理由は会費が高過ぎるのではないかと考へて最初の入会費五円、会費五円を一挙に三円と二円に値下断行をして見た。それでも効果はない。

偶々《たまたま》入会する者は最初の一回か二回は正直に会費を納入するが過半数は会費納入に頗る怠慢である。それでも『枯木も山のにぎはやし』でもあり、且つ之れが将来の世界選手権者の玉子かと思ふと強権発動も出来兼ねる。

こんな具合で何カ月経つても収入のバロメターは一カ月六円から二十円以上には上昇しない。

一方虎の子であつた一万円は建築費や造作費や半歳に亘る旅館代等で既に御破算になりかけて居る処へ予期しないダブルパンチで拳闘の先生は全くグラッゲーである。幸ひ渡米当初腕に覚えのある料理法で毎食「拳闘汁」を調理したので栄養失調にはならずにすんだ。或日知人よりの注意によつて日本人にもつと拳闘の認識を高める為パンフレットなどを印刷して名刺の代用品として見たが之れも太平洋へ一滴の水を注いだ程の効果もない。このパンフレットの表紙には僕の拳闘練習写真を載せたのだが、印刷が出来上つたのを見れば靴の踵《かかと》には立派な踵型が付けてあるのだ。そして印刷屋は自慢そうに「写真に踵が落ちて居つたので付けて来ましたがおまけして置きます……」は如何に日本人が拳闘に認識があつたかを物語るに充分と云へる。

米国選手招聘

名誉ある近代日本最初の拳闘道場も一刻刻グラツゲーからノツクアウトのコーナーへ追ひ込められんとする時以前から手紙で交渉を試みて居つた友人ムーズ・タウジイク氏から渡日オーケーのニユースが来た。

そこで前記友人室田君が招聘費を都合し十二年四月三十日入港の春洋丸へムーズ氏をマネジヤとして米国での第一門弟郡山東郷君とヤング・ケチエル、スパイダー・ローチの四名を迎へる事が出来た。

此《こ》の時は我が拳闘も幾分認めらるゝ事となつて同船して来た三浦環女史と互角に取り扱つてくれた。之れでノツクアウト寸前の我輩も完全にカムバアク出来るものと小躍りして喜んだ。怪しげな柔道対拳闘の試合ですら大入満員であるから今度こそ金儲けの神様が復活出来るであらう事を信じつゝ貼り付ける場所もない様な大きなポスターを作つて宣伝をやり、五月七日靖国神社角力場でプロモートする事にした。

この時のメンバアーは僕とヤング・ケチエル、郡山君とスパイダー・ローチ各六回戦をメーンエヴエントとし荻野対ネルソン、横山対瀧澤、田中対ラフエイツトの二分三回戦等であつた。

何しろ最小限度二万円位の収入がある見込みなので自動車などを乗り廻したり試合当時は花火などを打ちあげたりなどして大変な気勢をあげたのだが柔拳試合のやうな人気はない。日本最初の純拳闘なるポスターの宣伝は寧ろ逆効果を招いたらしい。

おまけに天候までが拳闘汁のやうに水ぽい。一万名位の観衆を予想して準備して借り込んだ席は欠伸《あくび》をして居り人数にして四五百名の有料者で金額にして約一千円だつたから予算の大体五パーセントの入りであつた。

無論大赤字だ。僕としては全身命を打ち込んだ事業であつただけに失望とか落胆とかでは云ひ表はせない苦境に立たせられて仕舞つたのである。

然しそこが永年鍛へ上げた拳闘魂だ。マネーの方は九段の支払の方を延期して貰つて郷里宇都宮市へ行つてプロモートする事にした。

蓋《ふた》を開けて見るとまたしても数百円也の欠損。友人に借金してムーズ君のホテル代などを支払つて逃げて帰つた。この時大日拳の嘉納氏の後援で大阪と神戸で純拳闘試合をやつたが之れ又失敗。ムーズ君には汽車の寝台すら買ふ金がないので偶々同氏が大の左党である処からビールを飲ませてお茶を濁しつゝやつと帰つた。

無論招聘した一行にも日本選手にもファイトマネーなどは支払ふ事は出来ない。進退茲《ここ》に谷《きわ》まる！今となつては自慢の純拳闘は寧《むし》ろ殉死拳闘である。

この結果を見ては誰れも一行を雇ひには来ない。たゞ茫然として居るばかりである。すると一行を宿泊させて置いた横浜のオリエンタルから毎週四百円内外の勘定が遠慮なく支払を迫つて来る。一行を一日も早く帰国させればよい事は判るがその船賃がない。

友人は僕に頻りと旅行して仕舞へば一行は領事館の費用で帰へされるからと知慧を付けては来れるがそれはスポーツマンライクではない。それかと云つて、いつまでもぐづぐづして居れば借金は育つばかりだ。

友人の紹介で木挽町の高利貸と取引して日本最初の拳闘道場を三千円也の担保で二千七百円を受け取つてやつとの事で僕の旅行を取り止《や》める事が出来た。

そしてムーズ君は一等でケチエル、ローチの両選手は二等で帰国させる事が出来た。然し経済的には練習生に稽古をつけたり資金や其他の運動で東奔西走して僕の体重が減る反面僕に課せられた債務や生活苦はますく逆比例して太り行くばかりだ。此の年七月八日米国海軍卿の乗艦ヘンダーソン号の乗組拳闘選手日本親善試合を九段で挙行したが収穫は京橋の第一相互大ホールでビールの宴をやつたのが見付けものであつた。

大入満員で欠損だ

これまでは如何に将来性があつても金のなる木でも持たない限り試合などは主催出来ないから道場の経営方針を変更して損失のない様に他の主催者に数組を一団として売り込む事とした。すると米国の船乗りでツルーというウエルター級の相当の実力ある選手が下船して来た。

横浜の〇〇という云ふプロモーターが僕を訪れてツルーを殴打として一試合やりたいと交渉に来た。契約をして横浜座で試合をやる事とした。当日試合の優勝者に金側時計をファイトマネーの外に賞品としてやると云ふので紙上宣伝などをして人気を集めた。そして試合当夜例の金側時計は五六個客席の方へ向けて並べてあり、ステージにはパンチングバアクなどを吊るして拳闘のサイアンテック練習法などもおまけとして見せた。

試合が終つて勝者は金時計を僕は一団のファイトマネーを貰ふと思つてプロモーターを探しても見当らない、さては逃げられたかな？と気付いてそれなら時計をと今まで時計を置いてあつた場所を見ると之れ又いつの間にか雲隠れした跡だ。之れはプロモーターが吾々にファイトマネーを支払ふよりも時計屋に見せ時計の損料を支払つた方が遥かに安上りであるのでやつたトリツクであつた事に気付いた。因《ちなみ》に此のツルー選手とフエザア級の我が荻野、横山の両選手はよくも善戦したものであつた。

そこで之れからの売り込みには前金でなければ交渉しないと云ふ憲法を作つた。之れが現在にまで延長されて居るアドヴアンス式契約の元祖かも知れない。

如何に不撓不屈の敢闘精神の拳闘魂でも之れでは決勝点のないマラソンをやる様なもので僕の将来は洵《まこと》に憂慮すべきものとなつた。

処が今度は兜町の有力者が本腰を入れて後援してくれるとの申入れがあつたので『正義遂に救はる』の感に打たれた。その時恰度《ちょうど》ロシアの拳闘家と云ふのが道場を訪れて直接試合を申し込んで来た。ヘヴエーウエイトで名をルイカーと云ふ三十余貫もある男だ。どうせ道場の前途もなさそうだし道場破りに来られては体量などは考へて居る場合ではない。試合を承諾して帰した。当時財的余力のない僕には之れまでの苦境を思ひ浮べても之の試合をプロモートする勇気などは無論持たない。云ふまでもなく兜町の後援者が之のプロモートをやる訳である。期日は二月十七、八の両日場所は例の靖国神社角力場。十七日にはルイカー対郡山十八日にはルイカー対僕との八回戦であつた。初日の試合で人気を呼んだ爲めか十八日の試合には新聞紙上などで観衆二万角力を凌ぐ大拳闘戦などゝ掲載された程空前の大入満員の盛況であつた。

此の試合で僕は相手を打倒して仕舞ふて観衆は満員だし之れまでの逆境はどこかへ飛び去つた感で収支決算を待つた。

処が意外にも二百数十円也の欠損で利益どころか僕自身のファイトマネーすら一銭も支払はれない。之れは天が『倒れて尚已《や》まざる拳闘魂』で僕を試練してくれて居るに相違ないと自己鞭韃をしても見た。

大震災でハム行商をやる

悪戦苦闘。不馴れの日本で踏んだり蹴つたりされながらその上試合毎に天候にまで邪魔され続けの道場もなかなか完全に潰れては仕舞はない。

寧ろ前途の光明は未だあきらめられない。稽古に来る会員も多くはないが会長自身が相手となつてスパーリングに余念がなかつた。

月日の経つのは早いもので僅かばかりの会費と、田舎から送らるゝ白米を命のロープとして十二年の八月は無事にすんだ。九月にでもなればそろ〳〵涼しくもなる或は外人選手などが飛び込んで来ぬとも限らぬだらうと当てにもならない空想を画いて居つた九月一日あの大震災が見舞つてくれた。

前記のやうに土地が沼地であるだけに震動が穏かでない。屋根の瓦は全部振り落され、おまけに家屋まで土台石から完全にダウンされて仕舞つた。

事こゝに至つては万事休すだ。その夜は拳闘汁も食べずに庭内に造つたパンチングバツグ台の上で東方にあか〳〵と見ゆる火災を眺めながら夜をあかした。

流石に大地を震動させる地震は試合に受けるパンチよりも強烈である。今は対策もない勿論《もちろん》拳闘も何も……たゞあるのは時々来る大きな余震だけだ。

その二日の朝の出来事である。今度は余震と共に兼ねて櫛引事務所で知人となつた新橋の福地君が事もあらうに女人禁制の道場へ大勢の女群を連れてやつて来た。

聞けば地震で焼かれた同情すべき女性達である。

雨漏りの方は保証出来ないが、幸ひ道場も広いし田舎から送られたばかりの一俵の米はあるし、この場合道場と女性の問題など八釜《やかま》しい事は抜きにして全部避難して貰ふ事とした。

それから間もなく今度は目黒にハム製造をやつて居る独逸《ドイツ》人ブツテングハウス君が訪れて来た。

話をきけば是《こ》れまで精養軒や東京ステーシヨンホテル、大百貨店などへ卸して居つたのだが震災で困るから百数十貫もある手持ちハムを何んとか処分してくれと云ふのである。

恰度避難して来た福地君が商才のある人なので焼け残つた山の手方面のブルジオアに売りに行け

ば一儲け出来ると云ふので僕の信用で売上げ勘定と云ふ事に交渉を纏《まと》めた。

さあー、こうなれば主食はあり副食が上等のハムだから今迄の貧乏先生は将《まさ》に鬼に金棒と云ふ処だ。毎朝リヤカーを引張つて仕入れをやつたり福地行商主任のリヤカー引きだ。相手は金持だし、今のやうな現金封鎖などもない処へ副食に困つて居るのだからハムは飛ぶ様に売れる。それにハムには公定がないし目方の方も適当な手段をやるので一日の収益は大したものだ。

之れまでの不景気は何処《どこ》へやら、今までの拳闘汁が朝は全員ハムエッグ、ハムオムレット。昼も夕食もハムの一点張りだ。それにハムサラダでビールは飲み放題おまけに美人のお酌、全くもつて大震災の齎《もたら》す変動は大きい。

その内に時局は安定して食料が出廻つて来たので高いハムはそれ程売れなくなつて来た。同時にボツ〳〵拳闘練習の希望者が訪れて来るやうになつた。然《しか》し之れには先《ま》づ第一に道場を修理せねばならない。リングのカンバスを屋根に被せて雨漏りを防いだが稽古をしたり同じカンバスで屋根にしたり両方は出来ない。

ハムで儲けた金は僕一人の所有権とはならなかつたから之れまで同様資金の方は変化がない。請負師に頼む訳にも行かなければそれかと云つて僕等の力では道場を持ち上げたりメチヤ〳〵になつた瓦をどうする事も出来ない。すると避難して来た女群や福地監督は夫《そ》れ〴〵の先へ引き揚げる事となつたがその内の一人は立ち去る時丁寧に紙に包んで『永々お世話様になりました。これ失礼ですが…ほんの心持だけ…。』と云つた儘《まま》包みを手渡して出て行つた。

多分金であらう！と思つたがその際だから別に後追ひかけて返してやる勇気は出ない。

手応へがあるがまさか中まではと思ひながら開けて見ればこは如何に……？一枚一枚数えては手間どる程の十円紙幣が二百枚である。

アドヴアンスの妻

僅か十日間位の滞在に二千円也は少々多過ぎる礼金だとは考へたが先方は余程銭が余つて居るのだらうと遠慮なく頂戴し今度は大威張りで請負師を呼んで道場を元通り直させた。
そして時々入会する四五名の会員を相手に練習を続けて居ると或日の朝僕に結婚を申し込んで来た一人の媒介人があつた。段々話が決勝点へゴールインすると相手は過日避難した大枚二千円の提供者であつた。

詳しく話を聞けば孤立無援同情すべき女性だ。それに今にして思へば例の大金は彼女からの結婚へのアドヴアンスであつたよな！とは思はぬでもなかつたが人物と大枚と独身生活の不自由と云ふ綜合点で申込みを許可する事にして使者を帰した。

そして十月二十五日の吉日を選び食堂でハムの料理で式典を挙げた。

そして二千円の残金と家内のポケツトマネーとでどうやら月々の生計のバランスを取つて行つた。

アマチユアへ主力

欠損続きでさつぱり振《ふる》はない道場は段々淋しくなるばかりで今はたゞ道場には家内の母と僕との三人だけとなつた。然し拳闘はどうしても思ひ切れない。今度はプロの方は暫時諦らめてアマチユアに主力を尽す事にして米国大使館のクレヤー大尉などに頼んで審判をして貰つたりなどして拳闘熱を高める事とした。

更に入場料を無料とする事として十四年五月には靖国神社の角力場で第一回学生選手権試合や日本拳闘倶楽部部員の試合をやつたが之の試合の経費は某楽屋とタイアツプしたので此の時ばかりは

欠損の心配がなくすんだ。

これに味をしめたので翌年五月に従来相撲だけが靖国神社の奉納のあつたのを此の年から拳闘を追加する事として貰つてやはりアマチユアの日倶選手並に学生選手権試合などを行つた。これこそ本当の『他人の褌《ふんどし》で角力をとる』である。こうして学生やアマチユアが急に発展したので遂に大正十五年七月十四日神田のカフエー、ブラジエルで全国学生拳闘連盟並に全日本アマチユア拳闘連盟の発会式を挙げる事が出来た。事務所は両連盟とも日倶内で会長には前者には僕が後者には故元陸軍中将堀内文治氏を推薦した。

因に当時両連盟の尽力者は明大の泉、臼田、小丸。慶應の石川、土屋。日倶の岡本、林等の諸君であつた。

両軍の看板

然しアマチユアだけの拳闘では大きな発展は見られない。やはりアマと同時にプロも発達させねばならない。そこでアマとプロの両面看板が必要となる訳だ。

それで学生やアマ選手を極力養成に務むると同時に素質のある将来世界的の大選手たる者に対しては近く渡米修行をさせる事などを宣伝の一項としたのであつた。この宣伝に刺激されたものか潰れかけた日倶にめつきり有望選手が出来てきた。それで之等《これら》の青年達は僕に向つて口にはしないが密かに渡米の日を待つて居るのである。一方僕としても一旦口外した事でもあり他面歴史の浅い我が日本人拳闘選手が渡米遠征すると云ふ事はその反響が大きいので是非とも之れを実行に移さねばならない実情となつた。それで当てもなしに近く渡米する事を公言してあわよくば交渉の手加減で米国のプロモーターから旅費でも送つて貰ふ皮算用をした。処が再三の交渉で未だ未知数の日本選手に旅費を送る様な間の抜けたプロモーターがアメリカには居らない事が判つた。けれども話がこゝまで進行しては万一近く渡米でもさせなければ僕の責任と云ふよりも差し詰《づ》め僕の切腹問題だ。余計な取越苦労を止めて一先づ東京府庁に川田、岡本、高橋、中村と監督の僕の合計五名の渡米旅券下附願を出した。

大正山ノ内の妻

然し僕の頭痛の種は不幸にして旅券が下附されたら旅金はどうして工面するかにかゝつた。処が運が好いのか？悪いのか？旅券下附許可の通知が来た。その頃は既にかなり多くの友人が出来たので八方奔走して懇願をして見たが中には道場が未だ担保から脱出していない事まで知つて居るらしくとても相談には乗つてくれない。

話は変つて新婚のワイフは結婚後只の一回も外出した事がないのにその頃になるとやたらに外出をするやうになつた。『ハハー来て見れば拳闘の内容が判つて離縁のウオームアップ運動かな』と澤市のお里に対する邪推心を起しても見た。すると七月の或夕方の事拳闘家のお里は息せき切りながら帰つて来た。『何をして居るのだ稽古のある日は早めに夕食をやるのは判つて居るではないか？……』多少興奮しながら妻を責めた。『遅くなつてすみません。御免なさい……』と云ふより早く左手首にグルくく巻きにした小さな包を僕に差し出しながら『之れで足りますの？』と包の中の三千円を出してくれるのであつた。

話をきくと旅券下附願を出した時からどうせ僕には旅費は六ケ敷《むつかし》いだらうからと思つて三千五百円で買つたダイヤの指輪を新聞の広告などを見て売りに歩いたがどこでも二千円位にしか値段をつけてくれないので買受けた銀座尾張町の大勝堂に頼んで元値で買つて貰ふ事にして心当りのお得意

先に当つて貰つて五百円の損で三千円也を受取つて来たのだと説明するのであつた。

ついでに帯止めや簪《かんざし》のダイヤを利用して頼んで置いたネクタイピンが二本出来て来たと云ふので三千円の景品として手渡してくれた。

此の瞬間僕は全く不幸なる幸福者である事に気付いた。そして切腹問題は茲《ここ》に全く解消して仕舞つた。

日本最初の渡米拳闘

丸の内のダラー会社で四人の切符を入手八月七日横浜出帆のプレジデント・ウイルソン号の甲板上に今は貧乏風はどこを吹くかと云ふ心境で納つた。たゞ残念なのは岡本選手が旅券下附が遅れたので同伴出来なかつた事だ。

『甲板にダイヤの風が吹いて来る』之れはその時作つた僕の川柳であつた。同月十九日にはホノルル港に着いた。同市の英和両紙とも『日本最初の拳闘選手「拳闘の父」に連れられて本土に向ふ』と大歓迎を受けながら同二十五日懐しの金門湾を這入《はい》つて目的地に到着した。

九月三日サクラメント市に於て渡米第一回の試合を川田は六回のセミファイナル高橋は六回中村は四回のカーテンレーザアーをやつた。戦績は高橋だけの惜敗で二人は勝つた。処が間もなく中村は病気にかゝつた。レントゲンでは今後の試合には出場しない方がよいから直ぐ帰国させろとのドクターの注告《ママ》があつたので折角苦心をして渡米した三名の内の一人が四回戦の一試合だけで帰国せねばならなくなつた事返すも残念であつた。

その後サンフランシスコ、サンノゼ、サンフランシスコ、ロスアンゼルス（二回）、ハンホードフレスノ、都合九試合をして十二月二十一日春洋丸で帰国した。

この意義ある修行遠征で僅かの練習生の中からのピツクアツプと短日月の修行でサンフランシスコやロスアンゼルス市の様な大都市ではメーンエヴエントは出来なかつたにせよ其他では堂々と殴打をやつて相当の戦績を挙げ得た事実は日本が将来必ずリングの王者になり得る事を確かめ得た事は大きな収穫であつた。

再びアマへ逆転

最初の遠征で華々しく凱旋しては見たものゝ財布のコンデツションは必ずしも好調でない貧乏神はやはり僕のメンバアーから離れぬらしい。

一方留守道場の方も火の車で月々支払ふ高利貸の利子や家計も家内が密かに隠匿してあつた貴金属の筍《たけのこ》生活で切り抜けて居つたのであつた。

それで再びアマ拳闘の普及を強化する方針を樹《た》て翌十五年五月二十四日の理事会で我がアマ体育の総本山である大日本体育協会へ全日本アマ拳闘連盟を加盟出来る事になつた。

そして昭和三年オランダで開催された第九回国際オリムピツク大会に岡本、臼田の両代表を同伴する事が出来た。之のオリムピツク行きに就《つい》ては怪文書が出て大波乱などがあつたが之れはまた後日改めて執筆したいと思ふので茲ではペンを止める。

オリムピツクでは岡本は優秀なるボクサアーであつたにも拘はらず英代表から最初の一撃を受けて充分な実力を発揚出来ずに惜敗したが臼田の方は美事《みごと》に二勝第三戦には未熟の審判で負けにされたがこゝでも我が拳闘が確かに世界的に進出出来る事実を確かめた。

帰途は独英等のプロ拳闘も見学したがやはり我が拳闘の将来へ僕の熱度を高めるばかりであつた。

約三カ月足らずで帰国したが拡大したのは火の車と女房の指の節だけが太くなつて居るばかりだ。

然しどこまでも将来の世界のチヤムピオンの玉子を孵化する希望は捨てない。熱心な指導の結果多数の優秀選手を作り上げた。

幸ひにも昭和五年五月第九回極東選手権大会が東京で開催される事となり僕は体協からおされて同大会の総務兼宣伝部長となつた。

時至れりとして放送其他で拳闘の我田引水の宣伝をやつたのだが日比の対抗拳闘は比島選手の中途棄権で紛擾を起し好ましからざる結果に終つたが世界に誇る比島拳闘選手を向ふに廻して好成績を挙げたのはどこまでも日本の将来が有望されるのである。

滅死愛の大惨劇

未来のテックス・リカードを夢みた拳闘の先生も今は風前の燈《ともしび》に等しい存在となつて仕舞つた。家内の臍《へそ》くりも後続性が失はれて居るらしい。恰度この時。昔木挽町で家内が木挽町小町と謳《うた》はれた当時天下の大富豪と親身に優る交際をして居つたのであつたが之の主人公の女代理が突然震災見舞ひに訪れて来れたのである。そして十数年間音信不通であつた事や八方手配してやつと目黒の所在場所を突き止めた喜びやお互に無事である事などを時の経つのも忘れて語り合ふのであつた。

この知り合ひの代理が別れを惜んで立ち去つた後、家内は一大吉報を僕に告ぐるのである。その話では二三万円位の金なら何んとでもするから是非一度同家を訪ねてくれぬかと云はれたとの事である。

僕はどこまでも幸運な人間である事を感謝した。そして二三日経つてから会員から貰つた目黒の山芋を土産に持たせて老母と一緒に同富豪宅を訪ねさせた。

相手が相手だから此のたゞ貰つた山芋が尠《すくな》くとも一万円位に化けて帰つて来るものと予算を樹てゝ

二人の帰宅を待つた。

処が二人は手ぶらで夕刻何んとなく物淋しそうなフォームで帰つて来た。予期した山芋の大きなカウンターパンチはなかつたらしい。それればかりではない。之れまで家内が大抵の秘密を打ち明けたのに之の訪問の詳細の話は少しも話さうとはしない。何か話せない事情があるらしい。然し以前にも道場へ数名の暴力団が暴れ込んで僕が将に危険に陥らんとする時か弱い女性の身でワイフは体を犠牲にして僕を救つた程の女房だから疑ひたくはないがどうも合点の行かない態度だ。

新憲法では人権蹂躙のやうな拷問を二三日続けて行つたので遂に家内は僕に対して滅死愛の立証を立てるの大惨劇を演ずる事となつたのだが之のフイルムは後日改めて現代天下に氾濫する如何《いかが》はしい女性の為めに特筆する事とする。

余儀なくプロへ転更

此頃プロ拳闘クラブが漸《ようや》く台頭して各所に試合が挙行さるゝ事となつたのでプロ希望選手や既にプロとなつて帰朝した拳闘の神様、熊谷選手などの所置に窮して来た。それは日倶がどこまでもアマチユアで踏み止るなら折角《せっかく》養成した選手の一部がプロのクラブへ転身して仕舞ふからである。

そこで僕は当然体協を退きプロへ重点を置いてパンを求めねばならなくなつた。恰度翌六年が日本最初の拳闘道場創立満十周年にも該当するので二月十日創立十周年記念を兼ねプロ転更《ママ》の試合を日比谷公会堂で挙行する事とした。プログラムは神様熊谷対殺人ボビーの興味百パセントの試合であつたが例の如く新年稀な大雪に降られて神様と殺人の試合は再び僕の貧乏神と化して仕舞つた。

再度の米選手招聘（プレミアムの元祖？）

これまで僕の破産的努力とプラス家内のダイヤの捨石は全然無駄ではなかつた！それは日本の拳闘がスポーツとして又事業として大きな将来を約束されて来たからである。

そこで今度はプロ転向を機に本場米国へ行つて優秀な選手を招聘してくる計画を樹てた。

この頃になつてやつと僕を信用して投資してもよいと云ふ有志が数名現はれて来た。中には僕の拳闘に対する先見の明なる事などを称へて料亭へ招待してくれる者まで出来た。そこで此等の有志に米選手招聘の話をすると二つ返事でオーケーで。そこで之れまで僕に好意をもつて交際してくれた帝拳の会長田邊宗英氏に之のプランを打ち明けた処快《こころ》よく承諾。協力してくれる事となつた。今度の渡米こそは全く親船に乗つた大きな気持で同年の五月七日而《し》かも十年前、九段で挙行した日米純拳闘試合の記念の日堂々と二等船に納つてアメリカへ向つた。

太平洋沿岸で最大と称さるゝサンフランシスコ市の前記ムーズ君のジムで多数の練習者や各地へ打電などしてやつとリヴイ、オドネル、ロメオの三選手を同伴帰国した。

紙上でも相当大きく取扱つてくれるし拳闘が既に人気の軌道に乗つて来て居るので前景気は素晴らしい。

この初試合を七月三日、日比谷公会堂で帝拳と共同主催でプロモートした。当日の人気は全く空前であり一円の入場券が十円で飛ぶ様に売れる盛況。抜け目のない挙行の関係者は之の事あるを予想して切符を前売りすると直ぐ買ひ占めをやつて木戸口で何千と云ふ入場出来ないフアンに一円の切符を十円で捌いて居るのである。之れが我がプレミアム屋の元祖ではなかつたかと思ふ。数回の之の日米試合でやつと僕の負債が半減した。

ラスト、ラウンド

之れからが僕の黄金時代と云へるかも知れない。優秀な人気選手徐廷権。ピストン堀口、笹崎、福田等が続出し一方拳闘はます〱隆盛となり全く得手《えて》に帆をあげるの好調である。

第二回選手招聘の渡米。布哇《ハワイ》選手の招聘、ヤング・トミー等ヒリッピン選手の招聘、珍らしい印度選手等矢継ぎ早やに事業のスウイングをやつた。

その間他団体の外国選手招聘や東京毎日新聞社の選手権試合。読売の日仏対抗戦の刺戟で我が拳闘がいやが上にも上昇。従つて今までの僕も借金がなくなり道場の増築まで出来た。

けれども自慢にはならない事だが正直な処いつも銀行のバランスが一万円を突破した事はなかつた。然し宮本武蔵が銀行預金があつたと云ふ記録もないし好きな拳闘で二十五カ年間世話を続けられたのは我が拳闘フアン諸賢のお蔭であると感謝に堪《た》へない処である。尚連盟からの除名問題等幾多の波乱が起たのだが之等の事を全部実写すると各方面への風当りが生じて来るので今は之れを止める事とし後日僕が安全地帯に避難した時改めて誌上で諸賢と相会したいと思ふ。

たゞスポーツマンとして愚痴る様だが折角の二十五カ年いや之れまでの全生の努力の結晶であつた記念の道場が一昨年五月二十五日の空襲で灰になつて仕舞つた事は残念である。

けれども四十二年間の拳闘魂で六十一歳の老選手ではあるが我が拳闘界の為め微力を尽くしたい。希望は未だ放棄しては居らないから読者諸君のセコンドを切に希望してペンを止める事とする。

＊読者の便宜を考慮し、一部の旧漢字を新字体に改めた。また一部の漢字にはルビを付した。

解説　渡辺勇次郎とその時代

アメリカでボクシングを学び、日本での普及に携わった渡辺勇次郎は「ボクシングの父」と呼ばれる。ボクシングが海のものとも山のものともつかぬ大正初期に、彼は日本拳闘倶楽部（以下、日倶）を設立し数多くの名選手を育て上げた。その一方で、全日本拳闘連盟からの除名や、日倶から独立した岡本不二とピストン堀口との確執によって、〝頑迷なる人物〟という印象を後世に残した。

関東大震災や第二次世界大戦という二度の災禍を経験したこともあり、ボクシングの創始者がいかなる人物だったのかを知る手がかりは、ほとんど失われたと考えられてきた。しかし、ボクシング評論家であった石川輝氏や渡辺の遺族である和田登志子氏が秩父宮記念スポーツ博物館・図書館に寄贈した史料によって、断片的ながら彼の人物像を再評価する下地が用意された。

巻末史料で取り上げた「廿五《二十五》年の回顧」は、渡辺自筆の「日本陰乃拳闘史」（未刊行、写真1）に加筆修正を加えて、彼が逝去する数年前に出版されたものと考えられる。彼の遺稿からは、多くの苦労を伴いながらボクシング導入に腐心した創始者が意外にも文才に富み、人を惹き付ける魅力の持ち主であったことを物語る［渡辺勇次郎　一九四七：三―八、？］。また、彼の人生を追うことで、当時の大衆がアメリカから持ち込まれたボクシングに示した反応を垣間見ることもできるだろう。ここでは、渡辺の遺稿に若干の解説を加えることで、彼がどのような理念を掲げて、草創期のボクシングの「旗振り役」を務めていたかを紐解きたい。

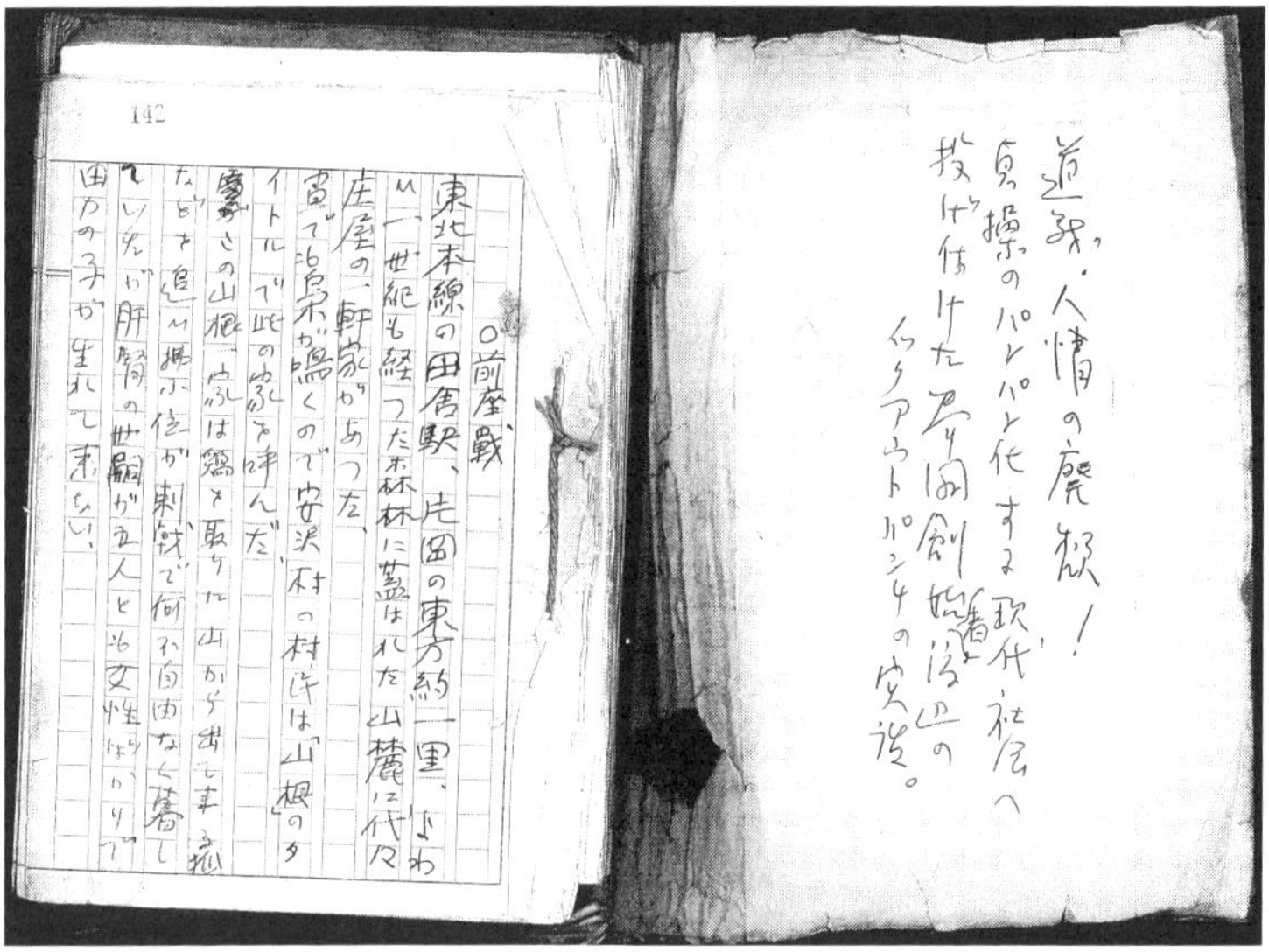

写真1　400字詰め原稿用紙で110枚にも及ぶ『日本陰乃拳闘史』。前半はボクシングの黎明期について、後半は渡辺自身の生活について、私小説のような筆致で描かれている＝秩父宮記念スポーツ博物館・図書館所蔵

渡辺は一八八九（明治二二）年一一月一一日、栃木県塩谷郡片岡村安次で生を受けた。県立真岡中学校を中退した後、外国語を学ぶためイギリス船のショマット号で単身渡米。サンフランシスコで地元の不良少年に喧嘩で負けたことが、彼を生涯、ボクシングに関わらせるきっかけとなった。しかし、渡辺が初めてアメリカの土を踏んだ時代は排日主義の真っ直中にあり、門下生として日本人の面倒を見るジムは存在しなかった。「白人には排日があっても黒人に人種的排日はあるまい」と一考を案じた渡辺は、黒人の世界的選手であったルーフ・ターナーに師事した[1]。

半年間のトレーニング生活を経てデビューした渡辺は破竹の一六連勝を続け、一九一三（大正二）年にウィリー・ホッペ（Willie Hoppe）と太平

写真2　渡辺と「４回戦王」を争ったウィリー・ホッペ。当時、カリフォルニア州では４回戦以上の試合は禁じられていた。1932（昭和7）年撮影＝秩父宮記念スポーツ博物館・図書館所蔵

洋沿岸の三位決定戦に勝利し「四回戦王」と呼ばれるようになった。一九二一（大正一〇）年一月一日、一五年ぶりに帰国した渡辺は、その年の暮れ（一二月二五日）に水田しかなかった目黒区権之助坂下で日倶を開設した。

後に、滝沢吉助や荻野貞行、田中禎之助、吉本武雄、久場清志、徐廷権、中村金雄、ピストン堀口、笹崎僙《たけし》などを輩出する日倶も、その始まりは開店休業中という言葉が相応しいほど、入門者が乏しかった。事実、道場開きに立ち会ったのは、アメリカ時代からの知り合い室田譲と遠縁の横山金三郎だけであった。

そこで、渡辺は日倶の宣伝と収入確保のため、「純拳闘」の看板を掲げて興行を行う〔松永 一九九二：一二九―三五〕。第一次世界大戦のため日本に亡命しているロシア人（「廿五年の回顧」に登場するルイカーとは別人）との試合は、ボクシングが果たして日本に定着するかを計る実験的なイベントであった。しかし、専門的なトレーニングを経験していない素人にボクサーが務まるわけもなく、この試みはあえなく失敗する。

ところで、渡辺が関わった興行には、度々「純拳闘」という言葉が登場する（写真3）。この背景

には、当時のボクシングが「柔拳闘」と呼ばれ、柔道家との対戦によって成り立っていたことが指摘できる。一九三〇（昭和五）年に自身が理事を務めた大日本体育協会の座談会で、渡辺は初期のボクシングの状況を次のように語っている。

其《そ》の当時は拳闘と云《い》へば柔道……恰《あたか》も緊縮と金解禁とは附きもの丶やうに、拳闘と云へば必ず柔道が相手となつて現はれて来た。当時の日本人の考は拳闘は柔道に対抗すべきもので、拳闘は柔道を駆逐するものであると云ふことを考へて居《お》つたらしい。［渡辺勇次郎　一九三〇a：八七］

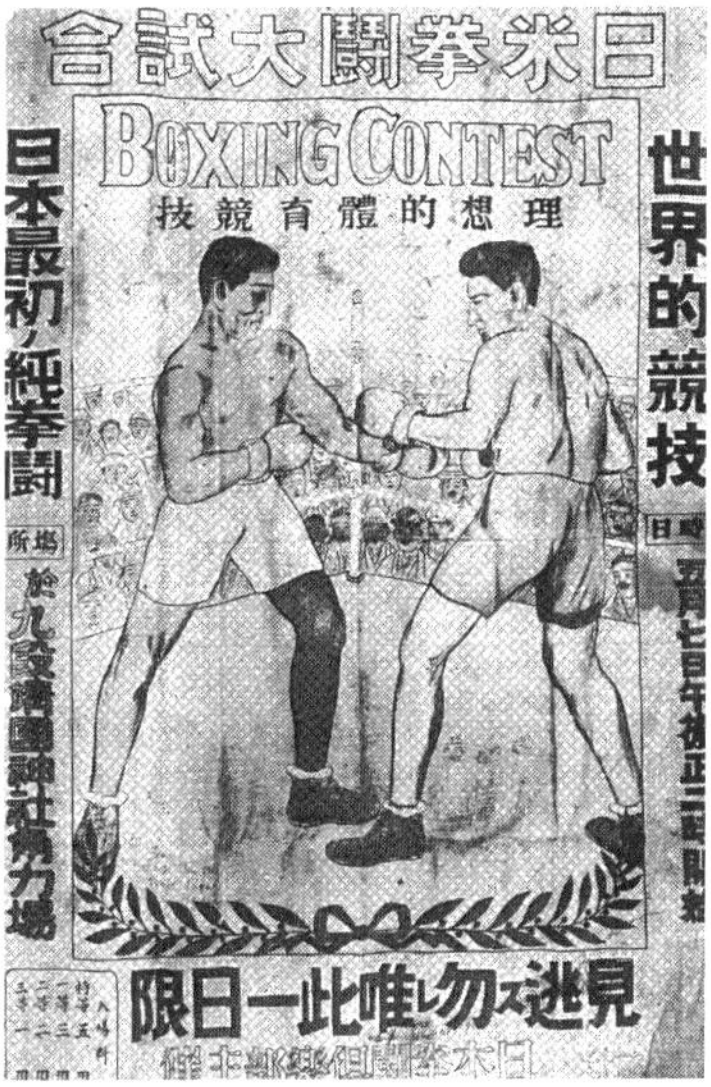

写真3　渡辺勇次郎自身によって描かれたポスター。靖国神社での開催と「純拳闘」の触れ込みが興行の威信を高めた＝秩父宮記念スポーツ博物館・図書館所蔵

今日、打撃と柔術の要素を取り入れた総合格闘技がひとつのスポーツ・ジャンルを形成しているが、明治・大正期の柔拳闘はサーカスの一種として見なされていた。例えば、一八八七（明治二〇）年五月に描かれた錦絵には、トーマス・ポスキンスと濱田庄吉らの試合風景が描かれている（写真4）。彼らの身に着けている洋服が「曲馬団」で使用されているコスチュームであることからも明らかなように、濱田はあらかじめ筋書きが決められた他流試合を見せて廻る興行師

写真4　1887（明治20）年5月に描かれた「柔拳闘」。元幕内力士、濱田庄吉がアメリカから18名のボクサーやレスラーを招聘して、全国で見世物興行を行った＝秩父宮記念スポーツ博物館・図書館所蔵

であった。挿絵の中に、背後からフォールを取ろうとする人物が描かれているのは、当時のボクシングが競技性を欠いた珍奇な「見世物」であったことを示している。

　しかし、渡辺の尽力によって、ボクシングは次第にスポーツとしての地位を確立していった。興行的には成功に至らなかったが、一九二二（大正一一）年五月七日には、九段靖国神社境内大角力場で日本初の本格的な国際試合を開催した。アメリカからは、スパイダー・ローチ（Spider Roche）やヤング・ケッチェル（Young Ketchel）、郡山幸吉といった一流の選手が招請され、大会に華を添えた。

　マネージャーのムース・タウシグ（Moose Taussig）はこの時の試合を振り返って、「彼らがボクシングを学ぶスピードには驚かされた。彼らは、思考の回転が早く、素晴らしいフットワークの持ち主である」と、日本人ボクサーの印象を語っている［Taussig 一九二二：一一―一二］。この発言が、渡辺に対するリップ・サービスだったとしても、大衆のボクシングに対する関心は加速度的に高まっていった。

　実際、タウシグらの招聘から一年も経たずに行われた一九二三（大正一二）年二月一七日、一八

写真5　九段角力場で行われた試合には２万人もの観客が訪れた。1923（大正12）年2月17日撮影＝秩父宮記念スポーツ博物館・図書館所蔵

日の試合には、二万人もの観客が会場の九段角力場に詰めかけた（写真５）。後に帝国拳闘協会（後の帝拳ボクシングジム）を創立し審判としても活躍した荻野貞行や、アメリカやフィリピンで経験を積み日本ライト級チャンピオンになった臼田金太郎らが選手として出場し、体格で勝る外国人ボクサーを相手に善戦した。欧米から持ち込まれた近代スポーツへの物珍しさも集客理由であったろうが、この試合は明らかに、日本のボクシング界にとって新時代の幕開けとなった。

その後、陸軍戸山学校で各師団の将校に対する指導や一九二六（大正一五）年八月の米国遠征を経て、ボクシングは一九二七（昭和二）年の第四回明治神宮体育大会で正式種目となった(2)。渡辺がアメリカから帰国した一九二一（大正一〇）年当時、ボクシングは大衆にとって芝居か、喧嘩術か判断がつかない代物であった。皇室関係者も臨席する大会に仲間入りを果たすことは、ボクシングが野蛮な殴り合いではなく、近代スポーツであることを公的に保証する意味があった。国民体育大会以上に権威を持つ明治神宮大会への参加は、プロ、アマチュアを問わず、ボクシング関係者の悲願だったのである。

ただし、ボクシングの社会的認知が天皇制を象徴する国家的行事を通して得られたとしても、日本人選手が国際舞台で活躍するには今しばらくの時間を要した。スポーツ全般に視点を拡げても、一九二〇年代に日本がオリンピックで獲得したメダルは、陸上競技や競泳、テニス、レスリングのわずか八つに過ぎない。メダリストはいずれも（現在の大学に相当する）高等教育機関の出身者であり、近代スポーツが一部エリートのたしなみであったことを物語る。

従来日本人が彼等欧米人に対抗して常に不利であつたのは一つは我国のスポーツの歴史が浅い爲《た》めでもあつたらうが他の重大なる原因は人種的に既にハンデキャップされた体力の相違であつたので即ち小さな日本人が大きな欧米人と相対する事は恰《あた》かも我輩と三井や岩崎の様な金満家と財産の競争をさせる如く不公平と云つてもよいのである(3)

渡辺にとって、国際大会で日本人選手の成績が今ひとつ振るわないのは、生来の身体能力の低さが原因である。近代スポーツへの理解も浅く、欧米人に比べ体格や体力で劣る日本人は一般競技で勝負にならないというのが、彼のスポーツ観の核心であった。いわば、階級別で構成されるボクシングの存在意義は、スポーツする身体の〝人種化〟によって支えられていたわけである。そして、彼の主張を裏付ける格好の事例が、フィリピン人ボクサーの世界的な活躍であった。

現在に於ても比島選手の多くが世界の拳闘王国米国で彼等一流選手と互角の成績を以て奮闘して居るのでその隆盛なる点に於て我国拳闘界の及ばざる現在なのである。［渡辺勇次郎 一九三〇b：五〇―一］

一九三〇（昭和五）年の第九回極東大会に向けて所感を聞かれた渡辺は、上述のようにフィリピン人選手を高く評価した。この言葉は、フィリピン人選手が早くから本場アメリカのボクシング界でも通用するレベルに達していたという彼の認識を示している。たしかに、渡辺がアメリカで「武者修行」を行っている明治末期、フィリピンでは既にアメリカ軍基地の周辺で地下興行が盛んになっていた。フィリピン人ボクサー、パンチョ・ビラが世界王者になったのは、ようやくボクシングが日本人に認知され始めた一九二三（大正一二）年のことであった。

しかしながら、渡辺はスポーツ界における日本の遅れをただ悲観していたわけではない。むしろ、体躯が日本人と似通っているフィリピン人の活躍は、日本からも世界的な選手が生まれるという「青写真」を描かせるには十分であった。同じ体重ならば欧米選手と対等に渡り合えるという実績は、明治・大正期のエリート・スポーツに比べて日本への紹介が遅れたボクシングの追い風となった。東洋選手権で日本の重要な「他者」を演じるフィリピン人選手は、ボクシングの導入期においても競技の将来性を約束するひとつの根拠となったのである。

（1）渡邊勇次郎、?、「米国の悪少年になぐられて思ひ立った私の拳闘修養」『The Asahi Sports』朝日新聞社。（秩父宮記念スポーツ博物館・図書館所蔵）。
（2）『都新聞』一九二六年八月一一日。『萬朝報』一九二四年九月三日。
（3）渡辺勇次郎、「拳闘の話し（下）」『東京新報』一九二八年四月。

[著者]
乗松優（のりまつ・すぐる）
1977年、愛媛県松山市生まれ。九州大学大学院比較社会文化学府修了。博士（比較社会文化）
現在、関東学院大学兼任講師。専攻：スポーツ社会学、カルチュラル・スタディーズ（文化研究）
主な業績：
2010、「岸信介の東南アジア政策とスポーツ——プロボクシング『東洋チャンピオン・カーニバル』を中心に」（『スポーツ社会学研究』第18巻第1号、スポーツ社会学会）。2012、「ボクシング界の振興と背景としての政治イデオロギー」（『現代スポーツ評論』第27巻、創文企画）

ボクシングと大東亜
東洋選手権と戦後アジア外交

2016年7月10日　初版第1刷発行
2016年9月5日　初版第2刷発行

著　者　乗松　優
発行者　藤村興晴
発行所　忘《ぼう》羊《よう》社《しゃ》
〒810-0074　福岡市中央区大手門1-7-18
電　話 092-406-2036　FAX 092-406-2093

印刷・製本　シナノ・パブリッシングプレス
落丁本・乱丁本はお取替えいたします。定価はカバーに表示しています